昭和平成二大怪物伝

# ダイエー中内功とダイソー矢野博文

流通革命の旗手

大下英治
Ohshita Eiji

TOHOSHOBO

# 目次

第二章

## 矢野博丈の青春

第三章

## スーパーのパイオニア、ダイエーの流通革命

第四章

## よりいい商品を大量に、一〇〇円SHOPダイソーの展開

## 第五章 栄光と転落、中内㓛の晩年

第六章

## 怒涛の海外展開と社長の交代

プロローグ

# ダイエー中内㓛と
# ダイソー矢野博丈

## メーカーと小売りの価格販売競争

昭和三十九年（一九六四）、中内功《なかうちいさお》率いるダイエーは「価格破壊」で消費者がより安価で商品が購入できることを目指し、松下電器の商品を当時のメーカー小売希望価格からの値引き許容範囲である一五パーセントを上回る二〇パーセント引きで販売しようとした。ところが、松下電器産業（現パナソニック）はダイエーに対しての商品出荷を停止する対抗措置を取る。

ダイエーは松下電器の出荷停止が私的独占の禁止及び公正取引の確保に関する法律（独占禁止法）に抵触する恐れがあるとして、裁判所に告訴した。

そのころ、松下電器もこの年の金融引き締め策による景気後退の影響で、現在の「パナソニックショップ」に当たる直営販売店、あるいはフランチャイズを結ぶ販売代理店で経営難に陥る店が増えたことから、これらの販売店の社長を熱海に集め、この状況からの打開策を図るとともに「共存・共栄」を図ることにした。いわゆる「熱海会談」である。

「経営の神様」と仰がれる松下電器産業会長の松下幸之助《まつしたこうのすけ》は「定価販売（小売希望価格）でメーカー・小売りが適正利潤を上げることが社会の繁栄につながる」としてダイエーとの和解の道を模索した。

中内功は「いくらで売ろうともダイエーの勝手で、製造メーカーには文句を一言も言わせない」という主張を貫き、自社・ダイエーグループ店舗だけで販売するプライベートブランド（PB）商品の開拓を進める。

昭和四十五年（一九七〇）、PB「BU《ブ》BU《ブ》」名の十三型カラーテレビを、当時としては破格の五万九八〇〇円という廉価で販売し人気を集める。この行動は松下電器との対立をさらに激化させることにつながった。

この年、メーカーの二重価格の撤廃を求める消費者団体が、強硬姿勢を崩さない松下に対して松下製品の不買運動を決議した。この年に公正取引委員会が二重価格問題に対して「メーカー（松下側）に不当表示の疑いあり」という結論を出している。

松下が昭和五十年（一九七五）、中内を京都府の別邸である真々庵《しんしんあん》に招き、茶室でお茶を嗜みながら提案した。

「覇道をやめて、王道をすすんではどうか」

しかし、中内は自らとダイエーの信念である「よい品をどんどん安く消費者に提供する」姿勢を崩さず、これを受け入れようとはしなかった。

明治生まれの松下と大正生まれの中内には約三十歳の年齢差がある。にも関わらず、天下の松下相手に戦いつづけた中内の精神力は相当タフである。

中内は『私の履歴書　流通革命は終わらない』（日本経済新聞社刊）に書いている。

《私はしばらくして「そうですか」とだけ答えた。

松下さんは「水道から出る水のように、豊富に、世の中の人たちに電化製品を供給したい」という立派な「水道哲学」をお持ちである。

「安売りをやめて、松下の言う通りに売ってくれたら、アフターサービスも全部する。だから流通経路を破壊するようなことはやめてくれ」と言いたかったのだろう。

しかし、私には「安売り哲学」がある。価格決定権に関して妥協はできなかった。

「ひとたび市場に出た商品の価格は、需要と供給の関係で決定されるべきである」

そう反論しようと思ったが、私はぐっと言葉を呑み込んだ。互いに相手の言い分はよく分かっている。だが絶対に同意はできない。だから「そうですか」とそっけなく答えるしかなかった。

会談が物別れに終わり、「真々庵」を出ると、雨が降っていた。松下さんが傘を自分で差して、私を送ってくれた。それを最後に再び会うことはなかった。

平成元年（一九八九）四月、松下さんが亡くなられた。巨星が落ち、私は深い喪失感に襲われた。いてもたってもいられず、大阪の北御堂での葬儀に駆け付け、焼香させていただいた。》

このダイエーと松下の対立は、松下幸之助没後の平成六年（一九九四）に両社が和解。同年ダイエーが忠実屋《ちゅうじつや》を合併した際、忠実屋と松下の取引きを継承し、ダイエーグループ店舗への松下電器商品の販売供給を再開することになった。

## 語り草となった競合との決戦

のちのち語り草となった東京・赤羽の決戦であるが、昭和四十四年（一九六九）十二月五日赤羽ショッパーズプラザを開店させる前に、ダイエーは、まずあッと驚くようなチラシ作戦に出た。赤羽周辺一帯に、三十万枚近くもチラシをばらまいた。『西友ストアー』など商敵は一店ものってない地図つきの新聞大四ページにもわたるカラフルなチラシであった。そのチラシの謳《うた》い文句は《一品たりとも、西友ストアーより高い商品はありません》。たしかに、〝目玉商品〟の値段には、みんな度肝をぬかれた。

砂糖一キロ六十六円、ラーママーガリン二二五グラム入り五十五円、十個入りの卵八十九円。大物では、ナショナルカラーTV十九型十八万九〇〇〇円が、十二万八八〇〇円、シャープカラーTV十五型十二万九〇〇〇円が半値近い六万九〇〇〇円というものまであった。同業者たちは「あンなの、値段じゃない」と悔やしがった。

西友ストアー側も、「蛇《じゃ》の道は蛇《へび》」と負けてはいなかった、ダイエー開店の二日前から開店にぶつけて三日間、特別セールをおこなった。ダイエーのばらまいたチラシの裏をかいて、ダイエーが砂糖一キロ六十六円のところを、五十七円、ラーママーガリン二二五グラムを四十九円でぶつけた。

ところが、ダイエーは十二月五日開店の日、〝緊急速報〟として値段の書き換えを素早くおこなった。砂糖一キロを西友ストアーより二円安い五十五円、ラーママーガリンを四十七円……と、あくまで西友ストアーより安くした。

おまけに、西友ストアーの目玉商品は、午前二〇〇〇人、午後二〇〇〇人と、数が決まっている。ダイエーは、トラックでどんどん運び、客の数だけ売ってしまう。スケールがちがった。

この値段に、近隣からの客がどっと押し寄せた。開店前に、三〇〇〇人もが集まり、店の前の通りは身動きできないほどであった。きゅうりなど、ダンボールで買っていく者まであらわれた。ダイエー側では「八百屋さんがやってきて買っていったんじゃないかな……」と見ている。

赤羽署も、怪我人が出ては大変……と連日六十人の警官を派遣した。赤羽署の調べによると、ダイエーに入って行った客は、初日が六万人から七万人、二日目が八万人、三日目が十二万人とうなぎのぼりに上っている。噂が噂を呼んだのであろう。

売上げにすると、初日が六〇〇〇万円、二日目が八〇〇〇万円、三日目は、ついに一億円を突破した。当時の単独店の一日の売上げとしては、最高記録であった。

当時のダイエー広報室大友達也《おおともたつや》室長が、その赤羽対決について語る。

「おたがいに、凄まじいディスカウント競争をやりましたからね。最後には、豆腐一丁一円というところまでエスカレートしました。安売りに関しては、なにしろこちらは、灘生協という共同組合の安売りと競合してきたんですから、負けませんよ。当時西友ストアーは売上げが下り坂でしてね。士気も落ちていた。結局、西友ストアーさんは、赤羽店では安売り競争は中止して、高級化路線をとってインテリアもちょっと凝ったつくりの店をつくりました」

西友ストアー社長の堤清二《つつみせいじ》も、中内が自分の懐に攻め込むのを黙って見てばかりはいなかった。昭和四十五年（一九七〇）、京都のコマストアーと共同出資して、西友ストアー関西を設立。ダイエーの懐である関西進出をはじめた。

中内は、堤清二率いる西友ストアーに、より闘志を剝き出しにして挑んでいく。

神奈川県を中心に二十七店舗、昭和四十四年度の年商二五〇億円という規模を持つスーパーチェーン、サンコーがあった。当時業界で十二位にランクされていた。

ところが、サンコーは急激に店舗を増やしたことから資金繰りが苦しくなっていた。西友ストアーがそれに目をつけ、買収話を進めていた。

中内も、サンコーに目をつけた。目をつけるや、西友ストアーを出しぬき、電光石火の早業で提携してしまった。昭和四十五年二月二十七日のことであった。それも、吸収合併というダイエー主導の提携であった。西友ストアー、長崎屋、十字屋、東光ストア、イトーヨーカ堂と東京勢の敵に囲まれたなかで、サンコーを橋頭堡《きょうとうほ》にできたことは大きかった。

## 「一〇〇円でも高級品を売っている」

「一〇〇円ショップ」最大級のダイソーの売上高は、令和四年（二〇二二）十二月現在で、約五五〇〇億円であった。

店舗数は、国内に四〇四二、海外には二十六の国と地域に約二二九六の合計約六三三八。販売する商品の総点数は、約七万六〇〇〇点。一ヵ月当たり一二〇〇点もの新商品を発売している。

このダイソーを率いていた矢野博丈《やのひろたけ》ダイソー社長は、ここまでの企業に成長させるのに様々な逆境をはね返し、数々の修羅場をくぐりぬけてきた。

矢野は、没落した家に育った。そのため、絶えず将来の不安について考える癖がついてしまった。商売でも、先の怖さばかりを読む。

将来の怖さがよくわかるために、先を畏れる力がすごくある。病気をもって、体が弱い人は先を恐れる力があるのと同じだという。

矢野にとっては、家が貧乏で苦労ばかりしてきたことが、結果的に役に立ったのだ。

矢野は語る。

「人生は、ある意味で運です。商品の値段を一〇〇円に統一したのは、トラックで移動販売していて、売上げの計算までしていると手が回らなくなるから、『えーい、面倒くさい。全部一〇〇円でいいや』、そこに道が拓けた」

振り返ってみて、これほどの企業になると思ったことは一度もなかったという。

「十年くらい前までは、『ダイソーなんて底の浅い商売ですから、やがては潰れる』と確信を持っていました」

「お客様はようわからん」

「ものごとは、ずっとうまくいくことはありえないんですよ」

「店舗が増えるのが怖くて『出すな。出すな』と言うてきた」

このような矢野社長の言葉に、記者が矢野につけた綽名《あだな》が、

「不幸という服が体に張りついた億万長者」

矢野は「自己否定」という言葉が好きで、よく口にする。掌《てのひら》にも「ワシはダメだよ」と書いたことがある。

好きな言葉は、「恵まれない幸せ」、「仕方がない」、「分相応《ぶんそうおう》」、「自己否定」など。いわゆる負け犬の言葉が大好きだ。

矢野は語る。

「恵まれている立場よりも、実際には、恵まれない立場にいる方が、その状況から頑張れるか

らいいんです。自分が恵まれた瞬間に力がどんどん落ちていくと思っていますから。自分は、大した人間ではないのに、こんなに偉い人にしてくれて申し訳ない。ありがたいというのを超えて、申し訳ないと思っています」

「ありがとう、ありがとう」と感謝を口にすると、運が向上するという考えがある。

矢野は、その考えが大好きだ。

いまでも、どこかにスキがあるんじゃないかとつい思いをめぐらせてしまう。矢野にしてみれば、現在は、夢を見ているような感覚に近い。

ダイソーを生き残らせていくために、よりよい商品の開発を目指してきた。

だから、昔はよく喧嘩をしていた。

一〇〇円均一の名刺を出すと、「あっ、一〇〇均か」と言われ、素っ気ない反応をされることも多かった。

「安売りかあ」、などと言われると、矢野はすぐに反論した。

「ちがいます。一〇〇万円の車は安ものですが、一〇〇万円の家具は高級品ですよね。一〇〇円でも高級品を売っているんです」

そう言って、熱くなり、喧嘩になることも一度や二度ではなかった。

まだ情熱にあふれていた時代なのだ。

ダイソーは経営計画を持たない。が、商品一つひとつについては、徹底して計画している。

矢野は語る。

「やはり、いかに魅力的な商品を並べるか。一〇〇円で、一〇〇円のものしか買えなかったら、お客さんは興味を持ちません。一〇〇円で、これだけのものが買えるのか、と思ってもらわないとダメなんです」

ダイソーは、商品の価格が決まっている。

一〇〇円でどうやってつくるか。

一〇〇円で売って、どう利益を出すか。

様々な工夫や知恵を使い、流通コストなどを検討してきたからいまがある。

矢野が語る。

「偶然ですが、一〇〇円というハンディが、結果的にダイソーの商品の品質向上につながったのだと思っています」

ダイソーは、テレビでもよく取りあげられている。以前テレビ朝日の「世界が驚いたニッポン！　スゴ～イデスネ!!視察団」で取りあげられた。この番組は、人気お笑いコンビの爆笑問題とタレントのウエンツ瑛士がMCを務めた。テーマに沿った海外の専門家が日本に招かれて、身近な商品やサービスなどのテーマに関するスポットを視察し、海外と比較しながら、日本ならではのスゴイものについて取りあげる情報バラエティ番組だ。

ダイソーは、平成二十九年（二〇一七）二月十八日放送の一〇〇円ショップについて取りあげた回で、特集された。

ナレーターが語る。

「今夜、最初のテーマは、一〇〇円ショップ。全国六〇〇〇店以上、激安均一価格の店として、世界でも有数の店舗数を誇る日本の一〇〇円ショップ。特に業界トップの店は、世界にも進出、二十六の国と地域に一五〇〇店をチェーン展開するなど、世界各国からも注目を集めています。そんな日本の一〇〇円ショップに強い関心を持ち、最新事情を視察するため、フランスとアメリカから来日したのは、激安均一ショップを経営するプロ。視察先は、国内だけで三〇〇〇店舗を展開する、日本最大手の一〇〇円ショップ、ダイソー」

視察がはじまり、フランス人経営者のマークさんと、アメリカ人コンサルタントのマイケルさんがダイソーの東京錦糸町店を訪れる。

店員が、ふたりに説明する。

「ここ東京錦糸町店は、一フロア一〇〇〇坪。日本で、いまここが、最大の売上げとお客様がご来店するダイソーです」

フランス人経営者のマークさんが語る。

「わたしの店はスピーディーに買いものができるよう、だいたい六十坪と小さめです」

ナレーターの説明が入る。

「マークさんがフランスで経営しているのは、ユーロショップ。日本円でおよそ二四一円均一の商品ラインナップは、自ら買い付けるだけでなく、独自商品の企画、開発によっても取り揃え、四十七店舗をチェーン展開、その店の多くは、町中の立地のため、店舗、売り場はコンパクトなつくりになっています」

つづいて、アメリカ人コンサルタントのマイケルさんが語る。

「店内がとても明るくていいですね、これだと商品も見やすいと思います。アメリカでは多くの商品を陳列するために、もっと棚が高くなっています」

ナレーターの説明。

「マイケルさんの国アメリカには、一ドルショップがあります。日本円で一一三円均一。商品開発から、仕入れにまで助言をする、経営コンサルタントとしてこれまで四三六〇店舗の立ち上げ、経営に関わってきました」

店員が説明する。

「錦糸町のいまの取り扱いが約五万アイテムくらい」

マークさんが驚きながら、語る。

「五万だって⁉　恐ろしい数だね。わたしの店ではだいたい二五〇〇アイテムです。比較になりませんね」

ナレーションとともに、マークさんがフランスで経営するユーロショップが紹介され、イタリアや中国の均一ショップの事情が紹介される。

錦糸町店に戻り、マークさんが尋ねる。

「こちらのお店では、よく陳列を変えるんですか？」

店員が答える。

「毎月だいたい七〇〇種類の新商品が生産されて、毎日新商品が届くので、通常の品出しと、こういう売り場の変更っていうのは、いろんなコーナーで毎日おこなわれています」

「それは大変ですね」

「お客様が飽きるスピードとの闘いだと社長も言うんですが、同じものをずっと置いてたら飽きられます。変な話、毎日お客様が来られても、新しい商品がお店の中に提供できていることが、お客様に飽きられずに、ダイソーをまた使っていただける。毎日、新しいものが入ってくるというのは、やはりダイソーがいかに長くお客様に来ていただくためには、新商品がこれだけ出るのが、われわれの強みになってます」

さらに、アメリカの経営コンサルタント、マイケルさんが発見する。

「この商品にも、ダイソーのマークが入っているよ」

　店員が答える。

「自社でつくっている商品がいま、すべてで七万アイテムあるんですけど、全体の九九パーセントはすべてダイソーブランドとして、われわれがつくっています」

「九九パーセント、オリジナル商品ですか？　わたしの店で出しているオリジナル商品は、全体の一〇〜一五パーセントです。残りの多くは、在庫整理などで、メーカーからまとめ買いした商品ばかりですね。それは、本当に大きなちがいだと思います」

　ナレーションが入る。

「視察団が衝撃を受けたのは、日本の一〇〇円ショップで販売する商品に占める自社企画商品の割合」

「マークさんが経営するフランスのユーロショップでプライベートブランド商品は、全体の一〇〜一五パーセントほど、多くはメーカーの在庫処分品などをまとめ買いするなどして、より安く仕入れることで、激安均一価格を実現しています。こちらの一〇〇円ショップでは、商品の九九パーセントをプライベートブランドとして、企画開発、それにより常に利用者のニーズに対応。よりよい商品の提供を目指しています」

「プライベートブランドによって、自社で基準をつくれることになる、商品の品質。では、どのようにして、高いクオリティを保っているのか、その秘密は今回の視察で明らかとなる」

錦糸町店の紹介につづいて、海外のプロたちがピックアップした商品ベストファイブが紹介されていく。

幅わずか六センチのケースに、はさみや針、ボタン、糸、糸通しなど、八種類の裁縫道具が入っている裁縫セット。水だけで簡単にきれいになる簡単便利掃除グッズ。防犯用の自転車用のワイヤーロープ。頑丈で柔軟性のある蓋つきのプラスチック容器らが順番に紹介され、最後に、ベランダなどに侵入してくるカラス除けが紹介される。

## 商品価値を厳しく見極める目

商品紹介のあと、番組では、ダイソーのオリジナル商品の開発現場に潜入する。

視察団一行は、広島県東広島市のダイソー本社を訪れる。そこでは、一品一品の商品の企画開発がおこなわれている。

プライベートブランド商品の開発では、ひとつのアイテムを販売するまでに、大きく三つの段階がある。まず、バイヤーと呼ばれるスタッフが外部メーカーの持ち込んだ商品サンプルから新商品になりそうなアイテムを厳選。そのサンプルをもとに、修正指示するなど、バイヤーはメーカーと打ち合わせを重ね、何度も試作品をチェックしながら、問題点を改善していく。

こうしてできあがった商品は、大量生産、最終的な品質チェックをクリアーすれば、当時は全世界四五〇〇店舗での販売となる。

ダイソーでは、商品開発のため、日本だけでなく、世界四十五ヵ国のメーカー六五〇〇社以上と取引きがあり、一日平均二十社ほどの企業が商品サンプルを持って、商談に訪れる。

番組では、京都からやってきた雑貨メーカーとの商談を取りあげている。

メーカーから持ち込まれた商品サンプルは、およそ一〇〇点のクリスマス関連グッズだった。

メーカーとの商談をおこなうチーフバイヤーの木村仁美《きむらひとみ》。

ハロウィンやクリスマスなどに、もっとも売上げが高くなるシーズン雑貨や女性向けのトレンドアイテムなど、会社の主力商品を多数担当している。

じつは、従業員一万人のダイソーでバイヤーを任されているのは、三十人だけ。その三十人を商品のカテゴリーごとに束ねるチーフバイヤーはたったの六人だ。いわば、七万点のすべての開発、製造のカギを握る精鋭中の精鋭といえる。

中でも木村は、特に厳しい目で商品価値を見極めるバイヤーのひとりだった。

まずメーカーから提案されたのは、手のひらサイズのクリスマスカード五枚セットだった。

木村の厳しい声が飛ぶ。「裏は写真も何もないんですが、これは、ちょっと一〇〇円の価値がまったくないです。たったの五枚で一〇〇円で売るって難しいですよ。プリントアウトしたら自分でつくれるような商品ですよね、これ。どこにも負けないようなものをつくらないと、これはちょっと到底、世に出せないですね」

つづいてメーカーから提案された商品サンプルは、犬や猫に着せるクリスマス衣装だった。木村が言う。

「高すぎます。いま大人用の帽子とか、カチューシャとか、いろんなものがいっぱい一〇〇円でやってるの見られてますよね。なんでこれが二〇〇円になるんですか。やっぱりうちの社長がずっと言ってきたのは、一〇〇円で、どこにも負けないよい商品をつくりなさい、高額に逃げないというか、一〇〇円で売るための努力をしなさいってずっと言われてきてるので。これを二〇〇円で世に出すことは到底許されない。厳しい。これは努力したら絶対一〇〇円にできる商材だと思います」

つづいてバイヤーの木村がチェックしたのはバンダナ用のデザインサンプルだった。

「全体的に色が暗いのと、クリスマスらしいモチーフがちょっと少なすぎて、これがほしいっていうふうに思ってくださるのは、無いですね」

さらにチェックしたのが、壁にも飾れるよう意識したという手ぬぐいのデザインだった。

「ツリーが入っている段階でお客様はやっぱりクリスマスのときに飾っておきたいっていうよ

うなタペストリーじゃないと、難しいと思うんですよね。その中で一番メインなのが、このバスでいいかっていわれると、難しいですよね、世界観がちょっと見えないですよね」

商品価値を厳しい目で見極めるバイヤーの妥協を許さない姿勢が取りあげられた。

ここで、海外の商品開発と比較。

番組では、そのあとも、商品化に向けての劇的改善、バイヤー木村のさらなる真剣な取り組みが取りあげられていく。

「仕入れは格闘技」は、高校時代ボクシングをやっていた矢野博丈社長の教えだ。木村にもその魂が受け継がれているようだ。

第一章

# 苛烈をきわめた中内㓛の青年時代

## 戦う男の生い立ち

戦う男中内㓛をつくったのは、父親の秀雄《ひでお》である。

ダイエー本社の社長室入口には、故中内秀雄のブロンズの胸像が置かれている。

秀雄は、大阪薬学専門学校（大阪大学薬学部の前身）を卒業している。いわゆるインテリといえる。

一時、新興商社として勃興していた鈴木商店グループの石鹼工場に勤めていたが、辞職。父親栄《さかえ》の意志に沿って、父親の経営する『山県《やまがた》眼科』の薬剤師をしていた。

大正十一年（一九二二）八月二日、大阪市西成郡（現西成区）で中内㓛は生まれた。長男であった。

彼だけでなく、兄弟全員が、博《ひろし》（サカエ社長）、守《まもる》（ロベルト社長）、力《つとむ》（シンエーフーヅ会長）と一字だけの名である。

「一字の方が、書きやすいし、面倒のうてええやろ」

という簡単明瞭な理由であった。中内は「親父のドライさ加減、合理主義的な考え方は徹底したものやった」と苦笑する。この徹底した合理性は、中内にそっくり受けつがれている。

㓛四歳のとき、中内一家は、神戸市兵庫区東出町三丁目に移った。近くには、神戸の〝釜ケ崎〟といわれていた新開地があった。

中内㓛の生まれた西成も、この東出町も、いわゆる社会の底辺にあえぐ人々の街であった。中内切は、そのような環境の中で生まれ、育った。

移らざるをえなかった理由については、戦後の混乱期に中内切と共同で『友愛薬局』を経営した井生春夫《いせいはるお》が、打ち明ける。

「秀雄さんは、大阪で株をやって失敗した。親類に借金ばっかりして、大阪へおられんようになって神戸へ逃げて来たんですわ。いわば、蟄居《ちつきょ》ですわな。それだけに、なんとかもう一度成功したいという気持ちは強かった。その夢を、子供たちに託したい。そういう強い願望もあったんやろう思います」

中内秀雄は、父親栄の名をとり、『サカエ薬局』を開いた。

川崎造船正門から、湊町通りという小さな商店街が一直線にのびている。その通りを左に折れる路地に入り、二〇〇メートルばかり先の右手に『サカエ薬局』を開いた。商店街から外れているため、商売には不利な立地であった。

『サカエ薬局』は、現在は中内切が理事長を務めた流通科学大学に移築されている。

建物は、二階建てモルタルづくりの二軒長屋風。修理によってようやく保っている。一階が店と食堂で、間口二間、奥行四・五間、その奥に薬調合室がある。二階の三畳と六畳は、生活の場であった。

中内は、自分の育ったこの薬局がよほど懐かしかったらしい。のちに、年に一、二回はかならず、夫婦でこの薬局を訪ねている。

## 「せめて昼飯に一円五十銭のうな重を」

中内は、インタビューで、この薬局と父秀雄についてしみじみと語った。

「表通りの店は、川崎造船の職工さんたちが毎日その前をぞろぞろ通るわけです。それでついでに買ってくれるわけです。ぼくの育った家というのは、その脇道の方です。立地の一番悪いところにあったから、あまり売上げがない。結果的に、お客さんとの人間関係というか、近所のお客さんを相手に、細々とした商売をやる以外になかった。しかし、このような環境の中で、キザな言い方をすると、うちの父親は、わたしたち兄弟に何も言わなかったけど、背中で商売の厳しさというものを教えてくれました」

「飯を食っておっても、お客さんが来たら箸を止め、ぱっと立ち上って行って薬を売らにゃいかん。夜寝とっても、真夜中の二時三時でも、明日にしてくれというわけにはいかんわけで、起きて売らにゃいかん。正月でも、今日は休みだというふうなことで、いまのように店と住まいが離れておったら、家に帰ったら店の方は関係ないということだけど、われわれの時代は、二階に住んでおるわけですからね。正月だからとか、今日は休みだからとかいうようなことでも、呼ばれたら抜け出さなきゃいかんですな、二階におるわけですから。そういうことで、商売の厳しさというか、一人ひとりのお客様を大事にして、自分自身の生活時間なんていちいち決めて取るというわけにはいかんわけですね。

いま休憩中だとか、サラリーマンのように十二時から一時は休みだとか、五時で終わりだとか、日曜は休みだとかいうふうなことなしで、商売というのは飽きずにやることだということを教えてくれたわけですね。飯を食う場合でも、いま食事時間中というて、あとにしてくれとは言えない。商売とはそういうものだということを、骨身に沁みて教わりました」

中内は、のちに食事する時間を惜しんで、しばしば社長専用車の中でハンバーガーをぱくついている。もちろん、そのハンバーガーは、ダイエーのハンバーガーショップ『ドムドム』のものであった。働き者の父親の影響である。

生活は、貧しかった。昭和四年（一九二九）、ニューヨーク・ウォール街の株式市場の大暴落に端を発した世界経済の大恐慌がはじまった。

昭和六年（一九三一）九月、中内が入江尋常小学校四年生のとき、満州事変がはじまった。

「川崎造船の職工が、たくさん解雇されましてね。いわゆる大量首切りがおこなわれ、街には失業者があふれていました。その争議も、派手でした。そういう時代の中です。小さな薬屋は明日つぶれるかも分からない。その日その日、米を買って生活していかにゃならんわけです。一升三十銭なら一升三十銭の米を、その日その日、米を買って生活しておるわけで、米びつの中に米がいっぱい入っとったとこは、まず見たことがなかったですからね。そういう生活の中で、その当時、ぼくは小学校へ行っとってね、文部大臣が昼飯に一円五十銭のうな重を食うという話をなにかものの本で読んでね、せめてそのぐらいの身分になりたいな……と思ったな（笑）。毎日、一円五十銭のうな重を昼飯に食えるような身分になりたい……と切実にね。その当時、五十銭があれば、すきやき食い放題という時代ですからね」

中内には、子供のころ父親に連れられて動物園などに行ったり、遊んでもらったりした記憶は、まったくない。

## 軟派風硬派だった神戸三中時代

中内㓛は、神戸三中へ進む。県下で一番の名門である神戸一中へ行くには、やや無理な学力であった。しかし、神戸三中も、一中に次ぐ名門校。一中は、官僚養成型のエリート校であったが、三中はリベラルな校風で知られていた。

三中からは、雑誌『暮らしの手帖』の編集長であった花森安治《はなもりやすじ》、作家の富士正晴《ふじまさはる》、映画評論家の淀川長治《よどがわながはる》、太陽神戸銀行の頭取石野信一《いしのしんいち》、ウシオ電機会長の牛尾治朗《うしおじろう》、神戸市長であった宮崎辰雄《みやざきたつお》ら個性豊かな人材が輩出している。同級生には、ジャーナリストの大森実《おおもりみのる》がいた。

三中時代の中内について、同級生たちは、次のように語る。

「大森とぼくと中内の三人で、よく図書館へ行った。そこに喫茶食堂があり、ぼくらの溜り場だった。若いから、文学の話なんかしてました。中内は、どちらかというと軟派風硬派という感じでした。運動部にいる連中みたいな硬派じゃない。かといって、文学や芝居にかぶれるほど軟派でもない。文学青年であったことはたしかでしたけどね」（朝日商事常務取締役・大形重芳《おおがたしげよし》）

「中内といえば、服装が野暮だったのを覚えている。あのころの年では、ちょっと粋《いき》がったりして、服装に手を入れたりするんですけどね。ちょっとスマートに着こなしてみたり、ちょっとバンカラにしてみたり。中内は、そのどちらでもなかった。本当に構わなかったなあ」（大平不動産㈱不動産部長・栗本雅弘《くりもとまさひろ》）

「綽名を、だんごと言っていましたよ。鼻が大きいでしょう。弁論大会に出てたのも、覚えている。歴史や文学が好きな学生だったねえ。新しい俳句や映画好きでしてね。学校で決めた映画はいいんですが、それ以外の映画は禁じられていた。それなのに中内はよく隠れて映画にも行っていたね」（神戸地下街㈱副社長・長島隆《ながしまたかし》）

この当時中内が隠れて観た映画に、『汚れた顔の天使』がある。のちに中内が、スーパーのチェーンストアをつくろう、と思い立つのも、この映画の影響が強い。

## 港町・神戸が育んだ海外への憧れ

インタビューで、中内はその『汚れた顔の天使』の想い出について、眼鏡の奥の眼を細めて語った。

「ギャングのジェームズ・キャグニーが活躍する舞台が、ドラッグストアなんや。うちのやってた薬局とちがって、えらくカッコいい。華やかな感じでね。カウンターがあり、コカコーラがある。コーラは、もともと薬剤師が考えたものですからね。そのときのカッコいい印象が強く残っていてね……」

中内の母校神戸三中であった県立長田高校を訪ねた。古い資料を探してもらっているうちに、なかなか興味深い資料が発見された。中内が三年のときに、『鷹取のかおり』という地歴同好会会誌（第三号）に発表した、研究論文であった。

テーマは、『蝦夷についての研究』。分量は、四百字詰原稿用紙で十二、三枚。東北に住む「蝦夷」種族の人種的位置についての考察をしている。資料として日本書紀や宋書といった古文書、さらに専門書などから素材を手際よく引用し、「以上の如く『エミシ』又は『エゾ』といはれた東北の異種族をアイヌの祖先及びツングース系の分派であるとすべきである」と結論を導き出している。論理的でわかりやすく、かつ粘りのある追求力を見せている。中学生の論文としては、なかなかの力作である。

五年生になると、それぞれ進学によって、クラス分けをする。中内は四組、理科系のクラスを選んだ。大森は五組、商科系のクラスであった。文学青年であった中内が、なぜ理科系を選んだのか。神戸という風土と関係がある、と中内は言う。

「海外雄飛《かいがいゆうひ》の夢を持ってたんですよ。神戸三中で、自由主義的な空気の中で育っていましたからね。膨張政策で満州だとか蒙古だとか中国大陸だとかいうふうなところへ行くのに、何が一番いいかなと。海外へ行ってすぐに飯が食えるということになると、手に職を持っていた方がいい。そうすると、まあ建築か土木をやった方が、率がいい。そのために理科系を選んだ。神戸高等工業の建築を受けようかと思ったんです」

中内は、神戸という風土と自分については、こう語る。

「わたしどもは神戸という港町に育ちましたからね。やはり海外に対して、非常に強い憧れというものを持っている。これは港町特有のものですな。神戸というのは、開国と同時にできた、伝統の全然ない町ですからね。それだけに海外から帰ってきた人も多いですし、また海外へ行く人も多い。小学校の時分は、石川達三《いしかわたつぞう》が書いた芥川賞第一回受賞作の『蒼氓《そうぼう》』に出てくるようなブラジルに対する移民ということで、神戸港からたくさんの人が出て行く。それを、小学生のわれわれが、いまで言えば駆り出されてね、紙の旗を持って、送った。なにかそういうことで、もう日本の中で食っていくのは難しいだろうな……という気が子供ながらありましてね。ブラジルへの移民も、棄民と言われておってね。その意味では、どっか海外へ出て行って生活をしたい。そういうふうなことを考えていましたよ。まあ、なんせね、もう、『山のあなたの　空遠く……』それと同じでね、海の向こうにはなにかいいことあるだろう、という漠然としたことを考えていた」

## 俳句に執心、大森実と同人誌を編集

昭和十四年（一九三九）四月、それまで高等工業を受けようと思っていた中内㓛は、神戸高等商業学校（現兵庫県立大学）に入学。中内は、依然暗い日本から脱出し、海外へ雄飛する夢を胸中に燃やしつづけていた。ただし、海外で手に職を持った方がいいからと考えていた建築技術者になるのではなく、世界を股にかけた貿易商として活躍することに切り替えていた。

この年九月に、ドイツ軍がポーランド進撃を開始し、いよいよ第二次世界大戦が勃発。神戸高商時代の学生生活について、中内はこう語る。

「簿記、会計、全然やりませんでした。学校時代は、ぼろ校舎の中で雑誌をつくったり、俳句をやったりしていました。ほとんど授業には出ないでね。そういうことをやっとるのは、自由主義者ということで、配属将校に痛めつけられましたよ。各学校には配属将校というのがおってね、それが校長よりも権限を持っておる。いつも教練をさぼっとったので、教練の成績が丙でね」

しかし、天文学と考古学とに、異常な好奇心を示しはじめている。考古学では、奈良に遺跡の発掘に出かけ、土器を掘り出している。三中時代『蝦夷についての研究』で示したように、興味を持ちはじめるととことん突きつめていく一面をあらわしている。

それと、本人も言っているように、俳句に執心している。

三中から一緒に進んだ大森実とともに、『葦牙《あしかび》』という校内の俳句の同人誌の編集に当たっている。神戸高商卒業の記念アルバムに、中内は『おもだか俳句班』を代表し、次のような句を載せている。

《転換期——世界動乱——イズムの対立

騒がしい程にも静かな

何物にも犯されない毅然たる集い

唯一筋に句に繋がりて生きんとす

句

今は悔ひず　冬枯の丘　駈け下る》

単に花鳥風月を詠う句ではない。冬の時代に突入していく世相を、きちんと織り込んでいる。時代を読む眼を持っている。のちの中内を想わせる資質が、この句にはある。

おそらく、のちのキャッチフレーズづくりのうまさは、このころの俳句修業で培《つちか》われたものであろう。

《瀬戸内海ネックレス作戦》《首都圏レインボー作戦》《オレンジ共和国構想》……と、じつにみごとなキャッチフレーズをつくり出している。

たとえば、《首都圏レインボー作戦》というのは、都心から三十キロから五十キロ圏内を人口の増加地帯と見て、都心に対して虹のように半円状に描いて出店させていく、というもの。

ライバルスーパーとの血で血を洗う作戦を、中内はこのように美しい短い言葉にくるみ、かつ象徴的に本質を表現してみせている。年季の入った術といえよう。

## 召集逃がれの日棉入社の効もなく

昭和十六年（一九四一）十二月八日、日本軍の真珠湾攻撃をきっかけに、太平洋戦争がはじまった。神戸高商は、同時に学校閉鎖となり繰り上げ卒業ということになった。中内の友人たちは、次々に戦争に駆り出されていく。しかし、中内は戦争へなど行くのは、「まっぴらだ」と思っていた。

中内の父秀雄が、「人の世話もあまりするな。その代わり、人には絶対迷惑をかけるんやないぞ」と子供たちに教えつづけた言葉を想い出す。つまりは、へたなかたちでものごとに関わり、大損こくような愚かな真似はするな、という徹底した関西風の合理主義である。

その教えからすると、理不尽なかたちで戦争に巻き込まれ、せっかくの命を落とすのは阿呆らしい、という強い想いがあったのだろう。大学へ行けば、兵役免除が適用される。

中内は、翌昭和十七年（一九四二）三月、神戸商業大学（現神戸大学）を受ける。

ところが、本人も苦笑するように「もののみごとに、落ちてしまった」。推薦だから、ほとんどの学生は通る。五十一人受験した中で、落ちたのは、わずか三人であった。中内は、その三人の中に入っていた。商業学校出身でありながら、簿記会計がまったくといっていいほどできなかったせいである。もし無職なら、即召集だ。

「就職していれば、兵隊としてでなく、軍属として、日本から逃げ出せるかもしれない……」

中内は召集逃がれのため、同年四月、日本棉花《にほんめんか》（現ニチメン）に入社した。

しかし、中内の願いもかなわず、同年十二月、召集令状の赤紙がきた。

## 関東軍から〝マレーの虎〟部隊に配属

昭和十八年（一九四三）一月七日、中内は陸軍の初年兵として広島に入営した。二十歳であった。広島の練兵場に集合し、野戦重砲兵第四大隊に配属された。本来なら、神戸出身者は姫路の連隊に配属される。ところが、中内は神戸高商時代、軍事教練に熱心ではなかったため、『兵適』の烙印を捺されていた。普通の学生は、『士官適』という評価を受け、幹部候補生への道を進む。それに対し『兵適』とは、「兵隊としてしか使いものにならない」というもの。中内は、この烙印のため、仲間の多い姫路連隊でなく、広島に配属された。

中内が語る。

「途端にね、その当時なかった毛の入った肌着だとかなにか、いろんな、あったかそうなものをくれるわけです。これは相当寒いところへ行くんだろうなと覚悟しましたよ。広島へ集まったんだから、旅順ぐらいかな。そう思っとったところが、ソ満国境に送られた。それも、国境も国境の、川の向う側を見たらソ連の兵隊が洗濯したり物を食ったりしているのが見えるところに放り出されたわけです」

つまりは、泣く子もだまるといわれた関東軍に送られたわけである。

「ぼくがいた連隊っていうのはね、全国からかき集められていた。その職業がね、いわゆる鉱山の穴掘りをやっている坑夫だとか、力仕事ができる土工だとか、角力《すもう》取りくずれとか、そういう、まあアウトロー集団ですね。ですから、みんな、体格がいい。そういう中へ放り込まれたわけです。しかも精鋭をもって鳴らす関東軍の、それも初年兵ですからね。軍隊の中では、一番鍛えられた方じゃないですか。内気な文学青年だったわたしも、自己防衛のために、たくましくならざるを得ませんでした」

次に中内が配属されたのが、〃マレーの虎〃こと山下奉文《やましたともゆき》率いる第十四方面の第二十三師団、独立混成第五十八旅団であった。山下奉文は、当時東条英機《とうじょうひでき》首相と衝突し、関東軍に配転されていた。この部隊もまた、消耗部隊であった。フィリピンのルソン島北西部のリンガエン湾沿岸で守備にあたることになった。昭和十九年（一九四四）夏である。

リンガエン湾沿岸で、中内は、八月から翌昭和二十年（一九四五）の一月ごろまで、五ヵ月近く、穴掘りばかりしていた。毎日毎日、穴を掘って、そこへ塹壕《ざんごう》をつくっては、応戦の準備をしていた。

## 米艦隊を味方とまちがえてつかの間の泰平

一月七日、リンガエン湾に大きな艦隊が入ってきた。中内が振り返る。

「ああ、日本の連合艦隊がまだあれだけおるんかいな、レイテあたりでまた海戦があるんかいな……そう思ってた。塹壕掘りも終わったから、ドラム缶の風呂へ入ってね、のんびり湾に入った艦隊を見ておったわけですよ。そうしたら、二日後の九日の夜明けと同時に、艦砲射撃を一斉にやりはじめた。上陸用舟艇《しゅうてい》がいまの戦争映画に出てくるみたいに、ミズスマシのように走り回りながら上がってくる。あれは、敵の艦隊やないか！　えらい大騒ぎになった。戦いがはじまったわけやけど、いかに情報が不足しておったかということやね。日本軍の情報網というのはいかに支離滅裂だったかということですわ」

中内は、この戦争を通して、情報がいかに戦の帰趨《きすう》を決するか、ということを骨身に沁みて感じている。

ダイエーの情報戦略は、他のスーパーより抜きん出ていた。

「一昨年（昭和五十七年〈一九八二〉）の十二月三十日、『ニチイ』と『ユニー』の合併合意の記者発表がおこなわれた。ところが、すでに十一月ごろから、中内さんは親しい二、三人の記者に、『おい、ユニーと二チイの合併は近いぞ』とささやいている。中内とすれば、情報をリークすることによって、両社の合併を御破算にしてしまおう、という狙いがあったんでしょうね。われわれは、両社の合併の噂は前々からささやかれていたので、また噂に終わるだろう、と思っていると、今度は本当だった。あとで、『ニチイ』の広報担当者が、唸っていましたよ。『ダイエーの情報の摑み方の速さと確度の高さは、さすがだね。恐ろしいと思いました』と。われわれも、改めてダイエーの情報戦略について唸りました」（業界関係者）

アメリカ軍は、三日間にわたる支援砲爆撃のあと、一月九日午前九時三十分、四個師団編成でついにリンガエン湾に上陸を開始した。二一〇〇隻の上陸用舟艇を連らね、ウォルター・クルーガー陸軍中将指揮の第六軍を主力に、総計二十万三〇〇〇人の兵力を擁して攻め立てた。中内が、溜息まじりに語る。

「われわれの持っとった大砲が、一万三〇〇〇メートルしか届かないわけですね。敵の艦隊は、一万五〇〇〇メートルのところにいるわけでしょう。撃っても届かんですわね」

しかし、日本軍も尻込みしていたばかりではない。作戦本部では、米軍に総反撃をかけることが決定された。

## 山下奉文の斬り込み中止命令で命拾い

一月二十三日の夜明け、総反撃の命令が中内に下された。ゲリラ斬り込み隊であった。全員白襷《しろだすき》を掛け、縦隊を組み、山を下って砂浜の敵軍を斬り殺す、という作戦であった。中内は、神戸高商時代、《今は悔ひず　冬枯の丘　駈け下る》の句を書いた。山を駈け下りる突撃命令を待つ中内の心は、悔いず、どころか、リンガエン湾の砂浜で若くしてはてざるを得ない、無念さで張り裂けんばかりであった。

「海岸の砂浜でいくら突撃を繰り返したところでね、むこうは、戦車だとか上陸用舟艇の中から撃ってくる。こっちは、生身の裸でね、出て行って突撃したって、全部死ぬ。まあ、カッコいいかどうか知らんですけどね。全滅していくわけですよ。死ぬ覚悟はしていた。ところが、突然、山下奉文からの中止命令。水際で敵を食い止めるという作戦は、もう無駄だと。兵隊を殺すだけだから、少しでも後方のね、バギオ方面の山の方へ撤退して、いや撤退と言わないで後方移動言うたな。後方へ移動して、少しでも敵をフィリピンへ引きつけた方がいい。

中止指令がなかったら、もうそれこそリンガエン湾の砂の中でいま時分はシャレコウベになっとったでしょうな。あんな戦争をしていて助かるはずない。なんにもない、ほんと砂浜ですからね。そこへのこのこ小銃をさげて出ていったところで、それはもう何十万人いたって、敵の標的になるだけですからね」

もしこの戦闘で中内がリンガエン湾の露と消えていたら、ダイエーはなかった。日本のスーパー業界も、十年の後れを取っていたにちがいない。

山下兵団は、退却をはじめた。ダモルチスーバギオーキャンガンと転戦していった。退却しながらも、夜になると夜戦を繰り返した。

中内は、いまだに戦争にこだわりつづけている。テレビは、戦争ものをよく見る。

長男の中内潤がその様子を語る。

「テレビの画面を見ながら、父親はぼくに言うんです。あっ、あれは嘘や、あんなに整然と退却できるわけあらへん。うん、あれは本当や。戦争なんて、あんなもんや。……と半分自分に言いきかせるようにつぶやいていました」

## 飢餓地獄の中で人生最大の哲学を体得

大岡昇平《おおおかしょうへい》の『野火《のび》』は、餓えた兵隊がついに人肉を食う極限状況を描破《びょうは》している。

中内も、『野火』と変わらぬ飢餓地獄を這いずり回ることになった。

蛆《うじ》の湧いた水中の死骸をあさり、トラックのタイヤを燃やし、野草を煮た。靴の皮に水を含ませ、ガムのように噛みつづけた。食うことが可能な物は、なんでも口にした。山蛭《ひる》は、まだ上等の方であった。蚤《のみ》と蚊《か》と蝿《はえ》以外は、すべて食用になることを知った。

「人間の肉を食ったというウワサは、相当ありましたね。われわれは、オーストラリアの兵隊なんかの携帯食糧を夜の間によく取りに行きましたね。昼間、死体を見といて、背嚢《はいのう》とか雑嚢《ざつのう》に、携帯食糧が入っている。その携帯食を、よく取りに行きよったですね。ついには人肉を食いたいと思ったかって？　……そこまでは……ただ、食糧を持っている仲間に、ふと襲いかかるんじゃないかな……という怖さは、自分の中にも感じました。結局、少しの米とか少しの食糧ね、缶詰を一つか二つ持っておれば、それを狙われて、殺される心配もある。そういうことで、食糧なんか、いつも枕にして寝てました」

　極限状況の中で、中内は人生最大の哲学を体得した。

　病み傷ついたまま食物を求めながらともに歩く仲間も、いつ自分を殺すか知れない。疲れはてて寝ているうちに襲われ殺される。それでも、眠らないわけにはいかない。

　食われるか、眠らないまま逆上して自殺するかのいずれしかない。そのいずれをも避けるには、結局、友を信頼して眠るよりほかない。中内は、同僚の中で眼を閉じた。食われてもいいではないか。それしか、残された道はない……。

　深い人間不信と、絶望のはての諦観《ていかん》であった。中内は、人間が獣と変わらないことを思い知らされた。文学青年の甘さなど、いつの間にか消し飛んでいた。

しかし、朝が来ると、南国特有の強い陽射しが、眼に飛び込んでくる。生きていた……と胸を撫でおろす。隣に寝ていた仲間の顔を見る。仲間もやはり、ホッとした顔で中内を見る。

昼間は、なごやかに話し合う。

「結局、ひとりでは生きていけない……みんなと顔つき合わせて話していると、しみじみとそう思った。やっぱり集団をつくってね、そしておたがいになにか、こう、共通の対話をする。食い物の話だとか、それぞれの故郷《くに》の話だとか、たわいもない話だけどね。戦争が終わって帰ることができたら、どういうことをしたい……とかね」

しかし、ルソン島がまた闇に包まれる。恐怖の夜がやってくる。眼を閉じる……。

この極限状況の日々の中で、中内は、大きな矛盾を見据えた。人間は、獣と変わらない。が、人間はひとりでは生きられない。この矛盾を抱えたまま生きるしかない。二十二歳の中内が、骨身に沁みて学んだことであった。のちに中内は、自らを「偉大なるカオス（混沌）」と規定している。

矛盾という言葉も、中内の口からしばしば発せられる。

中内は毛沢東《もうたくとう》の戦闘性、戦略、戦術、合理性、指導力から大いに学んでいるが、毛沢東の著作『矛盾論』から特に多くのものを得ている。

中内は、『毛沢東語録』に倣《なら》った『中内語録』で、矛盾についてこう語っている。

《毛沢東の思想に私が共鳴するのも、矛盾を肯定する立場からである。矛盾をあるがままに認め、その中から止揚《しよう》を図る。矛盾の再生産のなかで数々の矛盾を統一した結果が重要なのでなく、矛盾を統一しようとする努力に価値がある。毛沢東の哲学はそれを教えてくれた。毛沢東の思想は、東洋人が考えた合理主義的な思想である。実践を根底にし、矛盾こそ進歩の母であるとするダイエー思想は、毛沢東思想と類似点が多い》

中内の、戦場で学んだ、矛盾を恐れない、という姿勢こそ、ダイエー発展の原動力になっていく。

## 雨が降るとうずきつづける古傷

六月六日の夜明けであった。中内はバンバン平地で、オーストラリア軍の陣地攻撃に向かった。中内は、斬り込み隊長として部下を指揮していた。

この戦闘で、中内は敵の手榴弾をもろに浴び、大腿部、腕をはじめ、全身傷だらけになった。これでいよいよ最期か……と観念した。野戦病院に送られたが、病院とは名ばかり、ろくに医薬品もない。食料品は、もちろんなかった。

中内は、すべて義歯であった。ジャングルで靴の皮を噛みつづけたためである。雨が降ると、腕と大腿部の傷がうずく。手榴弾を受けた傷の痛みであった。

「雨は降ってくるし、その中で、意志の弱い兵隊は、手榴弾で自決していくのもいるしね。手榴弾を腹の下に敷き、ピンを抜く。ドカンと音がしたら、体ごと吹っ飛んでいる。一巻の終わりや。逆に、もうほんとに顔が半分ぐらい迫撃砲で飛ばされて、顔の半分なくても、それでも生きておる兵隊もおりますしね。人間というのは、生きるとか死ぬとかいうのは、やはり意欲の問題だという気がしました」

中内は、人間はどのようなことがあっても生き抜くべきだ、人間の生命力、エネルギーはなによりも尊い、ということを学ぶ。人間の矛盾と、生き戦わんとするエネルギーの尊さ、この二つを、中内は地獄の島で教えられた。

## 生き残ったのは六〇〇名のうち二十名

八月十五日――敵の攻撃が、ぴたりと止んだ。

「てっきり、勝ったと思ったんですな。敵が退却しだしたんや、戦争は勝ったと。まさに、情報不足です。本気で、まさか日本が全面降伏をしたということは、考えませんわ。全般的には日本軍の敗色が濃くても、このフィリピン戦線では何らかの形で日本が一時的にも勝ったんだと思っとったら、十六、七日ぐらいになってニュースがきた。停戦だということでね。また次のニュースがきて、無条件降伏だという。えーっと思ってね。まあしかし、命だけ、どうにか助かったなあ……ということで、いや、もう、ホッとした」

中内のいた部隊で、生き残ったのは、六〇〇名のうち、わずか二十名であった。

日本では、終戦を迎え、天皇陛下のために申し訳ない、と号泣《ごうきゅう》する者もたくさんいた。

ルソン島で終戦を迎えた中内の天皇観は、どうであったか。

「天皇陛下のために？　そんな気持ちはなかったね。天皇陛下万歳！　なんて言うとんのは、勲章がほしいエエカッコしいの連中か、傷の浅いカスリ傷組だよ。戦死する兵隊というのは、お母さん！　とか、助けてくれ！　とか、そういうことしか言わないよ。兵隊っちゅうのはそんなカッコのええもんやないですよ」

父親から徹底した合理主義精神を叩き込まれていた中内にとって、天皇陛下に殉じるなどということは「あほらし」という気持ちしかなかった。

## 虱だらけの軍服と十円を手にわが家へ

ルソン島を脱した中内㓛にとって、故郷神戸を戦場とした、新しい戦いがはじまる。

十一月一日、中内は、マニラ港で駆逐艦を改造した引き揚げ船『夏月《なつづき》』に乗船した。マニラから最初の引き揚げ船であった。船には、陸軍四九一名、海軍一〇五名、民間人四名が乗っていた。フィリピン人に石を投げられる中で、三日、船は出港した。

引き揚げ船で中内と一緒であった大谷行己《おおたにゆきみ》（元時事通信記者）が証言する。

「船内では、倉庫にゴロ寝していたんです。その倉庫の隣に偶然来たのが、中内さんでした。彼の故郷が神戸。わたしも、兄が神戸なのでそのへんから話がはじまったんでしょう。第一印象は、どこかデンと構えていて、ひどく元気。不思議に全然衰えておらずガッチリした体でした。おっとりとしたボソボソした喋り方の人でね。何を話したかは覚えてませんが」

四日後、鹿児島県の加治木《かじき》港に着いた。

中内は、虱《しらみ》の卵だらけの軍服と十円をもらい、小学校の講堂でゴロ寝した。

大谷がつづける。

「その小学校で、缶詰の配給があった。中内さんは、一度もらってからまた並んで二つ缶詰を手に入れているんです。あとで中内さんに言ったんです。『こんなことは、戦争が終わったんだからもうやめようや』中内さんは、『うーん、そうやなあ』と苦笑いしてました」

大谷は、十二月二十一日、神戸へ中内を訪ねてみることにした。中内の家は、まわりがすべて焼けているのに、たった一軒だけ残っていた。大谷は、中内の強運に驚いた。

大谷が声をかけると、薄暗い『サカエ薬局』から、中内が「おう」と言って出てきた。軍服ではなく、普通の服であった。中内は店のサッカリン、「シロゲン」売価二十五円のを大谷にくれた。大谷が店内を見回すと、あまり種類はないが、薬がきちんと、段ボールに入れっ放しではなく、一箱ずつ並んでいた。夕方、大谷は中内に連れられ、三ノ宮の新開地へ行った。中内と一緒に闇市を歩いた。

大谷は、闇市になんでもあるので驚いた。

大谷は、露店で五円の天ぷらうどん、五円のおでんを御馳走になり、別れた。

中内は、別れるとき大谷に言った。

「ボツボツ、なんかはじめようと思うとる」

## 優秀な息子たちを闇屋にした父の思惑

中内の、闇市時代がはじまる。

しかし、中内は、この時代の自分については、まったくといっていいほど語っていない。

「女と麻薬以外、なんでも手がけた。度胸が据った」

とは語っているが、この時代の自らの行動について、掘り起こされたくはないようである。いまだに、ベールに包まれた時代である。

これまで中内の闇市時代について知られている唯一のエピソードがある。三中、神商と中内と親友であった大森実が、戦後間もなく、神戸の街で中内とバッタリ会った。

「おお、久しぶりやな……」

大森は、思わず声をかけた。中内は、半長靴に飛行士用の軍服を着ていた。いわゆる戦後の典型的な闇屋の〝制服〟であった。大森は、当時大阪で毎日新聞の新鋭記者として張りきっていた。闇屋が摘発されれば、それを記事にするのが商売であった。これは、厄介なことになった……と思いながら、とにかく一緒に喫茶店にコーヒーを飲みに入った。

大森は、探りを入れるように中内に訊いた。

「きみ、その格好でなにしとるんや」

中内は、まったく悪びれず答えた。

「うん、正真正銘の闇屋をやっとるんや」

昭和二十年（一九四五）八月十五日以前は、神戸市の人口は約四十万人であった。

昭和二十年三月十七日の大空襲で、神戸市の西半分が焼けた。つづいて六月四日の再度の空襲で、全市が一面の焼土と化してしまった。

終戦後、疎開先から帰ってきた者、さらに復員、引き揚げ者たちで、たちまち人口はふくれあがった。二十年末には、六、七十万人と二倍近くにもなっていた。

神戸の中心は、元町であった。その元町から三ノ宮にかけ、国鉄の高架線が走っていた。その高架下には、間口一間か二間ほどのバラック建ての店が軒を連ねていた。高架下なので、雨露がしのげるせいであった。このような店が、三ノ宮から元町まで約四〇〇軒。元町から神戸駅まで約三〇〇軒も軒をつらねていた。日本最大のブラックマーケットであった。温かいぞうすい屋の屋台も並んでいた。一個五円の握りめし屋も並んでいた。三個十円のパン屋にも、腹を空かせた客が群がっていた。田舎から米を担いできた農民が、娘のための古着を求め、物々交換をしている。これらの店先に並べられていた品物の多くは、盗まれ、あるいは強奪された軍需物資であった。大森が中内に会った当時、中内は、このブラックマーケットを舞台に闇屋をやっていたわけである。ベールに包まれた中内の闇市時代を知るために、当時の闇屋仲間を探し歩いた。

高架下で闇屋をやっていた何人かに当たった。

しかし彼らは、口を揃えて言った。

「中内が昔闇屋であったことは知っているが、具体的な中内の商売ぶりについては、まったくといっていいほど覚えていない」

それでも何十人と訪ね歩き、三人の貴重な証言者を得ることができた。

Aは、高架下から脱け出し、いまは元町で薬屋を経営している。匿名を条件に、これまで語られたことのなかった中内の隠された一面について語った。

「中内は、わしと一緒に闇屋をやってたんや。たしかにえらい出世はしたけど、わし、人間的には信用できるとは思えん。しかし、中内一人で闇屋をやっとったわけやない。お父さんが、『サカエ薬局』でズルチンやサッカリンをつくっていた。次弟の博とその原料を仕入れ、できたものを、切と博が売っていた。兄の切と弟の博が闇屋をやって、親父さんが、それを管理しとったという型やったな。薬中心やったけど、切は他のものにも手を出していた」

中内の父秀雄は、弟の博にまで闇屋をさせている。博は、当時まだ神戸商大の学生であった。それも、特待生と優秀であった。博は、学生服で札幌までズルチンを売りに行き、逮捕され新聞に出るという騒ぎまで起こしている。

秀雄が優秀な二人の息子を闇屋にし、このような、危険な目にまであわせ、ひと儲けをしようと計ったのは、おそらく、戦後の混乱に乗じ、一旗上げようと狙っていたにちがいない。

## ズルチンの製造、販売で大儲け

闇屋仲間のBが語る。

「ズルチンで、わしも滅茶苦茶に儲けたが、中内一家もボロ儲けしたわ。ズルチンというのは、甘味剤に使う。フェナセチンと塩酸と尿素を混ぜ、煮沸して結晶をつくる。このズルチンが、飛ぶように売れる。みな甘いもんに飢えてた。当時砂糖の代用品が、サッカリンや。そのサッカリンの代用品が、ズルチンやった。そのころ、ズルチンをつくっていたのは、わしと中内とこやった。わしは、知り合いの薬剤師にやらせてた。中内は、親父さんが薬剤師やからやれたんや」

中内㓛の鼻息も、荒かった。

「ハジキを真ん中に、中国人ブローカーと取引きをしたこともある」

と、ちらと語っている。当時の中内にとって、この時代は、まだルソン島での戦いの延長のような気持ちであったのだろう。

中内功の性格を物語る、闇市時代の興味深いエピソードもある。

「中内さんと、酒を飲んだとき、こんな話をしてました。闇市時代にね、ロシアンルーレットをやったというんです。ヤクザを相手にね。ロシアンルーレットという賭けは、六発の弾丸がはいるピストルがあるでしょ。そのうちに、一発だけ弾を入れて、自分のこめかみに当てて、射つ。六分の一の確率で、死ぬわけです。死ななければ、相手の賭け金をもらえるわけです。命を賭けた博打です。中内さんは、何度かそういう勝負をしている。いつも、相手が逃げたらしいですけどね。あの人は、いつもそうです。体を張って、ぎりぎりのところで商売をしている」（中内功と親しい新聞記者）

闇屋体験は、中内の闘争心に焼きを入れた。

中内は、昭和四十二年（一九六七）九月、天下の松下電器産業を相手どって、独禁法違反の疑いで提訴している。

松下製品を安売りするダイエーに対し、松下が出荷を停止。それに対し、「メーカーが価格を前もって決めるのは、けしからん。価格の決定権は、売る側にある」と、無謀ともいえる喧嘩をしかけたのであった。

昭和五十年（一九七五）にも、あとで述べるように、札幌への進出をめぐって琴似地区でイトーヨーカ堂と先陣争いをして破れたとき、中内は、役員を前に、黒板にこうなぐり書きした。

《㋑みな殺し作戦！》

㋑とは、イトーヨーカ堂のことである。イトーヨーカ堂社長の伊藤雅俊《いとうまさとし》、西友ストアー社長の堤清二なら、およそこのように露骨な闘争心を剝き出しにはすまい。

中内の火のような闘争心は、闇屋体験によって培われたものであった。

## 儲けの極、札束をハカリで勘定

闇市時代の知り合いが証言する。

「うちの隣に、中内さんが住んでいたんですよ。ところが、警察の手入れがあるたびに、うちの庭に、闇商品の入った箱を、塀の向こうからぽんぽん投げ入れる。ほんと、無茶苦茶な人でした」

当時、三ノ宮から新開地までを縄張りにしていた親分津山唯一が語る。

「中内つぁんは、商才に長《た》けとった。闇で品物買うても、回転が速かった。いろんなルートを持ってたようや。一五〇〇円稼いだら、そのお金でまた品物仕入れて、まわすのや。そしたら今度は、二〇〇円や三〇〇〇円の稼ぎになる。そんな商売や。薬のほか、いろんな品物扱ってた。当時から、ひとかどのもんやった」

昭和二十三年（一九四八）、薬事法が改正された。店舗なしで薬の売買をすることが禁じられた。

中内は、『サカエ薬局』という店舗を持っていたが、闇商品を扱う前線基地として、別に元町高架下のブラックマーケットに新店舗を持った。『友愛薬局』という名をつけた。

ただし、井生春夫との共同経営であった。中内の父秀雄は、井生から旧日本軍の放出物資であるフェナセチンなどを買っていた。秀雄は、㓛の共同経営の相手として井生を選び、当時の金にして二十数万円を注ぎ込んだ。

『友愛薬局』は、表は正規の薬の売買をしていた。裏は、闇ブローカーの溜り場で、絶えず彼らが屯《たむ》ろしていた。中内も井生も、仕入れに神経を遣った。仕入れこそすべてであった。品物が入りさえすれば、飛ぶように売れる。

当時『友愛薬局』に出入りしていた闇ブローカーのCが語る。

「なんといっても面白いのは、仕入れやね。仲間から、中内の『友愛薬局』あてに電報が来る。ムネハイッタ、とかムシハイッタとかいうて。ムネというのは、ストマイ。ストマイは、胸、つまり肺にきく。それでムネハイッタとなる。ムシというのは、サントリニン。サントリニンは、歯にきく。ムシハイッタとなるわけや。密輸入やから、ストマイ入ったなんて文章で電報打てんわな。だいたい国内で生産しとらんのやから。売るときかて、ストマイなんて言わん。ムネあるで、言うわけや。電報が入ったら、ソレッ！　や。日本中どこへでも、夜行列車に乗っていくわけや。ゼニ持って。まだ千円札さえなかったころや。百円札で四十万円。かさばるわなあ。胴まきに入れても、入りきらへん。二十万がせいぜいや。胴まきの中が、ボテボテになる。しょうないから、汚ない新聞紙に荒縄でしばって網の上に置いとく。おまわりの手入れのときも、さすがに現金とは疑われず、あれだけは取られんかった」

井生の記憶によれば、現在六十円のペニシリンが、当時三〇〇〇円から四〇〇〇円で飛ぶように売れた。一日の売上げは、一〇〇万円を突破した。笑いが止まらなかったという。

「会計もやっていた中内君が、あんまり札が多すぎて、よう数えんのですわ。数えていくうち、指の脂が札に吸い取られて痛うなってしまうんですわ。こらあかん、いうて中内君、『サカエ薬局』から、薬剤調合のハカリ持ってきおりましてね。それに乗っけて計った。金庫なんてないもんやから、下に石炭箱置いてね。そこに計った札束、ポンポン投げ入れる。たちまち石炭箱がいっぱいになる。しょうがないから、中内君と二人、札束を足で踏んでね、いや、嘘みたいに儲かった」

## 危機を創出する経営

しかし、儲けの裏にリスクもついてまわった。

前出の『友愛薬局』出入りの闇ブローカーAが語る。

「ペニシリンは、密輸入やからね。MP（米軍憲兵）が、時々『友愛薬局』に手入れにくる。日本の警察も来てたけど、そんなん初めから来るのわかってるから、恐かない。それに日本の警察は、ピストルやのうて、まだサーベルやったから。それと当時われわれは戦争から帰ったばかりやから、みんな気が荒い。おまわりなんぼのもんや、という気持ちや。向こうも、そんな事情知っとるから、そうそう強気には出られへん。ところがMPは別や。なにしろやつらでかい。いきなり入ってきて、『ホールドアップ！』いうてピストルつきつけよる。その場にいたら全員パクられる。そやから、サッと逃げないかん。あるとき、わしMP来るの知らんで、井生さんとこへ行こうと思って近くまで行った。すると、店の横で、中内がなさけなさそうな顔をしてる。『どないしたんや』いうたら『あかん、これや』いうて、頭に手をやる。MPはヘルメットかぶっていたから、MPの合図や」

実際、いつ逮捕されるかわからぬ危険の中で、中内の闇屋稼業はつづけられた。『友愛薬局』に出入りしていた闇ブローカーCも語る。

「佐世保で密輸の薬が入った、という電報が『友愛薬局』に届いた。中内は、末角にすぐに夜行列車で佐世保に発《た》て、と命じた。まあ、資金もあったんやろうけど、末角がうまいことそのブツをセリ落とした。ところが、セリ落とせなんだ奴が、末角を警察に差した。末角は、列車の中で、パクられてしもうた。そやけど絶対、口割らんかった。自分一人の意志で行ったんや、そう言い張って、結局六ヵ月ブタバコに入れられた」

中内の弟の博、腹心の末角要次郎《すえかどようじろう》（のちダイエーグループ・クラウン社長）と次々に逮捕されていく中で、ついに中内だけは逮捕されることがなかった。

しかし、中内も絶えず危機に晒《さら》されていた。時にはピストルを持って追いかけられたこともあった、という証言すらある。

中内は、この当時、商売には猛烈に打ち込んでいたが、酒はほとんど飲まなかった。飲み食いに金を使うなんてことは阿呆らしい、と思っていたようだ。コーヒーも飲まなかった。飲むのは水だけ、と当時の闇屋仲間の評判であった。


中内は、闇屋体験から何を学んだか。

闇市時代について触れられたがらない中内が、誇らしく言っている。

「闇市での商売のやり方が体験として深く残っております。ひとつは、かならず自己主張しなければいけない。それと、ギリギリまで勝負に賭けるということを意識的にしなければ利益はないということです。ただ単に商品を右から左へ流すだけでは大きな利益はなく、なんらかのリスクを覚悟しなければということを体験の中で自分の身体で覚えました」

リスクを恐れない気構えは、ダイエーの経営理念の根幹をなしている。中内は、『中内語録』の中でも、

「危機《リスク》のなかに自ら飛び込み、それを乗り越えたあとに、再び危機をつくり出していく」と『危機を創出する経営』を説いている。すべて、闇屋体験から得たものである。

## 『サカエ薬品』に一店員として参画

中内一家の飛躍と、㓛の雌伏の時代がはじまる。

昭和二十六年（一九五一）三月、大阪市東区平野町に薬品の現金問屋『サカエ薬品』を父秀雄と次男の博が設立。父秀雄としてみれば、長年の夢であった大阪で捲土重来《けんどじゅうらい》を図ろうとの野望に燃えていたのであろう。その店を買うのに、当時の金にして二八〇万円もの大金を出している。闇で相当儲けたと思われる。

博が語る。

「やはり、神戸で『友愛薬局』をやっている兄には負けないぞ、というわたしなりの気概はありましたね。ところが、そのうち商売が予想以上に当たった。わたしひとりの手に負えなくなり、兄の㓛も呼んだんです」

㓛が『友愛薬局』を去ったのは、『サカエ薬品』に参画するためでもあった。

ただし、遅れて参画した㓛は、あくまで一店員にすぎなかった。従業員は、博を「社長」と呼び、㓛のことを「兄さん」と呼んだ。鼻柱の強い㓛が、面白いはずがなかろう。

そのうち、道修町の武田薬品や塩野義製薬の社員が買いに来るまでになった。一般客も「サカエ薬品は、安い」というので、どんどん買いに来た。一般客が二割、三割、四割……と増えていった。

昭和三十四年（一九五九）ごろには、一般客がついに半数に増えた。そのぶんクロウトが減った。

一般客のニーズは、日に日にエスカレートしていった。「化粧品は、ないか」という要望を口にするようになった。それで、化粧品や洗剤、石鹸、歯磨き粉といった日用雑貨も置くようになっていった。

昭和三十二年（一九五七）当時、田島義博《たじまよしひろ》は、『マネージメント』の編集長をしていた。レポートを書いていた田島の耳に、大阪の薬の現金問屋が、半値で医薬品の大乱売をやっている、という噂が入ってきた。どうして、半値で売って儲かるのか、田島には不思議だった。値段のカラクリを知りたい。そう思い、大阪までわざわざ出かけた。

『サカエ薬品』に行くと、二階の部屋に通された。畳敷《たたみじき》の、小さな、暗い部屋であった。そこにワイシャツの袖をまくりあげた中内が出てきた。

田島は、単刀直入に聞いた。

「半値で売って、儲かりますか」

中内は、即座に答えた。

「大阪の商人が、儲からんようなことをしますかいな」

「なぜ儲かるのか、そのカラクリを教えてくれませんか」

田島は、まさか中内が素直に答えてくれるとは思っていなかった。ところが中内はアッサリと、しかも滔々《とうとう》とまくし立てはじめた。田島の方が驚いた。

「薬には、商習慣として、かならずリベートをつけるようになっている。たとえば、十個買えば、一個余分につく。しかも、現金で買えば、さらに安くなる。つまり、リベート分と現金で叩いた二重の分を引くと、仕入れ原価は、通常の小売り価格よりも、はるかに安くなる」

なるほど、流通慣習を逆手に取ってるわけか……田島は、感心しながら聞いた。

そのうち、あッと驚くことを中内は言った。

「今後、ますます薬は大量生産時代に入る。しかし、いまの流通機構では、もう間に合わなくなる。アメリカを見ればよくわかる。やがてアメリカのように日本もスーパーマーケットやディスカウントストアができるようになる。しかも、これは薬だけに限らないんや。かならず、家庭電器といったものにもおよぶ。いまの流通機構では、駄目だ。壊すべきだ。そうすれば、価格も変わる。安くなる」

中内は、自信を持って断言した。田島は興奮に体が熱くなった。「とんでもない男だ」と思った。「新しい英雄の誕生かもしれん」とも思った。薬業界における流通機構の非近代性を説きながら、それがすべての流通機構も同じだ、と断じていた。発想のスケールがちがっていた。田島は、のち中内らスーパーマーケット創業者らの理論的支柱とされる。

博の記憶によると、当時ＮＣＲのレジスターのセールスマンが、アメリカのスーパーマーケットについてのパンフレットをどっさり『サカエ薬品』に持ってきた。功は、それを舐めるように読んでいたという。博は、「そのあたりから、兄貴なりの理論を組みたてたんじゃないでしょうか」と類推している。

屈辱の立場からなんとか脱出したい中内功にとって、アメリカのスーパーマーケット情報を満載していたパンフレットは、巻き返しのための強力な啓示と思われたであろう。

その当時、功と末角は、帰る方向が一緒だった。いつも阪急電車で一緒に帰っていた。功は、吊り革に摑まりながら、末角に熱っぽく語ったという。

「いずれドラッグストアチェーンをやりたい。おまえ知らんやろうが、そういうのがアメリカにあるんや！」

社長の博と功との間には、喧嘩が絶えなかった。

「薬屋は薬屋や」

と博が言えば、功もむきになって反論した。

「日用雑貨を置いて、何が悪い」

末角が語る。

「博さんは堅実型で、お兄さんは、いってみれば風呂敷型。糸の切れた凧みたいで、性格は開放的。経営感のちがいというか、しょっちゅう対立してました。

しかも店の中で堂々と口喧嘩するので、社員は困りましたよ。仕入れの面でも、博さんの知らない雑貨が入ると、『そんなもの、いらん』と博さんは言う。おたがいのやり方は合わなかった。功さんは、一般客が増えてきたし、それならいっそ小売りをやろう、と言いはじめた。自分の店をつくろうとね」

## 旗上げのダイエー一号店が大当たり

中内功の、旗上げがはじまる。

昭和三十二年（一九五七）の春、中内功は、『友愛薬局』時代からの右腕である末角に、話を持ちかけた。

「末角、おまえ、一緒に小売りやらんか」

功は、他の社員にも話を持ちかけていた。

ところが、誰もついて行く者はなかった。『サカエ薬品』が繁盛しているのに、他の新しい店には誰も行こうとはしない。中内功は休むことを知らない。平野町なら、日曜祭日は休みだが、功の興す新しい店は、年中無休にちがいない。みんなそう思い、敬遠していた。

末角は、なにか新しい仕事をやってみたかった。功についていくことに決めた。功のチャレンジ精神にひかれたという。

九月二十三日、大阪府大阪市旭区千林三丁目、京阪電車千林駅前に『主婦の店ダイエー』一号店がオープンした。店舗面積は、二十六坪。小さな店舗であった。

なぜ千林に店を出すことになったかというと、大阪の中では、一番費用のかからない場所だったからである。商店街も、えらく繁盛していた。

開店と同時に、中内はダイエー憲章を制定した。

《よい品をどんどん安く売る》

この文句は、功がかつて闇屋をしていた神戸元町の高架下、元高タウン一丁目商店街の入口の案内板にあった宣伝文句とそっくりであった。案内板には、《どこよりも安く、良い品を》とあった。功の闇屋体験が、ダイエーの憲法ともいえる憲章の中に脈打っていた。

千林店は、十三人の従業員でスタートした。末角の他は、すべて新規採用の従業員であった。店の陣容は、会長が秀雄、社長が功、専務が四男の力、店長が末角であった。

末角によると、開店の三日間の売上げは凄まじかった。初日の売上げが、二十八万円。二日目、二十四万円。三日目、二十三万円。開店記念セールで、映画の券をつけたのが効を奏した。一〇〇円以上買った客には、『喜びも悲しみも幾歳月』の無料招待券を配った。

「一〇〇〇円買ったから、十枚くれ」という客も出る。それはダメです、と言うと、一〇〇円買って、また並ぶ。それを何度も繰り返す。そんな客がいるから、券はいくらあっても足りない。収容人員六〇〇人のところを、一〇〇〇枚もの券を配った。当時の千林松竹の支配人・千賀藤祐《せんがとうすけ》は、二階の床が落ちやしまいかと、気が気ではなかった、という。

のちダイエーの子会社、竜野開発の専務取締役になる内藤宏《ないとうひろし》は、読売新聞で『サカエ薬品』の募集広告を見て、さっそく面接に行った。昭和三十二年の十月であった。行くと、店の畳の間に通された。中内切に面接を受けた。内藤が「薬剤師の免状を持っています」と言うと、その場で採用になった。すぐに「店の前のトラックに乗れ」と切に言われた。トヨペットのワゴン車であった。荷台には、段ボール箱が、たくさん積んであった。どこへ行くのか……と内藤が思っているうち、千林店へ着いた。着くやさっそく、「すぐ働いてくれ」と言われ、その日から働かされた。

内藤が驚いたのは、閉店時間の午後十時になっても、店を閉めないことであった。

「お客さんがつづくかぎり、閉めん」

中内は、平然と言った。

「お客さんは、汗水たらして働いた労働者や。その労働者が、お札を持って店に来る。その人たちに売るわれわれは、彼らの汗を、お札のぬくもりに感じないかん。そういうお客さんに、もう店はしまいや、というわけにはいかん。それが商売というものや」

年中無休であった。たとえば末角店長の生活は、朝六時半に起き、七時に家を出る。帰るのが、いつも阪急の終電車で、午前一時ごろであった。

安売りで名を馳せていたヒグチ薬局と森小路《もりしょうじ》薬局に挟まれ、毎日が戦争であった。

## ヒグチと一円きざみの値下げ戦争

内藤が、当時の興奮を思い出す。

「とにかく末角店長が、煙草を一服して、隣のヒグチへ行くと、もう値段が下がっている。毎日の目玉商品というのがあって、紙に書いて貼り出すんですが、朝開店するときから、戦争になる。サロンパスを六十五円で売り出す。すると、ヒグチが六十四円で売り出す。こっちも偵察に入って、六十三円に値下げする。サロンパスなら適正価格の六十円が限界です。そこまでいったら、目玉商品を変えるんです。一円戦争です。大阪のお客というのは、平気で文句いいますよ。『隣のヒグチの方が安いから、隣で買う』というてね。遠く京都あたりから、わざわざ買いに来ましたよ。定期券を、首からぶらさげてね。隣近所の代表みたいなんですよ。なんで首から定期券をぶらさげているかというと、両手があくから。両手に荷物を持って電車に乗れる、いいよってね」

ダイエーが売れてくると、悪評やデマが飛び交いはじめた。「あんなに安いのは商品が悪いに決まっているよ」という噂が耳に入ってくる。末角が語る。

「こっちは、お客さんに納得してもらうために必死でしたよ。だからマンツーマンで一所懸命やりました。ぜったい品切れなんて言っちゃいけない。もし品切れの場合は、隣のヒグチへ行って買ってこい、とぼくが命令してました。仮に一〇〇円の商品を買ってきたなら、うちでは九十五円で売りました。だから、五円の損害なわけです。でも五円ぐらい損しても、品切れでお客さんがヒグチに行けば、何を言われるかわからんですから。それを心配しました。要は、信用なんです」

自ら白衣姿で画面に出て、テレビコマーシャルを「目標四二七店！」と威勢よくぶち上げ、薬品業界に風を巻き起こしたユニークなヒグチ薬局の樋口俊夫《ひぐちとしお》社長が、当時のことを語る。

「安売りのヒグチ千林店を叩きつぶせというので、他の薬局が共同して、ピンチヒッターを立てた。そのピンチヒッターが、なんとスーパーのダイエーだったわけです。このことは、ずっとあとになってから、ピンチヒッターを立てた側の一人から〝打ち明け話〟として聞いたのだが、当時のダイエーは、まだまだスーパーとして脱皮しておらず、平野町界隈で、薬の安売りで名を知られた程度でした。また、ウチの店を目の敵にしていた城東、朝日地区の薬業協同組合では〝毒をもって毒を制そう〟という心づもりだったのでしょう。ダイエーも、本気でうちの店を意識し、競争をしかけてきましたが、二年しても勝負はつきませんでした」

樋口社長は、ダイエー・ピンチヒッター説を信じていた。いかに凄まじい乱売合戦であったかがうかがわれる。

レジは、中内社長が打った。会長の秀雄は椅子に座って打っていたが、中内は立って打った。打つのも、早かった。中内は、背広の下にジャンパーを着、運動靴をはいていた。内藤が語る。

「お客さんが商品を選んでレジへ来ると、われわれが商品を読みあげるんです。㓛社長がレジを打つ。

だから値段をはっきり覚えてないと、レジを打つのが遅れる。

『はっきり言え！』

いうて怒られましたわ。ヒグチに値段を悟られないためもあり、当時薬には、値段が貼ってありませんでしたからね。覚えなきゃいけなかったんです。レジにお金がいっぱいになると、鷲掴みにして、下に置いたボストンバッグに突っ込んでいました」

『友愛薬局』時代、石炭箱を金庫がわりにし、精密秤で計った札をポンポン投げ込んでいた姿を彷彿とさせるではないか。

千林一号店で使っていた記念すべきレジスターは、スウェーデン製のスエダ46型であった。ダイエー本社社長室入口正面の、高さ一メートルの鏡割りの台の上に鎮座ましましていた。

中内は、常々語っている。

「レジスターの音は、ベートーベンの音楽に勝る」

ダイエー一号店のオープンした昭和三十二年（一九五七）十二月の大晦日――。

中内は、十三人の従業員に宣言した。

「今日は、一〇〇万円売ろう！　それまでは店を閉めない」

前日の三十日は、三十万円の売上げであった。普通の日は、閉店十分前の九時五十分ごろに蛍の光を流して店を閉める。大晦日の日は、十時になっても、店を閉めなかった。大晦日から正月にかけて電車は走りつづけていたから、どんどんお客さんが入ってくる。

末角が、感慨深そうに語る。

「めでたく、午前一時半に一〇〇万円を達成しました。店に残った商品は、歯ブラシ三本だけでした。そして売上げを計算して店を閉めたのが、二時半。中内さんが、『酒こうてこい』言うて、十四人で乾杯しました。年越しソバを食べて帰るときは、もう三時を回っていました。梅田に出て、阪急電車に乗るときは、始発でしたね。中内さんも、この日はきっとうれしかったんじゃないですか。この暮れの商いで、ダイエーはいける、と自信を持ったでしょう」

年が明けてからも、千林店は順調であった。

**わずか三店舗の時代に「全国制覇」を宣言**

『昭和五十八年度年頭メッセージ』で、中内は声を張りあげた。

「いま一度、われわれの原点である〝千林〟に学び『お客様は、われわれの最大の教師である』という考えに立ち……」

中内とすれば、全従業員が千林時代の凄まじい姿勢を取り戻さないかぎり、四兆円構想は、とうてい不可能である、という歯ぎしりしたい思いがあるのであろう。

功は、この千林店の成功で、博に差をつけ、初めて兄弟の中でのリーダーシップを握った。

のち博も、功に対抗しスーパーチェーン展開をおこなうが、昭和四十八年（一九七三）経営不振から、ダイエーに吸収合併を申し込む。功の軍門に下った。

中内は、千林店の成功で自信を深め、昭和三十三年（一九五八）の十二月には、神戸三ノ宮にダイエー二号店をオープン、チェーン化の第一歩を踏み出した。

三ノ宮は、中内の商人としての原型をつくった闇市時代の拠点であった。中内は、元町の高架下を去って以来、七年目にして、いわば故郷に錦を飾ったのであった。

中内は、チェーン展開について、筆者のインタビューで、自信に満ちた口調で言った。

「千林に第一号店をつくったときから、わたしの頭の中では、チェーン展開しようと思うてた。初めからチェーンをやろうと思ってたのは、うちくらいじゃないですか。兄弟の中でも、はっきりいうて、わたしだけでしたな。チェーンの発想があったのは」

中内は昭和三十五年（一九六〇）十一月、大阪市淀川区の三国に矢継ぎ早やに三号店をオープンさせた。

千林店十三人衆の一人、松本文夫《まつもとふみお》（ダイエー子会社のUSシューズジャパン常務）が、いまさらのように驚く。

「三国時代の社長の印象は、仕事の好きな人やなあ、ということと、歩くの早いなあ……というのが一番でした。そのころ、社長が言った。『ウチは、全国制覇をやるんや』。わたし、びっくりして社長の顔見ました。社長は、真剣でした。わずか三店舗しかないのに、大きなこと言いよるなあ……と内心あきれていました」

中内の言ったのは、ハッタリではなかった。中内は、それから文字通り急ぎ足で、全国制覇をなしとげてゆくのであった。

# 第二章

# 矢野博文の青春

## 父は「医は仁術」の医者

矢野博丈《やのひろたけ》は、昭和十八年（一九四三）四月十九日、中国・北京で生まれた。矢野が生まれたとき、親から与えられた名前は、「栗原五郎《くりはらごろう》」。男五人、女三人、八人兄弟の末っ子として生まれた。

父親は、長男こそ、祖父の「一郎《いちろう》」と母方の祖父の儀平《ぎへい》から一字をもらい「儀郎《ぎろう》」という名前を付けた。が、次男以降は、生まれた土地の名前を一字入れて名づけるようになった。そのため、次男は大阪市港区八幡屋敷町で生まれたので「幡二《ばんじ》」、三男は大阪の住吉で生まれたので「住三《すみぞう》」、四男は広島で生まれたので「広司《ひろし》」。そして、矢野も本来なら、五男で、生まれた土地は北京だったので「北五」とでもなるはずだったが、なぜか「五郎《ごろう》」という名前が与えられた。矢野は、いいかげんに名づけたのだろうと思っているのだが、親としては、思いを込めすぎることに躊躇したのかもしれない。

なお、矢野はのちに結婚を機に妻の矢野の姓に変え、五郎も博丈に変える。

## 祖父は大地主、母は銀行の娘

明治三十一年（一八九八）生まれの父親基《はじめ》の生家は、広島県賀茂郡福富町にあった。広島県のほぼ中心部に位置する町で、現在は東広島市に編入され廃止となっている。福富町は、昭和三十年（一九五五）七月十日、久芳村と竹仁村が合併してできた町である。

矢野の祖父の栗原一郎は、栗原家に養子として入った。教師であり小学校の校長も務め、久芳村の村長を四期も務めた。祖父の実家は、もともと庄屋で、地元の有力な豪農だった。番頭が四人もいた。そのため、祖母の加代《かよ》は、よく自慢していた。

「この村のどこに行くにも、うちの田んぼを通っていけるんだ」

よその家の土地を通らずとも、矢野は学校へ行けた。それほどの大地主の家に、父親の基は生まれた。ところが、祖父の一郎は、莫大な借金を負ってしまった。

一郎が借金を背負ったのには理由があった。栗原家の分家に当たる親戚の保証人になったからである。親戚は、事業を起こす際に、金融機関から資金を調達する必要があり、祖父に保証人を頼んだ。結果的に、親戚の事業は失敗し、祖父は、生涯をかけて返済する羽目になった。

資金繰りに困った栗原家では、番頭が五郎らの父の基の結婚相手に資産家の娘を貰えるようにと、奔走するほどであった。

番頭の労が報い、基は、愛子《あいこ》と結婚することになる。愛子は、広島銀行の前身行のひとつ「山岡銀行」の娘である。父親は広島県で有数な山持ち（土地持ち）であった。

母方の祖母は人をもてなすことが大好きで、この性格は矢野の椀飯《おうばん》ぶるまい好きに受け継がれている。両親とも裕福な家庭で育った。

父親の栗原基は、大阪医科大学（現大阪大学医学部）を卒業したあと、医者として日本各地を転々としていた。大学からは、「学校に残れ」と何度も説得されたらしいが、家族を養うために開業せざるをえなかったようだ。昼は大学病院、夜は夜間開業をつづけた。

昭和十二年（一九三七）七月七日夜、北京郊外の盧溝橋《ろこうきょう》付近で日本軍と中国軍の衝突が起こった。その盧溝橋事件をきっかけに日中戦争が勃発《ぼっぱつ》した。

昭和四年（一九二九）十一月十三日に大阪市港区八幡屋敷町で生まれた次兄の幡二が小学四年生の昭和十四年（一九三九）、栗原家は、旧制中学に通う長兄の儀郎を日本に残して、中国に渡った。基が中国行きを決めたのも祖父の借金が原因であった。

栗原一家が中国に渡って最初に住んだのは、山東省済南市だった。

基が最初に勤務したのは、山東省済南市の済南鉄道病院であった。ここは大きな病院であった。基は、済南鉄道病院で内科部長だった。

現在の済南市は大都市だが、当時の済南市では、わずか二四〇万人ほどが暮らしていた。

昭和十六年（一九四一）十二月八日に太平洋戦争が開戦した。その直後、栗原一家は、済南市から華北平原の東北部にある天津市に移ることになる。天津市は、中国の中でも有数に発展している都市で、現在は、直轄《ちょっかつ》市であり、運河が合流する地理的な要因もあり、当時から貿易の中心地として発展していた。当時の天津には、日本人小学校が六つもあった。そのため、基の勤務する病院では、中国人よりも日本人を診察する機会の方が多いくらいであった。

中国の南運河と北運河の交差地点に当たる天津は、古くからの商業の中心地だ。

昭和十八年（一九四三）、基の勤務先は北京の病院に変わった。矢野は、この年四月十九日に北京で生まれたわけである。

昭和二十年（一九四五）八月十五日、日本は、ポツダム宣言を受諾し、連合国に対して無条件降伏を表明する。一家みんなで引き揚げることになった。

中国で、父親は威厳《いげん》に満ち威張っていたという。

「先生、先生」

そう呼ばれ、尊敬されはしたが、むしろ恐れられていたようだ。

そのため、兄の幡二たちはハラハラし、不安な日々を送っていた。

〈あんなに偉そうにしていたのだから、中国人になにかされても仕方ないかもなぁ……〉

ところが、日本への引き揚げはスムーズにおこなわれた。医者として威厳を保ち威張りながらも、日本と同様、中国でも貧しい人たちからは無理して治療代をもらっていなかったのかもしれない。

広大な中国大陸の奥地にも、日本兵や日本人は進出していた。彼らは、北京を通り、天津を経由して日本に戻る。だが、引き揚げ船の順番もあり、すぐには帰国できない。

北京では、多くの日本兵や民間人が足止めを食らっていた。彼らがみんな寝泊まりするだけの施設が天津にはない。そのため、田んぼなどに穴を掘り、休んだり寝たりさせた。幡二たち学生も、作業に協力をし、穴を掘ったという。

引き揚げる際には、北京から天津市内の港のある塘沽《タンクー》に行き、船に乗った。

黄海に面した塘沽は、港町で、そこから内地に帰るための帰国者用の船が一週間に一度出ていた。ＬＳＴというアメリカの上陸用の大きい船であった。ＬＳＴには、二〇〇〇人ほどが乗ることができ、蓆《むしろ》を敷き、みんなで並んで寝た。

引き揚げ船で、矢野は人気者だったという。

「よちよち歩くけん、可愛がられていた」

矢野は、兄の幡二からそう聞いた。

ただし、小言も言われた。

「おまえのために、ひとり分の荷物が持って帰れなかった」

昭和二十一年（一九四六）四月十五日、敗戦から半年以上経ってから、栗原一家はようやく内地に引き揚げてくることができた。このとき、矢野はまだ二歳だった。この日は、敗戦後初の衆議院議員選挙の日であった。帰国船の到着場所は、山口県の仙崎港だった。港に着くと、すぐ近くのお寺に移動し、一泊した。

帰国者たちには、そこでひとり当たり一〇〇円ほどが交通費として支給された。仙崎には、帰国者たちの一〇〇円をあてに商売をする人たちがたくさんいた。羊羹などの食料を相場より高い金額で売っているのである。帰国者たちは、「念願の内地の食べものだ」と思い、つい高い金額でも買ってしまう。その後、汽車に乗り、広島に向った。幡二は、みんな荷物を持てるだけ持ち、必死に移動したことを覚えている。

帰路の車内では、暴力団が暴れている場面に出くわすこともあった。そんなとき、幡二たちの父親はかならず彼らを止めて、注意しようとする。それほど真面目な男だった。相手が暴力団だとわかっても、気にせずに説教しようとする。幡二と下の弟は、いつもとりなしや対応に追われていた。

正義感の持ち主である父親は、不正義に関しては徹底的なほど怒る人間であった。

広島駅に着いてからは、バスで二、三時間かけて、実家のある久芳村に帰った。

## 祖父は農地改革で没落、父は貧乏医者に

昭和二十一年（一九四六）十二月二十九日、ＧＨＱ（連合国軍最高司令官総司令部）の指揮のもとに農地改革がおこなわれた。大地主の土地の一町歩を超える部分を国家が買収し、小作農に売り渡し自作農にしたのだ。栗原家も、五反百姓に転落した。

人生は絶対にうまくいかないという矢野の確信めいた思いは、この没落から生まれた。

各地を転々としながら開業医として働く栗原の家庭は、貧しかった。医者と聞けば、裕福な暮らしぶりを想像するだろうが、当時の医者は貧しいものだったという。

日本では、昭和三十年（一九五五）ごろまでは、国民の約三分の一が無保険者だった。その後、昭和三十三年（一九五八）に国民健康保険法が制定され、昭和三十六年（一九六一）に全国の市町村で国民健康保険事業がはじまり、誰でも保険医療を受けられる体制が整えられた。

そのため、矢野が高校を卒業するころまでは、正直、一家は貧乏だった。

いまのように豊かな生活ができなかった時代だ。貧しければ貧しいほど人は病気にかかる。裕福な家庭の病人なら躊躇なく治療代をもらえるが、貧しい家庭の病人からは治療代を請求しなかった。父親は、貧しい患者からは治療代を取らない医者として有名だった。

そのため、のちに矢野は、タクシーやバスに乗っているときに感謝されている。

「あなた、栗原さんの息子さんでしょう」

「ええ」

「お父さんによく似ているので、わかりましたよ。お宅のお父さんに、おふくろが命を助けてもらったんです。金もないのに」

「えっ……、そうだったんですか」

それも、一度や二度ではなかった。

父親は相当変わった人物だった。医者なのに、絶対に白衣を着なかったのである。

「どうも風邪をひいたらしいんです」

そう言って患者が入って来ると、なんと診察を断った。

「それがわかっとるなら、なにも医者に来る必要はない」

幼いころの矢野は、一日何十回も父親に怒鳴られた。

「こら！　五郎、勉強せい。勉強できんかったら、生きていけんぞ」

そんな怒鳴り声を、兄弟全員が同じように浴びせられて育った。

医者として診療する際に目にしてしまう患者たちの貧しさが、父親の懸念《けねん》につながっていたようである。

## 父の帝王学

父親は、子どもたちに貧しい生活をさせたくなかった。

〈この子ら、どうしたら生きていけるんだろう……〉

貧しさから逃れ、この世の中で生きていくためには、勉強して手に職をつけさせるしかないと考えたようである。とにかく、「手に職をつけろ」といわれた。そして、親が願う職とは「医者」でもあった。

わが子のことが愛おしければ愛おしいほど、父親は必死になって声をあげた。

〈なんで、顔を見れば怒るのだろう……〉

矢野は、幼少期には、そんなことしか思えなかったが、大人になってから矢野は、あの声が怒りの声ではなく、あふれる愛情からの心の声だったということをしみじみ感じた。

そのおかげで、矢野は今日の成功を手にすることができたと感謝している。

父親に怒鳴られた幼少期の矢野は、父親のように医者になろうなんて、まったく思いもしなかった。

〈医者みたいな貧乏なものになるもんか〉

ただ、母親の愛子は、父親の跡継ぎとして、子どもたちには医者になってもらいたいと考えていたようである。結局、長男の儀郎、次男の幡二は母親の願い通り医者になった。

しかし、三男の住三、四男の広司は、ふたりとも広島大学を卒業したが、医者にはならず会社員になった。矢野は起業した。

「すいません、すいません」

男手はみな広島に出ていっており、田舎には祖母と矢野しかおらず、五反といえども農作業には人手が足りない。そこで、春になると、昔の番頭が集落の人たちに声をかける。

「今度、田植えをするから手伝いに」

近所の人たちが忙しい中、無理して手伝いに来てくれる。雨が降っている中でも田植えを手伝ってくれた。

田植えのときにはおにぎりやおはぎを振る舞い、夜は酒盛りの宴会で労をねぎらう。

矢野は、小学生ながら申し訳ない気持ちになった。つい手伝いに来てくれている近所の人たちに「すいません、すいません」と頭を下げて歩いていた。

どうやら、このときから、気をつかうようになっていた。

「すいません」と「ありがとう」は、日本人のあいさつ用語だが、矢野はのち、人一倍「すいません」が多くなった。名刺交換するときも、電話で話すときも、終始「すいません」。その起源が実家でのこのときの体験である。

同時に、田舎のそれぞれの家が新しく立派に建て直されていく様子を見て、矢野はうれしかった。

〈ああ……、田舎のみんなの家が、次々ときれいになる……〉

## 苦学の中学時代

矢野は、小学校は地元で卒業したが、中学校は、広島市に出て、市立国泰寺《こくたいじ》中学校に入学した。国泰寺中学校は、旧広島県立第一中学校の制帽と帽章、紫の校旗、質実剛健の伝統を受け継いで創立された学校である。

矢野は、幼少を過ごした福富町から離れた。田舎では一番の成績をおさめていた矢野だったが、中学ではクラスで十番目となってしまった。

〈上には上があるもんじゃのォ〉

それでも、真面目に勉強したため、中学三年生になると五番まで順位を上げた。

それを知った一年生のときの担任が、褒めてくれた。

「おい、栗原。おまえ、よく頑張ったな」

そのことが、矢野の思い出になっている。

ただ、貧乏だけは変わらなかった。毎日、弁当はご飯と佃煮だけ。授業料の三六〇円も、父親からもらうまでが大変だった。家には金がない。そのことを矢野はよく知っていた。授業料のことを言い出せば、父親の機嫌は悪くなる。

「ええッ……、そんな大金、いるんか」

どのタイミングで言い出せば、父親の機嫌が悪くなることを最小限に抑えることができるのか。そのことでの気苦労が絶えなかった。

広島の新川場の家には、風呂もない。だから、銭湯に行った。当時の銭湯は、午前四時ごろまで営業していた。日中や夜の銭湯には、近所の人たちが大勢いる。だから、父親は閉店間際の午前三時ごろになってから銭湯へ向かう。なるべく人目につかない時間帯を選んでいたのは、「医者なのに、自宅に風呂もないのか」と近所の人たちから笑われたくないという医者としてのプライドからだったのであろう。

そんな姿を見て、矢野はしみじみ思った。

〈うちは、貧乏なんだな……〉

次兄の幡二が父親に進路について相談してもあまりはっきりしなかった。おそらく経済的な問題があったのだろう。

そのころ、戦争末期の昭和二十年（一九四五）二月につくられた広島県立医学専門学校（のちに広島県立医科大学、現広島大学）の存在を知った。幡二は、その学校を目指すことにした。

昭和二十二年（一九四七）四月、幡二は、広島県立医科大学に入学した。

予科に三年行き、その後、本科に四年通い、卒業することになった。

いっぽう岡山大学医学部を卒業した長兄の儀郎は、広島市民病院に勤めながら、父親の病院を手伝っていた。なお、家屋併設の診療所は狭く、その後、広島市中区白島《はくしま》に二十床はある栗原医院を開業する。

## バカにされボクシングに熱中

広島県立広島国泰寺高校に進学した矢野は、ボクシングに熱中した。それには、理由があった。田舎者で純粋な広島弁を話す矢野を、広島市育ちの同級生たちはバカにした。

「どうして、こうなるのですか?」

そう先生に質問するとき、矢野は次のように言ってしまう。

「それ、どがんして、こがんなる?」

同級生たちは、自分たちとはちがう言葉を使う矢野を大笑いし、そして、いじめた。優秀な子たちが集まった高校だったため、暴力を振るったりはしない。その代わり、小賢《こざか》しく陰湿《いんしつ》に矢野が嫌がることを仕掛けてくる。

矢野も、いじめられてばかりいられない。

〈こんちくしょう……〉

どうやら、矢野が学校でバカにされているという噂が、田舎にまで届いたらしい。

叔父がたずねてきて、矢野に聞いた。

「おい、五郎。おまえの学校に、同姓同名の子でもおるの？」

矢野は、驚いた。

「ええっ……」

「クリハラゴロウって田舎モンがいると聞いたが、どういう男なんだ？」

黙ってうつむいている矢野に、叔父が優しくいった。

「おまえの親父には黙っとるけん、ボクシングの町道場に行け」

矢野にとって、うれしい言葉だった。

〈よーし、これで、一泡吹かしたる！〉

矢野は、ボクシングに熱中した。

どうやら、矢野にはボクシングの才能があったらしい。

矢野が高校生のとき、女の子をよくからかったりする同級生の男子がいた。見かねた矢野は、その同級生をつい殴ってしまった。

なにしろ、矢野はボクシングの選手である。パンチは鋭い。

後日、その同級生の親が、ものすごい剣幕で栗原家にねじこんできた。

「親を出せ！」

頑固者の父親が出ていけば、話がこじれることになる。父親の代わりに長兄の儀郎が応対した。儀郎は、その親に言った。

「それじゃあ、ワシを代わりに殴ってくれ」

が、怒鳴りこみに来た親も、さすがに儀郎を殴ることはできなかった。

結局、儀郎がその場で矢野を殴ってみせ、なんとかおさめた。

## 数人の不良を返り討ち

矢野が高校生のときに、広島から、地元の広島県賀茂郡福富町に帰ってきたことがあった。そのとき、小学生時代の同級生の近藤英昭《こんどうひであき》は、矢野とともに映画を見に行った。

ところが、矢野がいつの間にか席を立ち、その場から消えた。

じつは、矢野は地元の不良たちから呼び出しを受けていたのだ。不良たちは、ほとんど地元の上級生たちであった。矢野は山に行き、数人の不良たちを相手に向かい合ったという。不良たちは、柔道をやっていた男や、ワルで有名な男らだった。矢野が、ボクシングをやっていることを、彼らは知らなかった。

のちに近藤が西条市でおこなわれた同窓会で、その中にいたひとりに聞いた。

そのひとりが明かした。

「栗原が生意気だから、やっつけようと思ったんだ。ところが、逆に返り討ちにあったよ。栗原がボクシングをやっていたのを、ワシらは知らんかったんじゃ」

しかし、矢野本人はそのときの喧嘩のことをまったく覚えていないと謙遜する。

また、近藤は、呼び出しを受けた際に、近藤に言わずにひとりで向かっていった矢野の度胸に感心した。「仕入れは格闘技」という矢野の口癖は、ここに淵源《えんげん》がある。

## 東京オリンピックの強化選手に

矢野は、高校三年になると、昭和三十九年（一九六四）に開催される東京オリンピックのバンタム級強化選手に選ばれた。ちなみに、東京オリンピックでは、桜井孝雄《さくらいたかお》がバンタム級で金メダリストになるのだが、矢野はその桜井に憧れていた。

〈桜井選手のようになりたいのォ……〉

広島から三人ほど選ばれた強化選手の中には、のちに十五歳以上十八歳未満のモスキートフライ級で二度、日本タイトルを獲得したスピーディ早瀬がいた。

矢野は、自分がなぜ強化選手に選ばれたのかよくわからなかった。

〈もっと強い選手がいるのに、なんでワシ、選ばれたんかのォ……〉

ボクシングにのめり込んでしまった矢野の成績は、みるみるうちに落下。三六〇人中、三四〇番までになっていた。それでも、矢野に悔いはなかった。

〈ワシは、ボクサーで食っていく〉

むしろ、ボクサーになるには勉強は邪魔だとさえ思った。

父親にも、はっきり告げた。

「ワシ、ボクサーになる」

それを聞いた父親は、怒鳴った。

「バカかい！　おまえみたいなモンが、反骨精神満々のタイの選手に勝てるわけがないじゃろう！」

矢野は、それでも夢はあきらめなかった。矢野は、東京にあるプロのジムの門を叩いた。しかし、一瞬でがく然とした。はめたグローブに、戸惑った。

〈おい、ちょっと待て。グローブの厚みが足りんど……〉

広島ではめていたグローブの半分しかなかった。

〈このグローブで、パンチをガンガン食らったら、ワヤでよォ……〉

闘争心より恐怖心の方が、勝っていた。それを素直に認めた矢野は、気づいた。

〈あっ……、ワシには能力がないんじゃのォ……〉

矢野は、すぐさまボクシングをやめた。もしそのままボクシングをつづけていたら、彼の運命は大きく異なったものになったであろう……。

## 中央大学理工学部二部にやっと合格

矢野は、卒業後の進路を考えた。

高校時代はボクシングに明け暮れ、勉強は一切していない。

〈大学を受験したとしても、合格できるわけないしな……〉

入学試験は、ひとつも受けなかった。それでも、父親が厳しく言う。

「大学へ行け！」

矢野は、浪人することになった。母親側の親戚に、東京・市ヶ谷にある城北予備校の関係者がいた。下宿は、吉祥寺に決めた。

下手な鉄砲も数撃ちゃ当たるではないが、大学受験の際、提出しなければいけない「調査書」を国泰寺高校から十七通も取り寄せた。矢野の予想通り、受験はことごとく失敗していった。十七通あった調査書も、残り一通だけになった。

〈こうなったら、中央大学の二部じゃ。二部なら受かるかもしれん。二年生になるとき、こっそりと一部へ移ればいい。どうせ、オヤジにはばれんだろう〉

中央大学理工学部土木工学科の二部、つまり夜学を受験し、なんとか合格した。

中央大学理工学部二部に入学した矢野は、新宿にある淀橋市場でアルバイトをするようになった。

淀橋市場は、関東大震災以降、人口が急増した東京市の周辺区部や郡部の青果物供給拠点として、昭和十四年（一九三九）、淀橋区役所の隣に開設された青果市場だ。

矢野は、ある仲買業者のバナナ販売の責任者として早朝六時から働いた。

当時は、「台湾バナナ」全盛の時代である。大量に仕入れたバナナは、まだ若く「青バナナ」の熟していない状態で市場に届く。しかし、そのままでは食べられない。そのため、バナナをいったん地下にある室《むろ》、つまり加工室に入れる。そこで管理し、追熟させる。これによって色が見映えのいい黄色に変わり、ようやく店頭に並ぶのである。

矢野は、店頭に販売できるようになった黄色いバナナを、練馬にある青果地方卸売市場に運び、そこで八百屋や果物屋に卸していた。

ところが、夏になると、バナナは一晩で黒く熟してしまい、売りものにならなくなってしまう。矢野は、責任感から、少しでも廃棄するバナナを減らしたいと思った。

練馬駅から五分ほど歩いたところに「八百徳」という大きい八百屋があった。その八百徳の社長に、頼んだ。

「社長、今日、バナナが二籠ほど残ったんです。わたし、このバナナを売りたいので、八百徳さんの店頭を貸してくれませんか？」

この申し出を、八百徳の社長は歓迎してくれた。

矢野は、練馬の八百徳まで移動し、夕方五時ごろまでバナナを売った。

まだスーパーマーケットがない時代である。八百徳は、買い物客で活気を帯びていた。

店頭に立っていれば、客が声をかけてくる。

「お兄さん、大根はどこにあるの?」

「今日は、何がおススメ?」

矢野は、店内を走り回った。一所懸命になって商売をする矢野の体は熱を帯びている。自然上半身裸になって働いた。それは、真冬でも、雪が降っても一緒だった。いつの間にか、有名になっていた。

「練馬の裸のお兄ちゃん」

## 狂うほど働き稼ぎまくる

矢野は、とにかく働いた。

働いていないと、父親基の怒鳴り声が聞こえてくる気がする。

「五郎、働け! 働け!」

矢野は、父親の声を聞くや、まるで条件反射のように働いた。なにより、働くことが好きだったのである。苦痛などなかった。まるで東大生が好きで勉強をするのと同じように、矢野も狂うほど働いた。当然お金も入ってきた。

淀橋市場からは、一日一〇〇〇円もらった。そのころの日給は五〇〇円だったが、よく働くため矢野には二倍の給料が支払われた。

八百徳でも、バナナを売るだけではなく、商売を手伝ってくれた代金として一日一〇〇〇円をくれた。こうして、矢野は、なんと一日二〇〇〇円も稼ぐようになった。

大学の授業料も生活費も部活動費も、すべて自分で稼いだ金でまかなった。そのほか、卒業までに十万円を貯金するほどだった。

大学の授業は、夕方五時半から夜十一時くらいまでつづく。早朝からの仕事を終えたあとに、大学へ行き、授業を聞く体力は、そうそう残っていなかった。

四年間の大学生活の中で、授業に出たのは一〇〇日、あるかないかだ。

あとは、アルバイト先から下宿に帰り、家でぼーっと過ごすことが多かった。朝早くから働いているため、さすがによく眠れた。

## 怖い父が突然の上京

大学一年の夏休み前のことだった。この日は、たまたま大学の授業に出ていた。夜の十二時ごろ帰宅した矢野に、下宿先のおばさんが声をかけた。

「今日、お父さん、来ていたわよ」

それを知った矢野は、ぞっとした。

〈えーっ、ワシ、大学には昼間通っているって、オヤジには言うとったのに……〉

恐る恐る、聞いてみた。

「それで、おばさん、オヤジにどのように言うたん?」

「ちゃんとよく言っておきましたよ。『五郎さん、昼間はちゃんとアルバイト先で真面目に働いて、夜は、きちんと大学に行っておられますよ』って」

矢野はショックで倒れそうになった。

〈うわーっ……〉

怖い父親だ。嘘がばれたことでどれほど叱られるのだろう。そのことが、頭をよぎった。

このときのことは、矢野が経験した人生の中でも忘れることができないショックのひとつとなっている。

父親の基は、矢野が下宿していた吉祥寺の近所に住んでいた友だちに会うために上京していた。矢野は、父親に会いにその家に行った。開口一番、怒鳴られることを覚悟していた。しかし、なんと、予想とはちがったのである。穏やかに声をかけてくれたではないか。

「おう、五郎、元気にやっとるか」

「すいません」

矢野は、素直に謝った。

「まあ、ええわ」

このときの父親の本音はわからない。できの悪い息子に愛想を尽かしたのか、それとも、最初から諦めていたのか。昼に大学へ通っていると嘘をついたことを、まったく責めなかった。できの悪い子どもだと知りながら、わざわざ顔を見に来てくれた親心に、ただただ感謝した。

そんな父親に、矢野は嘘をついてしまったことがうしろめたかった。

「お父さん、もう、仕送りはいいです。うちが貧乏ということは、知ってますから……。授業料も生活費も、全部自分でできますから、仕送りは、もう結構です」

うしろめたさを隠すために、精一杯の見栄を張った。

## 大学生時代に結婚、改名する

下宿していた矢野は、食事を御馳走になることを目的に、よく千葉県船橋市に住んでいる親戚夫婦宅を訪ねていった。

その夫婦宅に双子の姉妹がいた。聞いてみたら、旦那の妹たちだという。年齢も矢野と同い年で、立教大学に通っているという。

双子ということで、顔立ちはそっくり。しかし、話してみると、性格はまったくちがう。勝気な気性の姉の矢野勝代《やのかつよ》に、矢野は好意を抱いた。

矢野の方からアピールし、交際がはじまった。勝代とはしょっちゅう喧嘩したが、二年ほど交際したころに、自然と結婚話が持ちあがった。

このころの矢野に、夢はなかった。

〈将来、ワシは飯を食えるような社会人になれるのかな……〉

そんな不安を抱えながらも、いっぽうで、自信だけは誰にも負けないほど持っていた。

〈ワシは社会に出て、絶対、成功する。ひとかどの人間になる〉

この自信は、高校時代にボクシングのオリンピック強化選手に選ばれたことと、大学に入学して二部のワンダーフォーゲル部を立ち上げ、成功させたところから来ていた。

学生でありながら結婚することに疑問などなかった。むしろ、学生時代に結婚したかった。

〈家は、貧乏だ。学生なら、お金をかけずに結婚式ができる〉

矢野のすぐ上の兄の広司が結婚したときには、大きな神社で盛大な結婚式をした。その様子を見ていた矢野は、気をつかったのだ。

〈ワシも、結婚式を挙げると言ったら、親父に負担をかけてしまうからな……〉

すでに親からの仕送りをもらわず、自立していた矢野は、授業料、部屋代、生活費などを自分が稼いだ給料から差し引いても、月に一万円ほど貯金できる余裕があった。

学生なら、自分の力で結婚式を質素にすますことができる。矢野は、大学を卒業する半年前、広島の実家に両家の家族を集め、勝代との結婚式を挙げた。

そして、矢野は、学生結婚を機に、「栗原」という苗字を捨てた。

〈将来、ワシは商売で生きていく〉

そこで、思案した。商売をするには、屋号が大事だ。クリハラ商店、クリハラ物産、クリハラ商事。四文字は、長すぎる。覚えにくいし、言いにくい。いっぽう、妻の苗字は、「矢野」だ。ヤノ商事、ヤノ物産、ヤノ商店。二文字の方が言いやすいし、親しまれやすい。矢野は、あっさり「矢野五郎」に変えた。

矢野の考えを、父親に話したところ、意外な言葉が返ってきた。

「五郎、正解じゃ」

父親は、喜んでくれた。

商売をするうえで、「矢野」の苗字に変えたことは、結果オーライだった。

しかし、「五郎」という名前は、のちに起業し、社長になっても威厳を保てず、誰かれ構わず「五郎ちゃん、五郎ちゃん」と呼ぶため、貫禄不足であることが悩みだった。

そこで、のちに姓名判断の先生に頼み、「博丈」という名前に改名することになる。

矢野は、改名したことはまちがいなかったと思っている。

〈この名前がなかったら、ここまで成功できなかった。名前、様様だ〉

## 要領のよさで、大学を卒業

父親に「大学の学費も生活費も自分でなんとかできる」と断言して以降の三年半、矢野は自分で稼いだ金で生活した。

そんな矢野に父親はなにも言わなかったが、兄たちからは、よく叱られた。

「バカか、おまえは。大学に籍を置きながら学生をしないとは。おまえがしなければいけないことは、働くことじゃない。勉強だ。勉強することが仕事だ。働いて格好をつけやがって。おまえは、本当にバカだ」

結局、大学に籍を置いたものの、実際、授業に出席したのは一〇〇日ほど。卒業できるか、できないか。運命は、卒論と単位で決まる。大学四年になった時点で、卒業に必要な一二六単位の半分以下、六十二単位ほどしか取っていなかった。あわてた矢野は、要領のよさを発揮する。たとえば、ドイツ語である。出席数が圧倒的に足りていない矢野は、試験でよい成績を取ることに懸けた。ドイツ語の教科書は、イソップ物語で構成されていることに気づいた。片っ端から日本語版のイソップ物語を読み、登場人物とストーリーを暗記した。そのおかげで、試験では、問題文に「熊」が出てくれば、「熊」が登場したストーリーを思い出して答えを記入するという手法で切り抜けた。

いっぽう、卒論は「橋の橋梁《きょうりょう》設計」がテーマだ。まず、測量をしなければならない。しかし、そんな作業、できっこない。計算だけで一ヵ月の時間が必要だ。そこで、矢野は、超優秀な同級生に助けてもらった。

「卒論、写させてくれ。どうせ、先生にはわかりゃせんけぇ」

心優しい同級生は、矢野を助けてくれた。

それでも、写さなければならない計算式などの量は膨大である。製図も計算式も、丸写しするだけで二週間もかかった。

同級生と同じ卒論を、矢野は悪びれず提出した。

担当教授から、矢野に質問が出された。

「この橋梁の高さは、どこの計算から出した？」

矢野にわかるわけなどない。

「先生、すみません。ここ一週間、寝ていないんです。もう、限界なんです。ちょっと考えさせてください」

そういって、教室の外へ出た。

廊下で待機してくれている卒論を写させてくれた同級生に、出された質問の回答を聞いて教室に戻った。教えてもらったことを、そのまま答えた。

それを繰り返し、なんとか、卒論は受理してもらうことができた。

ちなみに、このとき矢野を助けてくれた超優秀な同級生は、のちに和歌山工業高等専門学校の教授になっている。

## 広島にある妻の実家の稼業の実態に驚く

妻の勝代の実家は、広島の尾道市で「魚光《うおみつ》」という有名な魚問屋を経営し、同時に養殖業にも参入していた。福山市には七十坪と四十坪のふたつの店舗を構えていた。当時、魚屋は二〜五坪ほどの店舗の小売業が主流だったことからすると画期的である。養殖業では、まだ、あまり扱われていないフグなども東京、大阪、京都に出荷していた。

妻の勝代は女だけの四人姉妹。長女が婿を取り、その婿が社長になった。ところが、その婿が典型的なワンマン社長で、威張り散らすため、対立ばかりしていた。

とうとう、婿が家を出ていくことになった。

「このままでは潰れてしまう。代わりに、専務をやってくれ」

妻の父親に、矢野は頼み込まれた。矢野は、妻の家業を継ぐことにした。

昭和四十二年（一九六七）三月、中央大学理工学部二部土木学科を卒業した矢野は、広島に帰った。「魚光」は、経営がうまくいっていないといっても、二、三十人くらいの社員がいるものだと思っていた。が、行ってみると三人くらいしか残っていない。

養殖業は潰れかけ、魚屋は任せっきり。残ってくれた六十五歳くらいのおじいさんと、ものわかりのよい三十五歳の職人と、矢野の三人で、猛烈に働いた。

## 巨額の借金で潰れかける

朝、ねじり鉢巻きをした矢野は、魚のエサを取ってくる。それを冷蔵庫に入れ、船で沖の細島《ほそじま》や岩子島《いわしじま》、向島《むかいじま》などまで運ぶ。そのエサを支柱であるパイロンと網で囲った生《い》け簀《す》にまく。

夜は夜で生け簀に行く。魚を捕り、それを夜の特急『あさかぜ』に載せる。

養殖業の問題点は、虫が湧くことだ。

生け簀にエサをまくと、魚がそれを食べて糞を出す。そうすると、一ヵ月に一回くらい、魚のエラの裏側の赤いところに白い寄生虫がいっぱいつく。その都度、寄生虫を殺すために、伝馬船で運んだ真水に魚を漬ける。三分くらい漬けると、死ぬ寸前になり、魚の鼻の頭が青くなってくる。その瞬間、魚を海水に戻す。寄生虫は真水で死ぬ。

ハマチやブリ、そしてフグを養殖していたが、フグは夏場に出荷できない。夏場のフグは「大根」という。味がないからだ。そのため冬場まで育てておかなければいけないが、これが難しい。特にフグはわがままで、少しでも鮮度の悪いエサを与えると、吐き出してしまう。美味しいエサしか食べないのだ。

大事に手をかけて面倒をみるのだが、それでもブリなどは毎日十万円分くらい死ぬ。初任給が一万五〇〇〇円くらいの時代にだ。生きものは死ぬ。魚みたいな群れになって生きているものたちは、死に出したらキリがない。

矢野がねじり鉢巻きでいくら働いても、業績は回復しなかった。

二年ほど経つと、もう銀行から融資してもらえない状態に陥った。

義父に頼まれた矢野は、実家に帰り、父親や医師をしているふたりの兄に、金を用立ててもらうよう頼み込んだ。

父親の同級生に、広島総合銀行（現もみじ銀行）の常務がいた。

その常務が、手をまわしてくれた。

「親友の息子じゃけ、貸してやれ」

兄に融資してくれた金を、矢野は借りた。その金額もとうとう七〇〇〇万円ほどになっていた。

矢野は、さすがに危機感を覚えた。

〈このまま行ったら、みんな大変なことになる……〉

それでも、義父はまだあきらめていなかった。

「いまの生け簀のそばに網を垂らして、そこで飼おう」

養殖の拡大路線を主張する。

「あと一〇〇〇万円ほど、借りてくれ。新しい場所で養殖をやろう」

漁師たちが、矢野を心配して忠告してくれた。

「あの親父は、ああ言いよるけど、網ゆうのは、すぐ貝や藻で詰まる。網が板みたいになって、その下をくぐって魚がみんな逃げるけ。どんなにチェーンしても、重りをしても、潮の流れで、その下をくぐって逃げる。そりゃ、無理じゃけ。専務さん、それやめとき。あんた、命とられるよ」

矢野も、さすがに恐ろしくなった。

〈潰れかけているのに、あと一〇〇〇万だと……。いま借りている七〇〇〇万も返せずにいるのに……。これでは、ダメだ〉

決心した矢野は、妻の勝代に打ち明けた。

「ワシは、逃げるど」

とてもじゃないが、立て直しは無理だ。

矢野のことを思って金を用立ててくれた兄たちを裏切ることはできない。

「このまま、尾道におってもどうにもならんけん、ワシは逃げる。借りた金は、ワシがかならず払うけ」

両親と兄たちに借金の返済は約束した。矢野なりの見栄だった。

〈ワシはバカじゃのォ。ワシも、どこかにいいところの坊ちゃんだ、っていう誇りがあるんじゃろうのォ……〉

両親や兄弟たちになにも言わず逃げていれば、借金を返すこともなく楽だろう。しかし、矢野なりのプライドが許さなかった。

ただ、義父の態度が反面教師となり、のちに商売をするうえで矢野を助けることになる。

## 夜逃げの日、木賃宿での妻の一言

矢野は、妻の勝代と二歳半になる寿一《ひさかず》を連れ、尾道から夜逃げのように離れた。

昭和四十五年（一九七〇）の年の暮れのことだった。

〈とりあえず、東京へ行こう〉

一トン半のマツダのトラックを借り、それに家財道具を全部積んだ。

途中、広島県の東端に位置する福山市にある大型免許の教習所に寄った。

〈よし、向こうへ行って、長距離トラックの運転手でもやろう。それしか、ワシには能力がないけ……〉

ところが、教習所で大型免許の試験に落ちてしまった。試験に落ちたことは悔しかったが、いまでは落ちたおかげで、長距離トラックの運転手にならずにすんだと感謝している。免許を取っていたら、いずれ、五、六台のトラックを所有する会社の社長になっていただろう。が、その後、おとずれる不景気で倒産していたはずだ。

福山市の木賃宿に泊まることにした。

玄関には、現場作業員たちの地下足袋ばかり並んでいる。

〈うわー、地下足袋ばかりのところに泊まるんか……。ここまで、ワシは落ちてしまったか……〉

矢野は、落ちぶれた自分の姿に落胆するしかなかった。

ふすまで仕切られただけの安い粗末な部屋に、家族三人で入った。

長男の寿一は、素直な気持ちを言葉にした。

「ここに、泊まるん……?」

おどおどしている寿一の目を見て、妻の勝代がはしゃぐようにいった。

「わー、寿一、今日、ここに泊まるんよ。いい部屋じゃねえ。よかったねえ。嬉しいねえ。これから、東京へ行って、三人で生活するんよ。頑張ろうね」

包み込むような笑顔に、寿一もほっとしたようだった。そのふたりの姿を見て、矢野自身が、誰よりも高ぶっていた心を落ち着かせることができた。矢野は、妻を見直した。

〈こいつ、すごいのォ〉

借金を背負い、夜逃げまでしてしまい、破れかぶれの矢野だった。

〈ワシの人生は終わった……〉

どん底の矢野にとって、どれほどこのときの妻の言葉が希望を与えてくれたことか。

「いい部屋じゃねえ。よかったねぇ」

この言葉ほど、妻が人生で発したなかで嬉しかった言葉はない。

## トラックに一切の家財道具を積んで東京へ

翌朝早く、矢野一家はいよいよ東京へ向かって出発した。

借りたトラックには、一切の家財道具が積んである。その家具を少しでも傷めないよう、予備のタイヤの空気を抜いてクッションの代わりにしていた。

夜中十二時ごろ、京都あたりを走っていたところ、検問で止められた。

「この車、積載オーバーだ」

「なんで？」

タイヤが潰れている様子を見て、警察官は積載オーバーだと思ったらしい。だが、積んであった家財道具の重さを量ったところ、積載オーバーではなかった。

次に、警察官がこう言い出した。

「高さオーバーだ。とにかく、降ろせ」

「そんな、降ろせゆうたって……」

夜逃げをしようとしている矢野だ。ここで捕まっている場合ではない。

矢野は、道路脇に座り込んだ。

「これ、どうやって降ろすの。降ろせるわけないじゃない」

「いいから、降ろせ！　法律だ」

「じゃあ、勝手にして。あんたらで降ろして。ワシ、知らんわ」

そういって、知らんぷりしていた。

午前二時ごろになり、別の警察官がやってきた。矢野に言った。

「もう、いいから行け。その代わり、ここで捕まったって言うなよ」

ようやく、矢野は解放された。

そのあとは、高速道路を使わず、ひたすら東京へと急いだ。

走りながら正月を迎えた。

一月三日、箱根駅伝の復路でランナーが茅ヶ崎あたりに差し掛かる時間帯に、ちょうどその場所をトラックで通った。

太陽が正面から差し込んできて、なんともいえない気だるい気分だった。

〈この先、一体なにをしようか。どこへ住んで、どうやって生きていこうか。いっそ、このまま東京を通り過ぎて仙台あたりまで行ってしまおうか〉

ぼんやり、そんなことを考えていた。

それ以来、矢野は、毎年箱根駅伝を見ると、あのときの気だるさ、辛さを思い出す。茅ヶ崎の景色を目にすると、泣けてもくる。

もし、あのとき、女房子どもがいなくて、たったひとりで借金を背負っていたら……。きっと、矢野は札幌か福岡か鹿児島あたりにひとりで住んで、そこで結婚して、子どもができて、安定した生活が送れるようになっていたろう。そこでようやく「お兄さん、ごめん。自分は札幌でこうして生きてきた。あのときは、借金踏み倒してごめんね」と言い出せただろう。

でも、矢野には、幸いにも女房と子どもがいた。だからこそ、借金を返そうと必死になれたのだ。

## まったく売れないセールスマン

東京へ着いた矢野は、目黒区の中目黒にある友だちのアパートに転がりこんだ。

〈東京へ来てもすることがないし、どうしようか……〉

まずは、職探しをした。偶然、広島市立基町《もとまち》高校出身で慶應義塾大学を卒業した同級生が、図書月販（現ほるぷ出版）という会社に勤めており、百科事典や全集などを販売していた。その同級生が、矢野に自慢した。

「ぼくの給料袋は、立つんだ」

当時の月給は一万五〇〇〇円ほど。その時代にその二十倍の三十万円ももらっていた。ただし、全部、一〇〇〇円札でもらう。だから、給料袋が立つのだ。

「ぼくは、横にして立つけど、うちの一番稼ぐ人になると五十万円だ。縦にして立つんだぞ」

そんな話を聞いて、飛びつかないわけにはいかない。

矢野は、図書月販のセールスマンになることに決めた。

〈よーし、こいつで三十万というのなら、ワシならもっと稼ぐな〉

自分に運がないことはわかっていたが、まだ能力だけはあると信じていた。

〈捨てる神あれば、拾う神ありだ〉

もう一度、自分の能力で運をつかみ返そうと決心した。

矢野は、東京・狛江《こまえ》市の和泉多摩川《いずみたまがわ》駅にあるアパートの二階で暮らしはじめた。六畳一間でトイレ、台所は共同。誰もがそんなアパートに住んでいた時代だ。図書月販のセールスマンとして働き出した矢野には、百科事典が飛ぶように売れる光景ばかりが目に浮かんでくる。しかし、現実は甘くなかった。

百科事典を買ってもらうために、一般家庭や商店街に飛び込みで営業し、銀行などの企業にも昼休みの休憩中、訪ねてまわった。だが、一週間まわっても一セットも売れない。

三十人いるセールスマンの中で、矢野は二十七番。それも、銀行などに置かせてもらったパンフレットを見て契約してくれた担当の当てのない売上げを、所長が矢野に同情してまわしてくれたのだ。当然のことながら、ろくに給料ももらえず、いつも食うや食わずの状態だった。

〈自分には運はないけれど、能力はある。ワシはひとかどの人間になるんだ〉

そう思いながらも、高校を卒業して二、三年目のセールスマンにすら負けてしまう。

矢野は、なにより押しが弱かった。相手が少しでも迷惑そうな顔をすると、すぐ引き下がってしまう。気をつかいすぎて、逃げるように立ち去ってしまうため、買ってくれるはずがない。

自分ではわかっているつもりだった。

〈ワシが売らなければ、女房と子ども、そして自分の人生が崩れてしまう〉

だからこそ、自分を追い込んだ。

〈ワシには借金がある。家族がいる。今日は、絶対に売る。売るぞ！〉

ビルの中のトイレで、自分に言い聞かせた。

〈よし！　今日は警察に捕まってもいいけん、無理やり部屋に入って売るぞ！〉

それでも、売れない。敏感すぎるほど相手の顔色をうかがってしまう性分のため、ちょっとでも嫌な顔色を察すると、「はい、また来ます」といって飛び出してしまう。矢野は、絶望した。

〈ワシは、ダメな人間なんじゃな……〉

とうとう、ノイローゼのようになってしまった。

夜逃げをしたときは、自分には能力があるけど運がないだけだと思った。しかし、セールスマンをしてみて、よくわかった。

「売るぞ！　売るぞ！」と一億回叫んでも、売れないものは売れない。そんな理論が簡単に通用するほど社会は甘くない。社会は厳しいものだ。

矢野は、半年ほどで図書月販をやめた。

〈ああ……、ワシは運もないけど、能力もないんじゃな……。つまらん男じゃな……〉

そう落胆し、人生で一番の挫折を味わった。

## ちり紙交換屋に転職

だが、矢野には、落ちぶれている暇などなかった。女房と子どもを養い、借金を返済しなければいけない。まずは職探しだ。夕刊紙『東京スポーツ』を買い、求人欄を穴のあくほど見つづけた。その中にある「高級優遇」のところに目がいった。

「ゴムひものセールス」

怪しいセールスは即却下だ。すでにセールスマンで、散々、打ちのめされている。

「キャバレーの客呼び込み。日当四〇〇〇円」

「ちり紙交換。日払い四〇〇〇円」

三つほどの求人が目に入ったが、迷わずちり紙交換を選んだ。

〈そうだ。二年前、ワシは屑屋になろうとしていたんだ。これならできる〉

屑屋もちり紙交換も、仕事の内容にそれほどちがいはない。そのうえ、ちり紙交換はすごく流行っていた。

さっそく、求人欄に掲載されていた目黒区にある「東玉紙業」を訪ねて行った。

学校の先生のような雰囲気を持った専務が、面接してくれた。

ところが、いきなり否定された。

「あんたじゃ、この仕事は無理だ」

「どうしてですか？」

矢野も食い下がった。

「大学を出ているものには、できないよ。なにしろ、みんな、過去の問題を背負ってここへ来ている。ここは吹きだまりのようなところだ。大卒のあんたじゃ、できない」

矢野は、諦めなかった。

「いや、やらせてください。ワシは体力だけは自信があるんです」

断られつづけても、矢野は二時間ほど粘った。

普通であればフリーパスで仕事を与えてもらえるはずだが、大卒というだけで、相手にしてくれない。

「無理だ。教えるだけ時間の無駄だ。どうせ、すぐやめるんだから」

それでも、頼み込んだ。

「そこを、なんとかお願いします」

ようやく、三日間ほどついて歩くことが許された。

そこで、矢野は仕事を覚えなければならない。

まずは、古新聞や古紙と交換するための「ちり紙」を借りる。当時は、便を拭くための四角い、トイレ用の紙「ちり紙」と、ロール状の「トイレットペーパー」、そして「化粧紙」の三つがあった。それを借りて、「おなじみのちり紙交換でございます」と宣伝し、古紙の回収をするという仕事だ。

四日目になり、一トン半のトラックを借りてひとりで仕事に出た。

「おなじみのちり紙交換でございます」

地声で宣伝し、走りまわった。

すぐ、矢野は気づいた。

〈この仕事、ワシにぴったり合うとる〉

ちり紙交換の仕事が、ひどく気に入ったのである。身体は丈夫だ。人の何倍も動けた。大抵のトラックは、団地を流していた。団地のちり紙交換は、玄関先でのやり取りだけで仕事が終わるため楽だからだ。

しかし、矢野はほかのトラックが行きたがらない街中のビルへと向かった。本郷や目白にある五、六階建てのビルに狙いをつけた。エレベーターがなく、古紙を背負って階段ののぼりおりをしなければならない。疲れるため、ライバルたちは避ける。その読みはみごとに的中した。どのビルにも古紙がたくさんたまっていた。団地から集まる古紙の量より、何倍も、何十倍も集まった。

矢野には、体力がある。そのうえ、なにしろ借金もある。

〈よし、少しでも多く稼いでやるぞ！〉

初日の仕事が終わったあと、矢野の手には、日当「四五〇〇円」があった。

この「四五〇〇円」が、うれしくて、うれしくて、しょうがなかった。

はじめて、自分で稼ぎ、手にした給料といってもいい。尾道時代は、勝代の実家の家業ということで給料はもらえなかった。図書月販でも、ほとんど収入はなかった。

自分の力で稼いで手にすることができた「四五〇〇円」を見ながら、矢野は自分を褒めていた。

〈ワシが稼いだ金。社会人第一歩じゃ〉

この喜びを女房と子どもにも早く味わわせたい。山手線と小田急線を乗り継ぎ、千歳船橋《ちとせふなばし》にある自宅へと急いだ。何ともいえない喜びと充実感のあまり、帰りの電車の中を走るような気分だった。

その夜は、ビールを買って帰り、勝代とすき焼きで乾杯した。

「ワシャ、とことんこの仕事をやりとげてみせる」

## 一気にトップの成績を

ちり紙交換は、矢野にとってまさに適職だった。営業所にあるトラック三十六台の中で、一気にトップに躍り出た。

大卒初任給一万数千円の時代に、なんと月給約三十万円以上も稼ぎ出したのである。

矢野は、働くことが大好きだ。体を動かすことは苦にならないが、知能を使ったり、戦術や戦略を考えることは苦手だ。

矢野は、みんなが日曜日に休んでいても年中休みなく働いた。

〈どうして毎日、日が暮れるんじゃろうか〉

そう思えるほど、仕事で稼げることが喜びになっていた。

ちり紙交換のトラックには、助手席に妻の勝代を、真ん中に子どもの寿一を乗せて走りまわった。トラックが団地などがある住宅街の公園に差し掛かると、寿一が遊んでいる子どもたちの姿を見て、「あれで遊びたい！」と言い出す。しまいには、泣き出してしまう。仕方がないので、ときには公園に勝代と寿一を置いて、仕事に行くこともあった。

ちり紙交換の仕事をしていて一番苦労したことは、トイレを探すことだった。公衆トイレがない時代だ。アパートの住民の古新聞を回収するとき、ついでに共同トイレを借りてしまおうと思い、トイレを使った。ところが、アパートの住民たちに見つかり、泥棒とまちがえられ、追いかけられたこともあった。矢野は、このできごとを、ちり紙交換をしていて一番ショックなこととして記憶している。それでも、お金は貯まった。半年で八十万円ほどの蓄えができた。

## 移動販売「サーキット商売」に挑戦

その後、義兄のボウリング場勤めを一時やり、すぐにやめた矢野が広島県豊田郡川尻町を車で流していたときである。そこにある公民館に、女性たちが引き込まれていく姿が目に飛び込んできた。

〈何があるんだ？　どうして、オバサンたちが公民館に入って行くんだ？〉

公民館からは、女性たちがフライパンや洗濯の物干し金物といった日用雑貨を抱えて出てくる。興味を持った矢野は、その公民館に行ってみた。

「大阪屋ストアー」という看板を掲げ、小物や雑貨がたくさん並べてあった。その商品が、どんどん売れていく。聞いてみると、大阪から移動販売で川尻町まで来たという。運転手と老人の男性二人で、公民館に寝泊まりしながら各地を転々としており、川尻町には、まだ数日滞在するという。商品がよく売れる様を目の当たりにした矢野は、頼み込んだ。

「金がほしいんで、働かせてください」

「いいよ」

了解してもらった矢野は、それから数日、一緒に働かせてもらった。

「大阪屋ストアー」は、大阪でトラックに積めるだけ荷物を積んで、港町を転々としながら公民館などを貸してもらい移動販売をしていた。当時、サーキット商売といわれていた。

川尻町で販売したあとは、山口の徳山港から船に乗り大分の国東《くにさき》半島へ行くという。

「大分の国東、ついてくるかい？」

誘われた矢野は、即答した。

「はい」

国東半島へ渡った矢野は、二〇〇戸くらいの集落にある公民館を渡り歩いた。街に捨ててあった石油ストーブを拾ってきて、それで暖をとりながら寝袋で寝た。

寝袋の中で、矢野は思った。

〈ああ……、明日、目が覚めるんかいのォ。石油ストーブ、大丈夫かのォ。もしかしたら、故障しててガスかなんかで死ぬんかのォ〉

あるとき、「大阪屋ストアー」の親方が、矢野にいった。

「俺は離婚して四国に行く。おまえに、広島の地盤をやる」

思わぬ展開に、矢野は運のよさを感じた。

「ありがとうございます」

ただし、タダで譲ってもらうわけにはいかない。

「いま、金がないので、仕入れの五パーセントを払いますから、月賦《げっぷ》にしてください」

「ええよ」

こうして、親方に保証人になってもらった。

商売をするために三十万円のトラックを買った。そのうちの十万円は、母親から借りた。

夜中に大阪へ向け出発した。紹介してもらった大阪市生野区の鶴橋などにある露店専門問屋でトラックが満載になるくらいの商品を買った。

広島に帰り、それらを売り歩いた。商品は傷が入っているB級品だが、ちょっと見ただけではわからない。それらを数百円で仕入れ、鍋などは二〇〇〇円くらいの値段で売る。商品は驚くほど売れていった。

〈わーっ、こりゃええ商売じゃのォ〉

順調に売上げは伸びた。

〈よし、これで、ワシは稼げるのォ〉

そう思っていたときに、四国に行ったはずの親方が広島に戻って来た。

「四国は、あんまり売れない。広島の地盤、返せ」

親方の都合で、振りまわされることは御免だ。

矢野は断った。

「いや、それは、あんまりじゃないですか。できません」

話し合いは不調に終わった。

「じゃあ、もう五パーセントの金は払いません」

そう言って、矢野は独立することにした。

## バカ正直で見栄っ張り商売

独立した矢野の商売は、その後も順調に運んだ。

いっぽう、親方の商売はうまくいかず、結局、倒産してしまった。

親方は、経理事務所に勤めていた人だった。そのため、毎日、夜になると布団の中で枕の上にそろばんを置いて、計算しはじめるのだ。その姿を見て、矢野は思ったものだ。

〈わー、すごいのォ〉

最初は尊敬していた。だが、自分が商売をするようになって気づいた。

〈この商売、計算したら儲からん商売じゃ〉

計算しても、そろばんは合わない。計算ができない矢野の方がなにも考えず、ただ売ることだけに集中し、商売を進めていくことができた。計算ができる親方は、儲けよう、儲けようとして、どんどんドツボにはまった。たとえば、場所を提供してくれた側に払う販売歩合を一割に設定したとする。十万円売ったら、一万円、三十万円売ったら、三万円払うのがルールだが、親方は三十万円売っても、五〇〇〇円しか払わない。そして、親方は、嘘をついて手にした利益分を、どんどん自分で使ってしまう。

逆に、矢野は、二十万円の売上げしかなかったとしても場所を提供した側には、三十万円売れたと見栄を張って、三万円を払って帰った。

〈ワシはバカじゃのォ。バカ正直のうえに見栄まで張って、三万も払ってしもうた……〉

そんなことを思いながら、家に帰った。

ただ、矢野は場所を提供してくれた側の言葉が聞きたかった。

「よく売れましたねぇ」

そう言われると、うれしくてしょうがなかった。

場所を提供してくれた側も、親方の五〇〇〇円より矢野の三万円の方がありがたい。知らぬ間に、矢野は多くの人たちから愛されるようになっていた。

〈ワシはぼろ儲けじゃのォ。計算していたら、この商売、儲からん。トラック一台、経費やらなんやら細かくやったって、たかが知れてるじゃないか。計算できんありがたさじゃ〉

矢野には、女房子どもがいるため、露店を出せる場所は、日帰りできる場所に限られていた。そのため、同じ場所を一年に四度ほどまわっていた。

いっぽう、親方の方は移動販売であり、一度まわった場所に再びやってくるのは二年後くらいになる。少々、高い値段をつけても買ってくれる。

しかし、矢野は一年に四度、店を出す。ひとりの人が五〇〇円買ってくれたら、一年で二〇〇〇円。十年間だと二万円。何度も繰り返し買ってもらえるように、自分の利益を重視することなく、正直に「お客様第一主義」の商売をした。

これが、リピーターの固定客獲得につながっていった。

**「矢野商店」を創業**

昭和四十七年（一九七二）三月に「矢野商店」を創業した。が、矢野は弱気だった。

〈この商売は、いずれ潰れる〉

そのため、長男の寿一、次男の靖二には、先に謝っていた。

「ワシら夫婦は大学出させてもらったのに、すまんのォ。家には借金がようあるけぇ、おまえらは中学で勘弁してくれ。中学出たら、就職してくれ。中卒で神戸製鋼に就職すれば、月給三〇〇〇〇円だというど」

そのいっぽう、矢野が三十歳になったころ矢野夫婦は夢を持った。

ご飯を食べながら、勝代と話した。

「死ぬまでに、年商一億の商人になりたいのォ」

「どうじゃろうね」

「頭からは無理じゃけど、頑張って商人になったんじゃけぇ、年商一億にしたいのォ。一億が目標じゃ」

モノ一個を一〇〇円、二〇〇円で売る商売だ。年商一億円なんて、想像しただけで夢のような世界なのだからしょうがない。

〈絶対、無理じゃろうけど、目標は持ってもいいだろう〉

年商一億円という夢のような目標を掲げたが、確実に実行できる目標も持った。

「いま、日本には五〇〇円均一とかで走りまわるキャラバンが、三〇〇台くらいおるじゃろう。でも、ワシとおまえのトラックが三〇〇台の中で一番売れているはずじゃ。会社としては、うちは田舎にあるし、負けるけえ、トラック一台の売上高で日本一になろう」

矢野は、会社の規模を大きくすることに興味などなかった。仮に、年商一〇〇億円、三〇〇億円という大規模の目標を掲げたなら、トラックの台数を増やし、安いものを大量に仕入れ、荒利を追求していく道を選ばざるを得ない。そうではなく、矢野は、「夫婦ふたりで一番売るトラック」という身近な目標を選んだ。この目標をはたすために、客に喜んでもらえる原価を高くしたよい商品を売り、誰よりも働き、客に来てもらうためにチラシをたくさんつくってポストに入れる。自分たちの目の前にあるやれること、それをコツコツと積みあげてさえいけばいい。なにも無理までして、自分たちを窮地に陥れる心配はないのだ。

〈商売を大きくしてしまえば、親に心配をかけることになる〉

矢野は、八人兄弟の中で、自分が一番父親から愛情を注いでもらっていることを知っていた。いつも、顔をみれば怒鳴られてばかり。それでも、「この子がかわいい、かわいい」とも言ってくれた。父親に心配だけはかけたくないという思いを大事にし、商売をした。

矢野は、地道に自分たちの店を大事に育てた。

それが、いまでは一時間で一億円を売上げるのだから、人生どう転ぶかわからない。

必死で走ってきた矢野には、一億円を達成した日がいつなのかさえ、思い出せない。

ただ、あのときの目標が、一〇〇億、三〇〇億というものだったら、人生節々でフライングをしていただろう。焦るあまり、土地を買い、倉庫をつくり、商売を大きくすることばかり考えたあげく、倒産していたにちがいない。目標は小さくていいのだ。

## 思わず口にした「一〇〇円」

矢野は、二トントラックに商品を詰め込み、ベニヤ板に商品を並べて商売した。

露店の敵は、天気である。雨が降れば商売はできない。

ある日、雨が降ってきそうな雲行きの日があった。

〈今日は、雨が降りよるけ、行くのはやめだ〉

そう思っていた。しかし、予想とは逆に、天気が回復し、晴れてきた。

家から三十分ほどの場所でもあったため、これからでも間に合うと商売に出かけて行った。

午前十時ごろ到着した。現場には、すでに、チラシを手にした女性たちが待っていた。露店を出す前日に、自分たちで刷った「矢野商店」のチラシを、その周辺の住宅のポストに入れて歩いた。それを見た人たちが、矢野の到着をいまか、いまかと待っていたのである。

ふだんは、朝四時ごろに起きて早めに現場へ着き、商品に値札をつけて開店準備をする。

しかし、今回は開店準備などしている場合ではなかった。

「早くして！」

待っている客たちにせかされ、急いで荷物を降ろした。

商品を並べる前に、勝手に客が段ボールを開け、目当ての商品を探し出す。

「これ、なんぼ？」

急いで、伝票を見る。

「ちょっと待って」

扱う商品の数は、何百にもなる。なかなか、見つからない。

客を待たせるわけにはいかない。思わず矢野の口をついて出た。

「一〇〇円でええ」

それを聞いたほかの客も、矢野に聞いてくる。

「これは、なんぼ?」

矢野はまた答えた。

「それも、一〇〇円でええ」

値段をつける間もなく、商品が売れていく。

こういう意図しないきっかけから、矢野が扱う商品は、全部「一〇〇円」になった。

矢野が思わず口にした「一〇〇円」が、矢野の人生の運命を変えることになる……。

## 世評は「安もの買いの銭失い」

「矢野商店」を立ち上げ、商売をはじめても、いいことはなかった。

一〇〇円均一で商品を売るということは、上限が決まっていて値上げができないということだ。やっと食えるようになったかと思えば、昭和四十八年(一九七三)の石油ショックや、田中角栄の列島改造論などでインフレになり、原価がどんどん上がってしまう。気がつけば、一〇パーセントも仕入れ値が上がっているものもあった。

矢野は、さすがに業者に文句を口にした。

「こら！　なんでステンレスのスプーンの値が上がるんか」

そういう矢野に、業者は言い返した。

「石油代が上がって段ボール代が上がったし、運賃も上がるんだから、原価が上がるのは当たり前だ。文句があるなら、買ってもらわんでもいい」

七十年代のオイルショックと日本の小売業の変化によって、移動販売は急速に廃れ、仲間たちのほとんどが廃業した。

そんなとき、矢野は店頭である光景を目にした。
四、五人の客がいろいろ商品を見ているが、これがなかなか決まらない。
〈あー、早く買っていってくれないかな〉

矢野がそう思ったとき、その中のひとりが言った。

「ここでこんなもの買っても『安もの買いの銭失い』だ。帰ろう」

そう言って、みんなを連れて帰ってしまった。

矢野に衝撃が走った。

「安もの買いの銭失い」

この言葉が、一番堪えた。

原価七十円までのものを一〇〇円で売るのだから、たしかに品質に限界はある。

矢野は、勝代にも、泣き言を吐いた。

「もう、この商売、やめようか。『安もの買いの銭失い』って、今日も三回言われた」

それでも、矢野はやめなかった。

むしろ、矢野の心の中にはメラメラと悔しき炎が燃え上がった。

〈ちくしょう！　どうせ儲からんのだし、いいもん売ってやる！〉

それからというもの利益を度外視し、原価を思いきり上げた。原価七十円で抑えるところ八十円までに上げた。時には九十八円のものを一〇〇円で売った。

たちまち、客の目つきが変わるのが、矢野にはわかった。

「わっ、これも一〇〇円！　これも一〇〇円！」

客の純粋な反応が、矢野にとっての励みになっていった。

〈自分の儲けを考えていたら、商売なんてできん。ワシは、客が驚く姿が見たかったんじゃ。客が喜んでくれればそれでええ。その分、ワシは売って売って儲けを出すんじゃ〉

矢野商店は、あっという間に全国の同業者の中で一番売れる店になっていった。

「矢野さんとこは、商品がいい」

評判が評判を呼び、大手スーパーからも引き合いがくるようになった。

しかし、売上げと商品数が増えるにつれ、従業員は疲弊《ひへい》していった。

# 第三章

# スーパーのパイオニア、ダイエーの流通革命

図に当たった食料品、生鮮食品の販売

中内㓛は、「全国制覇をやるんや」と豪語した通り、昭和三十二年（一九五七）の春に一号店を千林にオープンして十一年目の昭和四十三年（一九六八）には、店舗数三十八店、年商約七五〇億円を誇り、日本一のスーパーとして邁進していた。当時第二位の西友ストアーが、五十六店舗で、五一〇億円。三位のジャスコが、六十八店舗で、五〇〇億円。

百貨店では、トップの大丸が一二六〇億円、二位の三越が一二三〇億円。

ダイエーは、売上げにおいて百貨店をも追いつき追いこせと、まさに日の出の勢いであった。

ダイエー急成長の秘密は、どこにあったのか。

「まず、薬以外に、食料品を置いたことやったね」

中内兄弟の四男である力が語る。力は、神戸商大を卒業後、東京銀行に二年勤めたあと次男の博が社長をしていたサカエ薬品に入り、ダイエー一号店である千林店オープンと同時に専務として参加していた。力によると、千林店をオープンさせた三日間は、二十万円台と信じられないほどの売上げがつづいた。ところが、四日目から、ぱたりと売上げが止まった。

㓛も、力も、会長をしていた父親の秀雄も、頭を抱えこんだ。そのとき彼らの頭にひらめいたのは、九州の小倉を拠点に主婦の店チェーンを展開していたスーパー丸和フードの幹部にきてもらい、診断を受けてみよう、ということであった。

かつて丸和フードが小倉店をオープンしたとき、店内に薬品部を設けようとした。そのとき、地元の薬局経営者たちが集まり「スーパーが薬を安売りするのはけしからん！」と反対運動を展開した。吉田日出男《よしだひでお》社長は、中内の噂を聞きつけ、助けを求めてきた。力が、トラック一杯薬を積んで小倉へ出かけ、十日間泊まりこみで商品の陳列を手伝った。ダイエーがオープン後三年間『主婦の店ダイエー』という看板を掲げていたのは、丸和フードの影響である。

丸和フードから、阿部常務がやってきた。まる一日、千林店界隈を見て歩いた末、じつに適切なアドバイスをしてくれた。

「店は二十六坪と小さいが、半分改装しなおして、食料品を売ったらどうでしょう。瓶や缶詰、調味料に、菓子類のパック物を売るべきです」

当時、菓子類のパック物は、すべて定価で販売されていた。それを、一割五分引きで売ると、客が初日のようにどっと押しかけた。

ダイエー千林店は、薬の安売りで名を馳せていたヒグチ薬局と森小路薬局に挟まれていた。乱売合戦のはて、薬品や化粧品の価格は、ほとんど一緒であった。

ところが、この菓子類を中心に食料品を売りはじめたため、食料品を買いにきてくれた客たちが、薬も一緒に買ってくれる。多角経営がいかに大切か身に沁みて感じたという。つまり、当初考えていたドラッグストアから、スーパーマーケットに脱皮していったわけである。

「その次にダイエー発展の原動力になったのは、生鮮食品、それも野菜や果物と並んで牛肉を扱いはじめたことでした」

力が力説する。

牛肉の解体、枝肉処理は、技術的に難しい。そのため、たいていの店は、専門業者に売場を貸していた。ところが、ダイエーは、直営でやることにした。直営でないと、個性はでない。価格的にも安くはできない。

## 売れに売れた牛肉で発展にはずみ

中内㓛は、強い確信を持っていた。

「牛肉は、これからの国民にとって、生活必需品や。牛肉を売らずして、これからのスーパーに客を寄せることはでけへんで」

昭和三十四年（一九五九）四月、ダイエー三ノ宮店を移転拡張したときから、牛肉を直営で扱いはじめた。

狙い通り、牛肉は飛ぶように売れた。神戸の主婦の間では「牛肉はダイエー」というのが合言葉にさえなった。

あまりの売行きに、はじめのうちは「素人のダイエーに、牛肉が売れるものか」と高をくくっていた神戸市内の精肉商たちが、脅威を感じはじめた。ダイエーと取引きしていた枝肉商に圧力がかけられ、ダイエーへの納入は、わずか一ヵ月でストップしてしまった。

戦争、闇市時代と何度も修羅場を潜ってきたうえ、向こうっ気の強い中内である。神戸の精肉商の本拠地である神戸の処理場へ、乗り込んで行った。

しかし、牛を買ったとしても、当時は、それを処理する職人たちはいわばギルド的な徒弟制度にしばられていた。枝肉としてダイエーが入手することはかなわぬことであった。

中内は、三ヵ月後、神戸市生田区東川崎にある明治冷蔵を訪ねた。暑い昼下がりのことであった。そこでは、四、五人の男たちが、車座になって将棋を指していた。

「ダイエーの中内やが、枝肉売ってくれへんか」

が、誰ひとり振り向こうとはしなかった。すでに中内の噂は広まっていた。彼らは彼を無視したのであった。ところが、ねじり鉢巻きにラクダの腹巻き、ステテコ一枚という姿をした一人の男が、中内に声をかけた。

「ダイエーの中内さんというのは、あんたか。わしは、ウエテルいうんや。なんで肉がほしいんや」

ウエテル商店の、上田照雄《うえだてるお》であった。

中内は、熱っぽく訴えた。

「これからの牛肉は、かならずスーパーの大量販売になるんや。それなのに……」

中内は、古い因襲が渦巻く精肉業界の体質を激しく攻撃し、流通革命の必要を説いた。

中内が、振り返る。

「テルさんは、次に会ったとき、言うたな。『一回や二回の取引きで終わるなら、取引先全部なくして、元も子もなくなる。やるなら、とことんや』それは、こっちもおんなじや。ついてくるんかい。『ついていく』それで決まりやった。おたがいに血気さかんなころやったからな……」

切がウエテルと組んで三ノ宮店に牛肉を並べるや、連日、客が殺到した。

故ウエテルに替わって現在ウエテル商店の社長である上田照章《てるあき》が、父親から何度も聞かされたことを語る。

「あまりの人気のため、押しかけた客の圧力で、ショーケースのぶ厚いガラスが、三ヵ月に一度は割れたそうですよ。一ヵ月、十二、三頭の牛を仕入れなければ間に合わず、肉を運ぶオート三輪もフル回転、半年に一台はつぶれたそうです」

ダイエー全体が、牛肉によって活気づいた。牛肉は、ダイエー発展の起爆剤になった。

客が牛肉に殺到したのも無理はない。当時高値の花であった牛肉は、普通の店なら一〇〇グラム一〇〇円、安い店でも七十円のところを、なんと三十九円で販売したのである。

あまりの人気に牛肉不足は解消できなかった。中内は、枝肉商の「ウエテル」と一緒に神戸から尾道、小倉へと枝肉を探し求め、自分たちの足で新しい仕入れルートを開拓した。それにも限界があり、鹿児島や奄美大島で牛の飼育にまで乗り出した。

が、当時は規制があって、輸入肉は販売できなかった。

そこで中内は、返還前の沖縄からの輸入には関税がかからないことに目をつけた。安価なオーストラリア産の子牛を沖縄に運んだ。子牛は家畜で家畜には規制がなかったのだ。沖縄にダイエーサカミートという牧場の会社をつくった。牧場を買って、ビールを飲ませて、六ヵ月間飼育したあと、国内に輸入し、日本の牛として売り出したのだ。

だが、新しい試みはかならず抵抗に遭う。「沖縄からの輸入は流通経済の混乱を招く」と農林省（当時）から批判された。

中内は関西主婦連合会（主婦連）の比嘉正子《ひがまさこ》会長と一緒に上京して抗議した。

牛一頭を屠殺すると、スーパーで当時売れるのは、一〇〇グラム八〇〇円のロースなどで、すき焼きに使われる。ところが、他の部位、ステーキに使うヒレなどが出る。ヒレは当時は高くてスーパーでは売れない。では、というので「フォルクス」というステーキハウスをはじめることにした。

骨には肉がついている。中落ち肉である。これを捨てるのはもったいない。骨から肉を削りとってミンチにし、ハンバーグにすることにした。ハンバーグレストランの「ビッグボーイ」の誕生であった。

さらに骨を煮詰めるとスープが取れる。それを缶詰や、惣菜のような商品にした。

## 弟が折れて最大の危機・東西分割を回避

長男の功と四男の力がダイエーの社長争いの末、東西分裂することに決め、兄に既成勢力である関西周辺の地盤を渡すことに決めた力は、当時東京支店長であった打越祐《うちこしたすく》に、さっそく電話を入れている。

「おれ、そっちへ行くことになるかもしれん。そのときは、よろしゅう頼むわ」

「わかりました。専務、一緒にやりましょう」

それで無事話はついたかに思われた。

血で血を洗う兄弟争いの末、いよいよダイエーが真二つに割れる。ダイエーが東京に殴りこみをかけてくることに脅威を感じていた東京のライバルスーパーの社長たちは、内心快哉《かいさい》を叫んでいたことであろう。しかし、力は、東西分割もやむをえない、といったん腹を括《くく》ったものの、なお悩みつづけた。

どう考えても、東西分割案は筋が通らない。社員たちは、ナショナルチェーンを目指して破竹の勢いにあるダイエーに入社したわけである。消費者も、ダイエーがスケールメリットを生かして《よい品をどんどん安く売る》ことに期待している。それなのに、兄弟の感情的対立からダイエーを真二つに割ることが、許されていいものか。将来、人生を振り返ったとき、あのとき、どうしてあんな分割などやってしまったのか……と悔やんでも悔やみきれない気持ちになりはしまいか。企業は公器である、と神戸商科大学の恩師阪本安一《さかもとやすいち》教授から教わりながら、つまり自分は、まったく矛盾したことをやっているのではあるまいか……。

年末まであと一週間という差し迫った昭和四十三年（一九六八）十二月二十五日――力は、功と会った。

「兄さん、おれが身を退く。せっかくここまできた社を二つに割るのは、よそう」

功は、頰を紅潮させて喜んだという。

力は、しんみりと言った。

「おれも、やるだけのことはやった。人材も揃ってきた。おれがいなければ……という時期は過ぎた。部下たちも、いまのままだと遠慮ばかりして物が言えんやろう。彼らにバトンタッチすることもええことや」

力が折れたことで、ダイエーの最大の危機は回避された。

功は、五割ずつ持っていた力の株を、当時の金、二十億円で買い取ることにした。功は、当時住友銀行頭取であった堀田庄三《ほったしょうぞう》を訪ね、自分の持ち株を担保に二十億円の借金を申し入れた。

力は、昭和四十四年（一九六九）二月末、正式にダイエー取締役を辞任した。

功は、力が去るや、川崎製鉄から、自分の同級生である加古豊彦《かことよひこ》を迎え入れ、力の代わりに、財務担当、専務という要職に据えた。力の同級生で占められていた幹部たちを、自分のブレーンで固めはじめたのであった。

力は、神戸ポートピアホテルやレストラン・バーグと小僧ずしのシンエー・フーヅを経営している。

功は、この二十億円もの借金を返すためもあって、二年後の昭和四十六年（一九七一）、株式を公開した。彼は、持ち株を放出し、三十数億円の創業者利潤を得、借金の返済に当てている。春秋の筆法をもってすれば、功と力の対立が、ダイエーの株式上場を早めさせたといえよう。

## 「レインボー作戦」ひっさげ東京進攻開始

功と博の、つまりダイエーとサカエの調停役であった力がダイエーから去ると、それまでダイエーとサカエの間に結ばれていた地域協定は、すぐに破られた。あれほどおたがいのテリトリーには攻めこまないと決めておいたのに、ダイエーがサカエのテリトリーに攻めこみはじめた。

博がその当時の苦しさについて述懐する。

「いつでしたか、調停が破られたことについて兄に言ったら、『おまえのところが、早う出てこんからや。どうせ、他のスーパーが出てくるやろ。そしたら、おまえとこの打撃も大きい。そやから、わしが出すのや』と言うんですね。わたしは、兄の性格をよう知ってますからね。まあ、しようがないな……と思っていましたけど」

まさに、親と子が、兄と弟が、血で血を洗う戦いを繰り広げた戦国時代を思い出す。

㓛は、力との決着をつけると、いよいよ本格的に東京への攻めこみを開始した。

都心から三十キロ、五十キロ圏を今後の人口の増加地帯とみて、その地域の消費者が必要とするものをいつでも供給できる店舗をつくる。虹のように半円状で広げていく。㓛は、これを「レインボー作戦」と名づけた。いずれも大型店舗を考えた。それから四年後の昭和四十八年（一九七三）に目標の四〇〇〇億円を達成したとき、その四分の一に当たる一〇〇〇億円は、首都圏で確保する。都心から三十キロ、五十キロの圏内だけでも人口は二〇〇〇万人ある。ダイエーが基準にしている三十万人に一店の割りでも七十店はできる。

この作戦は、中内の尊敬していた毛沢東戦略にならったものであった。毛沢東は、中国革命を実現するにあたり、中国革命は農業革命であると規定し、農村から都市を包囲して解放していく戦略を立てた。中内は、都心から三十キロの地帯、つまり郊外を毛沢東の農村にたとえた。

当時、郊外に住宅ブームも起きていた。

そのレインボー作戦の第一号店『ダイエー原町田ショッパーズプラザ』を、国鉄横浜線、原町田駅斜め前にオープンさせた。昭和四十四年（一九六九）六月二十日のことであった。『ダイエー原町田ショッパーズプラザ』は、レインボー作戦の一大拠点と誇るにふさわしい大きさであった。地上五階、地下一階、店舗面積七一五三平方メートルであった。当時としては、まわりに大きな建物はなかった。ひときわ目立った。

それまでの東京店が小型店だったので、中内もオープンした『ダイエー原町田ショッパーズプラザ』を見上げ、「大きいなあ……」と感心していたという。

そしてその年十二月五日、レインボー作戦第二弾の赤羽店をオープン。国鉄赤羽駅東口の約一万平方メートルの工場跡に、四階建てのダイエーの直営店と三階建ての専門店の二棟を建てた。直営店の屋上には、収容能力約三〇〇台の駐車場をつくった。年商六十億円を狙った。

じつは、この赤羽店から直線距離にして約二〇〇メートル離れた目と鼻の先に、『西友ストアー赤羽店』があった。地上七階建ての大型店であった。開店した昭和四十一年（一九六六）当時は、東日本最大の小売店といわれていた。昭和四十四年当時も、西友ストアー六十七店の中でも十指に入る〝ドル箱店〟であった。

西のダイエー、東の西友と呼ばれていた東西の雄が、同じ地区では初めて大型店舗同士の激突を見せたのであった。

当時すでに全国ナンバー1のスーパーマーケットであったダイエーの年商は、九一六億円、傘下の店数四十三店。二位の西友ストアーの年商は、六八二億円、傘下の店数は、六十七店であった。

## 〝宿命のライバル〟、赤羽で激突

西武流通グループを率いる堤清二は、闇屋上がりの中内と対照的な毛並みのよさであった。

堤清二は、昭和二年（一九二七）、堤康次郎《つつみやすじろう》の二男として生まれた。中内㓛より、五歳年下である。康次郎は、西武鉄道コンツェルンを一代で築き上げた。東急コンツェルンの創始者五島慶太《ごとうけいた》が、〝強盗慶太〟の異名で呼ばれたのに対し、康次郎は〝ピストル康〟と呼ばれていた。西武鉄道グループの総帥であった堤義明《つつみよしあき》は、清二とは異腹の三男である。

清二は、府立十中（現都立西高）、私立成城高校、東大経済学部商学科に進んだ。

成城高校時代は、青年共産同盟を結成、社会科学研究会に所属した。東大入学後は、自治組織経友会に入り、委員を務めた。いわゆる全学連の闘士として活躍した。

昭和二十六年（一九五一）に卒業するや、当時衆議院議長をしていた康次郎の秘書になった。

昭和三十年（一九五五）に、「おまえは、一番難しい仕事をやってみろ」と、西武百貨店店長の仕事を任された。

昭和三十八年（一九六三）には、西友ストアーを創立。またたく間に業界二位のスーパーマーケットに育てあげ、百貨店と合わせ、日本最大の流通コングロマリットを築き上げていた。

堤は、経営者であると同時に、辻井喬《つじいたかし》の名で詩も発表していた。二つの顔を持つ、異色のインテリ経営者であった。

中内が東京へ攻め込みはじめてから、二人は〝宿命のライバル〟と言われはじめた。赤羽での激突の二年前、中内は、『東の〝西友〟西の〝ダイエー〟』（「週刊読売」昭和四十二年十月十三日号）と称される堤に対し闘志をむき出している。

「西友ストアーの堤さんも、われわれと一緒です。信念を持って、流通革命と取り組んでおられる。むかし全学連、いま詩人、やっぱり抵抗派のロマンチストやねえ。毛並みはいいし、男前やし、しっかりしてはる」

「〝マーチャンダイジング〟（販売）のダイエー、マネジメント（管理）の西友〟といわれますが、すべての合理化は販売力につながる。男性的にゼニ稼ぎゃいいやないか。マネジメントは、儲けたゼニを減らさんようにすることだから、これは女性的（女房的消極戦法）ですな」

「私は、堤さんとちがって、毛並みもよくないし、バックも、それに、のれんもない。だが、スーパーには、そんなものは必要ない。ダイヤモンドや、高級呉服ならいざしらず、肉や魚は、お客さんが見れば、いいか悪いかすぐわかる。看板やのれんなんかどうだって、いい品を安く、真心こめて売れば、お客さんは、いくらでも来てくれます」

いっぽう堤は、中内㓛をどう思うか、と聞かれ、やんわりといなしている。

「彼の商法は勉強になりますよ。いっぺん決めたことは、かならず実行する。偉いですね。ええ、どうぞ、東京に進出してきてください。東京は広いから、いくらチェーンが多くても、一社より二社が消費者にとってもいいものです。競争心より、同盟軍と考えてます」

中内は、西友のことを批判して「マネジメントの西友、つまり、女性的、女房的だ」と言ってますが、という皮肉に満ちた質問にも、能面のような無表情な顔を少しも崩さず答えている。

「最近は、女房の方が強いそうですから、亭主など恐くありません」

## 「兄弟喧嘩して会社つぶしたらあかんぞ」

昭和四十六年（一九七二）三月、ダイエーは、大阪証券取引所第二部に上場。スーパー業界では初となる上場企業になった。

紳士服のロベルト、ファミリーレストランのフォルクス、ハンバーガーチェーンのウェンディーズ・ドムドムハンバーガー、コンビニエンスストアのローソン、百貨店のプランタン銀座など子会社・別事業を次々と展開していった。この時期と前後して、西友ストアー（現西友）

や イトーヨーカ堂が地盤としている首都圏にも進出し、東京都赤羽や埼玉県所沢、神奈川県藤沢、千葉県津田沼などに出店。それぞれの地域一番店と衝突したため、両店において、苛烈な価格競争や消耗戦といった「戦争」を引き起こした。

さらにイチケンやリクルート（現リクルートホールディングス）、忠実屋、ユニードなどを買収（その後平成六年〈一九九四〉に忠実屋・ユニード・ダイナハを合併）、昭和五十六年〈一九八一〉には髙島屋の株式を一〇・七パーセント取得した。グループ内にデパートを欲していた中内は髙島屋との提携を求めるが、ダイエーによる乗っ取りを警戒した髙島屋側の白紙撤回により失敗する。ミシンの割賦販売で実績のあったリッカーの再建を引き受け、その割賦販売のノウハウを子会社のダイエーファイナンス（現セディナ）に導入した。

昭和四十八年〈一九七三〉、博の経営していたサカエが経営不振から、ダイエーに提携を申し込む。

大型スーパーとの格差ができ、ローカルスーパーに落ちていき、単独で経営を維持していくのが困難になったためである。六十億円を超す借入金の金利負担にもあえいでいた。

博は、切に相談に行く前に、力に相談に行っている。

「大型スーパーのグループに入りたいんだが、どこがええやろうか」

「それなら、過去のこだわりを捨て、ダイエーグループに入ってもらった方がええな……」

博は、ダイエーグループの傘下に入ることに決めた。功の軍門に下ったわけである。

博が、そのときの心境を語る。

「傘下に入る話し合いに、兄に会いに行きました。兄は『うん、そうか』とだけ言いましたね。そのとき、他の会社との提携話もありました。その方が、有利でしたからね。しかし、わたしとしては、やはり社会的にみて、兄のところでやるのが常識に沿っているだろう。そう思ったんです。それと、兄弟一緒にやれ、といっていた父親の遺志もありましたから……」

その当時勤めていた従業員によると、中内功は、博のサカエを軍門に下らせたことで、「鬼の首を取ったような喜びようでした」という。

功にしてみれば、長い間父秀雄から、長男の自分を差しおいて「博は優秀なんや、博は……」と言いつづけられた屈辱を、ようやく晴らすことができた思いだったのであろう。

その三年前の昭和四十五年（一九七〇）三月、父秀雄が急死している。

その直後、功は、三男の守に、声をかけている。

「うちにこないか」

守は、神戸大を卒業後東亜紡織《とうあぼうしょく》に入り、当時、営業課長をしていた。

博、力と凄まじい争いをつづけてきた功も、父親に死なれ、ふと言いようのない孤独感にとらわれたのではあるまいか。

「長男の功から『ウチに来てくれないか』といわれたことを当時の音川一市《おとかわかずいち》社長（東亜紡織）に伝えると、『ちょっと待ってくれ』と言われ、迷いました。しかし、家のことを考えたらそうもいきませんでした。長男が弟の力となかばいさかいで別れましたし、おやじも死にましたからね。大変なときだったんです。

それで、長男から再度、『一緒にやろう』と声をかけられ、了承しました」

守は、博や力に比較し、野心はなかった。三十年間サラリーマン生活をつづけ、名前の通り温厚そのものの人物であった。功にとっても、別に警戒心を起こす必要がなかったから迎え入れたのであろう。

守を、ダイエーの一〇〇パーセント子会社である、紳士服の小売部門ロベルトの社長に据えた。しかし、それでいて守をダイエー本体の取締役に迎え入れていなかった。功が、博や力との戦いにいかに懲りたかがうかがえる。

ダイエーが、牛肉を仕入れるにあたって大きな力となった故上田照雄・前ウエテル商店会長の息子の上田照章・ウエテル商店社長が語る。

「中内会長は、わたしと会うたびに、いつもいの一番に言うんです。『おい、兄弟なかようやっとるか』いま、わたしは弟と二人で、この会社をやっています。そのこともあって、『兄弟喧嘩して会社つぶしたらあかんぞ。兄弟でなにかあったら、おれのところに来い。不満なんかを直接弟にぶっつけたらあかんぞ』よく、そう言って、心配してくれます」

戦いすんで日が暮れて……老境にさしかかると、昔を振り返り、反省の意味を込めてつい出る言葉であろう。

## 西武の本拠地・所沢進出を目論む

兄弟間の矛盾に方をつけた中内㓛は、完全なワンマン体制を敷き、思い通りの驀進《ばくしん》をつづけた。高度成長の波にも、乗った。

ダイエー一号店をオープンさせた十五年後の昭和四十七年（一九七二）に年間売上高で三越を抜き、小売業日本一の座を獲得した。

ダイエーは、翌昭和四十八年（一九七三）八月に、小売業初の年商三〇〇〇億円突破。中内は、『チェーンストア創業元年』を宣言。

「六年後の昭和五十四年には、年間売上一兆円を達成してみせます！」

そうぶちあげた。同時期に、西友ストアーの堤清二も、同じ一兆円構想を発表。

中内は、一兆円構想のために、積極策を展開していく。こともあろうに、西武グループの本拠地である埼玉県所沢市への進出を図っていたのである。

昭和四十八年、所沢市の中心部、日吉町地区の商店街が、所沢駅前地区に対抗し商店街を再開発する計画を立てた。その周辺の土地を所有していた東栄の武藤保之助《むとうやすのすけ》社長が、所有の土地を区画整理し、さらに周辺の土地を買増し、その上に大型店を誘致しようと図った。

まずはじめに、武藤社長と地元商店街で結成している日栄会幹部は、西武グループにキーテナントとして出店してもらうよう要請した。〝西武城下町〟とまでいわれる所沢である。当然のことであった。

ところが、西武側はどうしたことか、積極的にその話に乗ってこなかった。自分の膝元に出店するのに、なにも他人のつくった店にテナントとして入ることはない。所有の土地はいくらでもある。出店するなら、自分でビルを建てて入る。堤清二は、そう思っていたといわれる。しかも、所沢駅にすでに西友ストアーを一店舗構えていた。

武藤社長や日栄会幹部は、十月に入り、「それなら、ダイエーに……」と、店舗をつくるフジタ工業を仲介に、ダイエーに話を持ち込んだ。各地で大型スーパー、百貨店の出店をめぐり地元商店街との軋轢が絶えない。そのような時期に、地元商店街の方から「出店していただけませんでしょうか……」と要請してきたのである。しかも、建設用地面積は、約一万平方メートル。所沢駅から歩いて五分。理想的な立地である。

中内とすれば、西武の膝元に楔《くさび》を打ち込める。「CUT　THROAT　COMPETITION」。つまり敵の喉元を掻き切るまで戦え！　をスローガンとする中内としては、願ってもないことであった。十一月、ダイエーは出店の意向を表明した。そして翌昭和四十九年（一九七四）十月、東栄、日栄会幹部に正式に出店の申し入れをし、協力を依頼した。

ところが、西武側はダイエーが進出してくるとわかりあわてにあわてた。西武側は、自分がキーテナントとして入ることを断われば、再開発計画は潰れると読んでいた節がある。それなのに、こともあろうに、宿敵のダイエーが乗り込んでくることになったのである。

## 一坪地主で一矢報いた形の西友側だが

十月九日、武藤社長の自宅に西武不動産の落合次長、西友ストアー開発部石若部長、富田課長の三人が訪ねてきて、「ダイエーに売ることになっている土地を、ぜひウチに売ってくれ」と頼み込んだ。しかし、十月三十日になって「土地の買い取りは、やはり断念する」と西友ストアーの石若開発部長より武藤社長に電話が入った。

西友ストアー側が、それで大人しく引き下がれば問題はなかった。

西友側は、西友ストアー開発部の指定業者である青木不動産をダミーに使い、ダイエー側が固めていなかった一部の地権者を狙った。翌昭和五十年（一九七五）二月、ダイエー建設用地のど真ん中に、青木不動産名で約一二〇平方メートルの土地つき家屋を取得してしまった。五月三十一日、青木不動産から西友畜産に所有権を移転。

武藤社長と日栄会幹部は、西友ストアーを訪ねた。堤清二社長に「西友畜産買収地を、東栄に円満に引き渡してもらえませんか」と要望した。

しかし、堤社長は頑として首を縦に振らない。

「西武としては、一坪地主としてダイエーの進出を阻止する、という意地より、そのわずかの土地を橋頭堡に少しずつ買い進め、西武として出店できるだけの土地を改めて確保しよう、という動きだった。しかし、すでに手を打つのが遅すぎた。ダイエーの後手後手に回っていたわけです」(流通担当記者)

堤清二の側にも、複雑な事情があったといわれている。弟でありながら西武グループの本流である西武鉄道グループの総帥におさまっている堤義明に「父親から受け継いだ本拠地にライバルを安々攻め込ませるとは、何たる失態……」と非難されないための意地もあったろう。それにしても、なんとも陰湿な抵抗の仕方ではあった。

西友ストアーがいかに切り返そうにも、ダイエー側は、昭和五十年八月にすでに土地の九四パーセント、借地の三八パーセントの売渡承諾書を取得していた。あとは、ダイエーへの嫌がらせでしかなかった。そのうち、西友ストアーの子会社西友フーズの木造二階建の寮をその土地に建ててしまった。

中内は、苦りきった。かといって強引に立ち退かせるわけにはいかない。おかげで、ダイエーとしては、オープンが当初計画より二年以上も遅れてしまった。西友フーズの寮のためにわざわざ公道をつくり、その建物を取り囲むようにコの字型のビルを建てなければいけない。建設コストは嵩《かさ》む。店内レイアウトも変更させられた。

ダイエー広報の大友達也室長が、所沢進出を振り返る。

「ウチとすれば、西武さんがウチの進出する予定地の一画を買っていた、という情報を聞いたとき、正直驚きました。まさか、西武さんともあろうところが、そんな滅茶苦茶なことをやるとは思いませんでしたからね。しかし、ウチとしては結果的にみれば、よかったわけです。工事も西武さんの寮を取り囲む形で進みました。ただ完全に取り囲むわけにはいかない。社員の方が二人寮に住んでおられましたからね。通勤できるように一メートル幅くらいの通路をつくりました。その出入口から奥にある西武寮が見えますわね。通る人は、みんな西武さんはひどいことをすると思って見てましたよ。誰が見ても、工事するのに大きな犠牲を払っている、というのはわかりますから。所沢は西武さんのお膝元です。普通なら、ウチが出るのには、多少の軋轢があったかもしれません。だけど西武さんが、ああいうことをしてくれたおかげで、ウチとしてはかえってじつにスムーズに所沢に出られました」

## 熾烈な〝藤沢戦争〟、三円バナナまで登場

中内切は、所沢殴り込みのための土地を確保している間、イトーヨーカ堂とも衝突している。世にいう〝藤沢戦争〟である。昭和四十九年（一九七四）六月のことであった。

神奈川県藤沢市は、人口約二十六万人を擁《よう》する東京と横浜のベッドタウンであった。藤沢駅は、東海道本線と小田急江ノ島線の両線が通っている。交通の便がいい。宅地造成も進められていた。スーパーマーケットにとって、願ってもない立地条件であった。

藤沢駅を挟み、ダイエーは、商工会議所のある山側に店舗をかまえた。イトーヨーカ堂は、相模湾に面した海側に店舗をかまえた。駅を挟んで両者が睨みあうことになった。ダイエーは、地上五階、地下一階、延べ面積一万一五九八平方メートル。イトーヨーカ堂は、地上六階、地下一階、延べ面積一万四七三七平方メートルと、イトーヨーカ堂の方が広かった。

ダイエーもイトーヨーカ堂も、開店日の〝Xデー〟をひた隠しに隠した。おたがいに、相手より一日も早くオープンした方が勝ちである。

やがて、イトーヨーカ堂が痺《しび》れを切らした。二十七日にオープンすると発表した。

ダイエーは、イトーヨーカ堂のオープンから逆算して五日早い二十二日オープン、と発表した。イトーヨーカ堂も、負けてはいなかった。ダイエーの開店日に、《開店まであと四日》と

いう開店予告広告で応酬した。しかも、その価格は、ダイエーのオープン当日の価格よりすべて下まわっていた。ダイエー側に言わせると、「ウチのオープンのチラシに、あちらさんが照準を合わせてつくった」（ダイエー広報室大友室長）ということになる。

その五年前の昭和四十四年（一九六九）にダイエーと西友ストアーが東京の赤羽で激突したが、ダイエーとイトーヨーカ堂の激突は、〝赤羽戦争〟を超える凄まじい戦いとなった。

ダイエーは、オープンの日に卸値で百グラム十二円のバナナを、原価を割った八円で売った。

イトーヨーカ堂は、それに対し六円のバナナをぶつけた。

ダイエーが、負けじと五円に下げてしまう。

イトーヨーカ堂は、それなら、と四円に下げる。

おたがいに敵の店に偵察員を送りこみ、敵の価格を摑むや、自分の店に知らせる。すぐに価格を下げる。最後には、いちいち報告に帰るのももどかしいと思ったのか、トランシーバーで伝えたといわれている。ついに、三円のバナナまで登場した。

中内㓛も、イトーヨーカ堂社長の伊藤雅俊も、おたがいに負けられない戦争であった。

中内には、なにがなにでも一兆円を達成してみせるという大悲願がある。

伊藤には、中内のように言葉にこそ出さないが、いずれ西友ストアーを抜いてダイエーに迫ってやろうというひそかな野望があったと思われる。

昭和四十八年（一九七三）当時の両者は、およそライバルとは言いがたかった。ダイエーは、売上高四七七六億円、店舗数一〇一店で、首位。イトーヨーカ堂は、西友ストアー、ニチイ、ユニー、ジャスコにつづく六位にすぎなかった。売上高も、一三九六億円。店舗数も、四十二店舗であった。

伊藤雅俊は、大正十三年（一九二四）生まれ。中内が大正十一年（一九二二）生まれだから、中内より二歳若い。堤清二が昭和二年（一九二七）生まれだから、堤よりは、三歳年長である。しかし三人は〝戦中派〟でほぼ同世代といえよう。伊藤の生家は、浅草で『羊華堂衣料店』を営んでいた。中内同様、商家に生まれたわけである。現在の横浜市立大である横浜市立商業専門学校を卒業。卒業と同時に、当時の三菱鉱業（現三菱マテリアル）へ入社。

昭和十九年（一九四四）、陸軍特別甲種幹部学校へ入学。敗戦後、三菱鉱業に復職。しかし、すぐに退社し、昭和二十年（一九四五）の十二月から、家業を手伝いはじめる。母親ゆきと兄の譲が経営していた羊華堂を手伝うことになる。この当時は、店舗は浅草から北千住に移っていた。

昭和二十三年（一九四八）、譲が「合資会社羊華堂」を設立して法人化した。昭和三十一年（一九五六）、気管支喘息の持病を患っていた社長の譲が死去したため、経営を引き継いだ。

昭和三十三年（一九五八）、「株式会社ヨーカ堂」に移行（のちの株式会社伊藤ヨーカ堂）。スーパー経営に乗りだす。

昭和三十六年（一九六一）、欧米の流通業界を視察。帰国後、衣料品を中心として、食料品、家庭用品、日用品、家庭電化製品、化粧品、医薬品などチェーンストア形態をとり、本格的なレギュラーチェーン展開の第一歩を踏み出した。

中内がチェーン展開の第一歩を踏み出したのは、昭和三十三年である。伊藤は、中内がパイオニアとして刀をふりかざし、それまでの小売店から矢の飛んでくるなかをひとり切り進んだのに対し、そのあとから中内の戦いぶりを参考に、あの手この手の作戦を展開したといわれる。

イトーヨーカ堂の幹部も、ハッキリと認めている。

「たしかに、ウチが伸びた理由のひとつに、後発だったということがいえます。店ひとつ出すにしても、後発だと追いつけ追いこせでやっていける利点がありますからね」

昭和四十年（一九六五）、社名を株式会社伊藤ヨーカ堂と改める。

昭和四十八年（一九七三）には、ダイエーに一年遅れて東京証券取引所第一部上場。

また、同年にコンビニエンスストアチェーンのセブン‐イレブン・ジャパン、レストランチェーンのデニーズジャパンも経営する。

伊藤は、ダイエーのあとにつづきながら、ダイエーのような派手な安売りはおこなわなかった。無理をしないで、利益率を高める、という方針をとっていった。

その伊藤が、藤沢戦争では珍しく、中内に真向から安売りの勝負を挑んだわけである。藤沢戦争に、いかに力を注いでいたかがわかる。

はたして、その結果はどちらに軍配が上がったか。

ダイエーの大友広報室長によると、

「藤沢については、当時は五分五分といったところです」

と言っている。

しかし、イトーヨーカ堂は、この戦いで安売り競争に挑んだ結果、のちの価格体系が大幅に狂い、しばらくの間価格維持が困難になり、頭を抱えこんだといわれている。

## してやられた琴似での敗北に怒り心頭

イトーヨーカ堂とは、同じ時期、北海道の札幌市国鉄琴似《ことに》駅前への進出をめぐって熾烈な戦いを繰りひろげていた。

琴似は、人口一二〇万人を超えるマンモス都市札幌の西にあるベッドタウンである。昭和五十一年（一九七六）には、国鉄琴似駅から八〇〇メートルの場所に地下鉄東西線が新設される。将来は、〝札幌の新宿〟になるとみられていた。

国鉄琴似駅前に、塚本一造《つかもといちぞう》の経営する琴似運輸倉庫の土地一一四〇平方メートルがあった。

塚本社長は、その土地に地上五階、延べ九三五〇平方メートルのビルを建て、そのうちの約一〇パーセントを地元商店街の店に、残り九〇パーセントを本州のスーパーの売り場に提供しようとした。

イトーヨーカ堂が、まずはじめにこのビルに入る交渉に入った。昭和四十九年（一九七四）三月下旬のことであった。イトーヨーカ堂は、イーグル観光社長の高橋幸雄《たかはしゆきお》をダミーとして三十一人の地元のビル権利者を相手に地上げ（買収交渉）に入った。地上げ文書に、「イトーヨーカ堂の進出に協力して……」との一札を入れさせるまでに漕ぎつけた。

ダイエーも、少し遅れてそのビルに入ることを狙った。ダイエーの忍者部隊は、このビル計画の役員の一人、琴似商店街振興組合理事長を窓口としてイトーヨーカ堂の切り崩しにかかった。

「ダイエーのあとには、ペンペン草も生えない」

地元の人たちのあいだには、ダイエーアレルギーが強かった。

ダイエーは、派遣幹部の泊まるホテルもそのたびに変えるという慎重さであった。

五月に入り、イトーヨーカ堂は、ダミーのイーグル観光に代わり、直接に地元側と接触することになった。三十一人の地権者を相手に交渉するより、単独オーナーの方がなにかと便利と判断し、塚本を単独オーナーとした。二十日、塚本あてに正式に「出店願い書」を提出した。

一ヵ月遅れて、ダイエーも塚本とビルリースの交渉に入った。

塚本はその後、月一回以上はイトーヨーカ堂、ダイエーの本社を訪ね、両者と交渉を重ねた。両天秤をかけたわけである。

翌昭和五十年（一九七五）二月二十四日、まさか塚本がダイエーと裏で交渉を進めているとは知らないイトーヨーカ堂は、建物賃貸申込書をつくって塚本オーナーに見せた。オーナーも無条件でこれに同意、承諾の記名捺印をし、証拠金一〇〇〇万円を預託した。

三月四日には、報道陣を招き、イトーヨーカ堂は店舗構想を発表した。地元商店街役員同席のうえであった。建物は、地上五階建て、延べ一万一七九〇平方メートル、閉店は午後八時ということまで説明した。

イトーヨーカ堂は、すべて思い通りに運んだと信じていた。ところが、塚本オーナーは、なおダイエーと交渉をつづけていたのである。このあたりの事情は、地元経済誌『財界さっぽろ』昭和五十年七月号にくわしいが、塚本オーナーは、ダイエー側に対し、言い張っていたのである。

「イトーヨーカ堂とは、今後も契約する気はない」

ダイエー側は、塚本オーナーをすっかり信用した。三月中旬、役員会で進出を決定。

四月十九日、大阪のダイエー本社ビルで、塚本オーナー、中内社長出席のうえ、「建物の賃貸に関する予約契約」を結んだ。

塚本に手玉にとられているとは知らないイトーヨーカ堂は、四月二十八日付けで「金銭消費賃貸借契約」を結んだ。

ダイエーは、その二日後の四月三十日に「建物賃貸予約契約」を塚本オーナーと結んだ。明らかに二重契約である。

地元で〝ユダヤ商人〟と呼ばれている塚本オーナーは、両天秤をかけながら、両社の出す金額を計っていたわけである。イトーヨーカ堂は、一〇〇〇万円の手付金しか出さないが、ダイエーからは、もっと現金が引き出せると踏んだわけである。

ダイエーは事実、総額九億円の一一パーセントの一億円を現金、残りを昭和五十一年三月十日支払いの手形にしてきた。

塚本オーナーがダイエーに乗り換えたことを知ったイトーヨーカ堂は、あわてた。四月三十日、五月六日の二回に分け現金払いの条件を出した。

ダイエーは、急遽現金払いにすることにした。五月二日、札幌信用金庫琴似支店でダイエー側は塚本オーナーに九億円を渡した。領収書まで受けとった。

塚本オーナーは、イトーヨーカ堂からもらっていた手付金の一〇〇〇万円を含む三億一〇〇〇万円をイトーヨーカ堂のメインバンクである三井銀行本店に送り返した。

「四月二十八日に結ばれた金銭消費賃貸借契約を解除する」旨の内容証明をイトーヨーカ堂あ

てに発送した。

いっぽう、塚本オーナーの土地権利書を含め登記に必要な両者の書類をダイエー側の司法書士に預け、「五月六日登記」ということにした。

これで一件落着かと思われたが、また一波乱あった。

イトーヨーカ堂側にその二日の夕刻自宅に押しかけられた塚本オーナーは、イトーヨーカ堂との間に「賃貸借契約書」の判を押してしまった。正副二通の書類をイトーヨーカ堂に渡していた。

塚本オーナーがその夜にイトーヨーカ堂と正式契約を結んだことを知ったダイエー側は、すぐにでも契約書を取り返すよう迫ったが、あとの祭り。

その夜から塚本オーナーは、忽然と姿を消してしまった。イトーヨーカ堂側が、再び寝返られることを恐れ、塚本オーナーを定山渓《じょうざんけい》に隠したとの説もある。

その間、イトーヨーカ堂の登記がすまされ、この戦いにピリオドが打たれてしまった。

その直後の役員会で、中内は怒り狂い、黒板に次のように書いたといわれている。

《㋑みな殺し作戦！》

㋑というのは、もちろんイトーヨーカ堂のことである。

藤沢の戦いに次ぐこの琴似の戦いを通じて、中内と伊藤との憎しみ合いともいえる敵対意識はより激しくなっていった。

ダイエーの大友達也広報室長が、琴似の戦いを苦々しく振り返る。

「琴似の店舗がイトーヨーカ堂さんに決まったという要因には、金の問題が第一でしょう。塚本さんが、ウチとヨーカ堂さんを天秤にかけたわけです。ウチはメンツのために多額の資本を投下するわけにはいきませんからね。中内も『ウチがちゃんと正式な契約を結んでおけば、二重契約なんか起こらなかった。渉外担当者の手落ちだ』と担当者を叱ったと聞いております。

次の要因としては、『ダイエーのあとにはペンペン草も生えない』ということが商店街の人たちの間で言われていたことがあったと思います。当時そういうダイエー神話があったんです。大阪や福岡なんかの出店で、ウチが出店したことで、人の流れが変わりましたからね。塚本さんは、イトーヨーカ堂ならダイエーほど地元の反発を受けることもないだろう、そう判断したんじゃないですか。その後一年ほどして、別の地主さんから話がありました。そこに出店したのが、昭和五十二年四月。現在の琴似店です。結果的には、こちらの方がよかった。地下鉄東西線の終点駅の上ですからね。イトーヨーカ堂さんは、国鉄の駅から百メートルも離れています」

ダイエーとイトーヨーカ堂は、昭和五十三年（一九七八）にも、千葉県習志野市の津田沼でぶつかっている。世にいう〝津田沼戦争〟である。

昭和五十二年（一九七七）の十一月にオープンしていたイトーヨーカ堂は、翌五十三年十月十四日のダイエー津田沼店のオープンに、なんと、かつて業界でもやったことのない挙に出た。

ダイエーの超目玉商品に対し、無料で品物を配ったのだ。

十月十五日のイトーヨーカ堂のばらまいたハンドビラによると、五〇〇名に限り、無料進呈。《朝の十時から十一時までポリバケツ。十一時から十二時まで、木製ハンガー。十二時から一時までパンティストッキング。二時から三時まで、菓子一袋。三時から四時までは生さんま二尾》とある。

スーパーの歴史上でも前代未聞のことであった。イトーヨーカ堂津田沼店は、自店舗中でもナンバー1の規模を誇っていた。利益率優先のイトーヨーカ堂にしては珍しく意地になっていたのであろう。

ダイエーとイトーヨーカ堂の戦いは、このあともますますエスカレートしていく。

## スーパー軽視に憤激、稲山会長にかみつく

中内は、公約の昭和五十四年（一九七九）には一年遅れたものの、昭和五十五年（一九八〇）二月十六日、一兆円を達成した。

一兆円達成記念パーティのとき、ダイエーの関連会社であるステーキ店フォルクスで記者会

見が開かれた。その前に、ある流通担当記者が、ふと別室をのぞいた。そこで、中内㓛が一人、涙を流していたという。よほどの感激だったのであろう。

　中内は、前にふれたように、一兆円達成と同時に、再び花火を打ち上げた。

「五年後の昭和六十年（一九八五）には、四兆円を実現してみせる！」

　昭和五十五年十一月二十六日、箱根小涌園で開かれた日本リテイリングセンター主催の講演『一兆円のあと何をするのか』で、その心境をこう述べている。

「おかげさまで、わたしどもダイエーも、今年の二月の十六日でございますが、やっと一兆円の瞬間風速を得まして、昭和六十年四兆円構想というふうな、また新しいビジョンが、こう新聞なんかに出てしまいますと、どうしてもやらざるを得ないということになってしまう。

　わたしもちょっとは、赤坂とか神楽坂とかにいって、そして著名なる女優さんなんかと一度遊んでみたいな、というふうにも思うわけでございますけれども、その暇もないままに走りつづけなければいけないというふうな、非常に真面目な道を歩かされておるわけでございます。

　いわば十字架の上に上がったイエス・キリストのようなもんでございまして、イヤだと思っても、流通革命のために死ななきゃいけないというようなことで、『神よ、われを見捨てたもうことなかれ』と、イエス・キリストも最後は嘆いたそうでございますが、わたしも同じようなことで、流通革命のハリツケになる覚悟をいたしておる次第でございます」

おのれをイエス・キリストにたとえるあたり、中内のヒロイズムが垣間見えていて、面白い。一兆円を達成したことが、よほどうれしかったのであろう。

四兆円構想の内訳は、「ダイエー本体で二兆円、関連企業で一兆二〇〇〇億円、新規事業で八〇〇〇億円」という、気宇壮大なものである。

四兆円構想発表当時の昭和五十五年六月九日、新日鉄相談役の稲山嘉寛《いなやまよしひろ》が、経団連会長就任の記者会見で、ずばりこう語った。

「スーパーみたいな第三次産業への設備投資には、問題がある。スーパーなどへの投資は、単に客を奪いあう過当競争を招くだけだ。その点、鉄は基幹産業だから投資の波及効果も大きい」

この発言を知った中内は、ただちに大阪で記者会見を開いて反論した。

「稲山会長の発言は、時代錯誤もはなはだしい。スーパーへの投資は、消費者大衆に十分に還元される。社会的波及効果は、鉄になんら劣るものではない！　要するに第二次産業以外は産業として見ていない幼稚さをはからずも暴露した。時代の変化についていけない人が、産業界を大局的にまとめていく経団連のトップにいるのは残念だ。もう少し経済を勉強する必要がある」

中内は、怒り狂った。日本チェーンストア協会会長の西川俊男《にしかわとしお》（ユニー社長）に、正式に抗議させてもいる。

「事と次第によっては、日本チェーンストア協会の経団連脱退も辞さず」

稲山会長は、西川会長にただちに発言の取り消しを電話で連絡した。

この反論で、東京財界に、「中内は生意気だ」という雰囲気が生まれたという。

「稲山会長が、『おれの眼の黒いうちは、中内を財界からほしてやる！』といった、という噂が流れたくらいです。中内も、負けん気の強い男ですからね。それなら、中内㓛がなんぼのものか、東京の財界人たちに見せてやろやないか……と、四兆円構想実現にいっそう意地を燃やした」（経済記者）

前にも少しふれたが、ダイエーは、昭和三十九年（一九六四）から松下製品を扱っていた。ところが、定価の一五パーセント引きまでは松下も認めているが、ダイエーは二〇パーセント引きで売り出した。ただちに、松下は納品を拒否してきた。やむなく松下に仕入れルートがわからないような手段で松下製品を調達したが、問屋がすぐわかり、出荷停止になる。

中内は、かつて精肉業者から圧力をかけられ枝肉の仕入れルートが止められたときも、そのまま黙って引き下りはしなかった。圧力をかけられればかけられるほどいっそう闘志を燃やし食ってかかるタイプである。

中内は、主婦連をも自分の味方につけ巻きこみ、天下の松下電器産業に食ってかかった。

「メーカーが価格を前もって決めるのは、けしからん。価格の決定権は、売る側にある」

昭和四十二年（一九六七）九月には、松下電器産業を相手どり、独禁法違反の疑いで提訴している。

もし財界が、スーパーを一段低くみるなら、四兆円の売上げをあげそのパワーをものみせてやろう、という気になるのも、いかにも中内らしい。

中内は、弟の博や力との戦いを、力でねじふせてきた。理屈よりなにより、まず勝つこと。力こそすべてである、という信仰にも似た考えを持っている。その根底には、凄まじいコンプレックスがある。再三述べてきたように、そのコンプレックスを逆にエネルギーにかえ、戦闘性に磨きをかけていき、日本一のダイエーをつくっていった。日本の流通業界を変革していった。

中内の敵は、兄弟から、松下に代表されるメーカーに、そしてスーパーを一段低く見る財界へと移ってゆく。

そしてそれは、中内の経営戦略でもある。彼が影響を受けた毛沢東は、絶えず大きな敵を設定することにより、自らを鼓舞し、ともすれば眠らんとする中国人民の闘争心を奮い立たせた。

中内もまた、絶えず大きな敵を、目標を、設定し、掲げ、おのれを鼓舞し、同時に社員たちを奮い立たせる。一兆円の次には、四兆円の目標が必要であった。その四兆円構想の柱は、新しく百貨店部門に進出することであった。

## スーパー商品と百貨店商品との差が問題

百貨店——なんといっても、小売業の華である。百貨店からみれば、スーパーがいかに売上げをあげようと、八百屋か薬屋の成り上がりという程度にしか見ていない。中内にしてみれば、名実ともに小売業の王者、流通王になるには、かつては百貨店を批判していたものの、なんとしても百貨店を持ちたい、と思っていたのではあるまいか。

その点、イトーヨーカ堂社長の伊藤雅俊には、いっさい百貨店指向がない。徹底している。日経流通新聞編集長の吉田安伸《よしだやすのぶ》が語る。

「伊藤さんは、昭和三十六年（一九六一）ごろ、スーパーでいくか、それとも百貨店にするか、ずいぶん悩んだ。でも、渡米して、スーパーを視察し、スーパーでいこうと決意したんです。それ以来、百貨店には見向きもしない。百貨店は、ありていにいえば、格好いいですからね。中内さんとしても、やりたいと思って当然です」

ダイエーは、四兆円構想を発表するや、さっそく提携先探しに欧米に飛んだ。五月には、パリのオ・プランタンと提携している。

その間の事情について、日本リテイリングセンター・チーフコンサルタントの渥美俊一《あつみしゅんいち》が語る。渥美は、中内が傾倒してやまない、日本流通業界の教祖的存在である。

「欧米ではね、格好いい名前がなかった。結局、プランタンという名前しか残っていなかった。それで、プランタンと提携したわけです」

しかし、オ・プランタンと提携してフランス名の格好いい名前は獲得できても、難問が控えていた。商品ルートの開発であった。それまでダイエーが扱っていたスーパーの商品と、百貨店の商品は、大きくちがう。

たとえばワイシャツ一枚でも、まったくちがう。仮に、糸で縫ったり、ボタンを付けたりする工程が、一〇〇あるとする。百貨店の商品なら、まず九十五工程は経ている。これが、小売店となると、八十工程。スーパーなら、せいぜい七十五工程。それだけ、省略がある。素人が見れば、まったくと言っていいほど区別がつかない。が、プロがみれば、即座にわかるという。

そのため、本格的な百貨店に進出するダイエーにとって、問屋ルートをつかむことは絶対に不可欠であった。いかにしていい問屋をつかむかが、勝負である。仕入れがすべて。既存の百貨店は、問屋網が一応、確立している。問屋というのは、封建的である。なかなかダイエーになびかない。

海外ブランドも、イブ・サンローランやカルダンのような有名ブランドは、提携しないと販売できない。海外で残っているブランドは、ろくなものはないといわれていた。少くとも、知名度のあるブランドは、他社と提携している。残された道は、ブランドを育てるしかない。しかし、これは至難の業。まかりまちがえば、三越スキャンダルで話題になったカトリーヌみたいになりかねない。そこで、中内が提携先として白羽の矢を立てたのが、髙島屋であった。

渥美が語る。

「問屋をつかむのは、本当に難しい。問屋の百貨店への忠誠は、想像以上です。プランタンが新しく百貨店の問屋ルートをつかもうとすることは、敵に完全に包囲された南米で独立運動を起こすようなものです。困難きわまりない。その問屋ルートをつかむために、髙島屋が必要だったわけです」

しかし、髙島屋への提携の迫り方たるや、いかにも中内らしい強引さであった。

オ・プランタンと提携した一ヵ月後の昭和五十五年（一九八〇）六月ごろから、ダイエーは髙島屋に百貨店部門のためにつくった新会社オ・プランタン・ジャポンへの協力を申し入れていた。

同時に、津田沼でイトーヨーカ堂と熾烈な戦いを繰り広げていたから、その対策として、津田沼髙島屋を買収することも申し入れていた。

髙島屋としては、「ダイエーとは提携しない」という基本方針を貫きながらも、不採算店の津田沼髙島屋を譲ることでは含みを残したいために、ダイエーとの接触の糸口は持っていた。

そこで中内は、ひそかに、株の買い占めで悪名高い京都の医療法人十全会《じゅうぜんかい》から髙島屋の株二二〇〇万株を取得していた。髙島屋発行株式の、一〇・五パーセントにも当たる。

ところが、年の明けた昭和五十六年（一九八二）一月二十六日、日本経済新聞の朝刊が、『髙島屋の株を取得したのは、ダイエーか』とスッパ抜いてしまった。ダイエー側は、あわてた。その夜の午後九時に、緊急の記者会見を開き、次のように発表した。

「ダイエーの関係会社であるオ・プランタン・ジャポンに、髙島屋が出資。ダイエーは、十全会が買い集めていた髙島屋株をすべて取得していたが、これを早急に髙島屋に売却する」

しかしこの席で、髙島屋の株の入手方法が問題になった。真相を解明せよ！と大変な騒ぎとなった。

翌二十七日、両者は、株の動きに関し、共同見解を発表した。

「髙島屋は、ダイエーに十全会保有の髙島屋株の買い取りを要請し、ダイエーは、これを引き受けた」

これは、まったくの嘘の発表であった。

ところが、一月三十日、今度は髙島屋の飯田新一《いいだしんいち》社長が突然記者会見をし、爆弾発言をおこなった。

「ダイエーとの提携関係は、白紙撤回する！」

つまり、飯田社長は、「ダイエーに髙島屋株の取得を依頼した覚えはない」と怒り、飯田鉄太郎《てつたろう》副社長や中込取締役らが、ダイエーと手を組み、社長の座を狙っているのではないか、と内紛説まで飛び出した。

あげくのはて、飯田副社長は独断専行したと糾弾され、数ヵ月後に非常勤取締役に降格。それからしばらくして死亡。中込取締役は、関連会社に転出させられてしまった。

## 不成功に終わった髙島屋との提携

髙島屋との提携は、ついに暗礁に乗り上げてしまった。百貨店側に、「成り上がりのスーパーごときに……」というスーパー・アレルギーが強かったせいでもある。

昭和五十六年（一九八一）二月五日の日本商工会議所の定例会見で、次期会頭の呼び声が高い東急電鉄社長の五島昇《ごとうのぼる》も、髙島屋の騒動に触れ、中内㓛の強引さを批判した。

「お公家さんと野武士の争いみたいだな……」

もちろん、公家は髙島屋で、野武士はダイエーを指す。

「今回の問題は、そもそも、スーパーが体質のちがうデパートの株を持ったところにある。まあ、お公家さん側にもいろいろお家の事情があるようだが、こんなやり方をつづけていくと、中内㓛氏は、しまいには、織田信長になるね」

つまりは、一度は力で天下を抑えても、このまま力で押しつづけてばかりいると、結局は信長の最期のようになるのでは……と戒めているわけである。

中内とすれば、財界主流にもの見せてやろう、といって打ち上げた四兆円構想の花火の一端としておこなっているわけであるが、結局は裏目に出てしまった。

二月二十四日、見かねた両者の主力銀行である三和銀行が、仲介に乗り出した。赤司俊雄《あかしとしお》頭取が、仲介案を出した。

「問題の株二二〇〇万株のうち、一〇〇〇万株を、髙島屋側に売却する」

「髙島屋は、その見返りにオ・プランタン・ジャポンに資本金の一〇パーセントを出資するほか、人材派遣、商品に関する指導、提供などをおこなう」

「残りのダイエー側保有の株式一二〇〇万株については、今後協議する」

しかし、ダイエーは仲介案通り髙島屋に一〇〇〇万株売却したものの、髙島屋はいっこうに協力しようという気配がない。

提携話の進まぬ苛立ちに、昭和五十八年（一九八三）三月八日、中内は東京丸の内の東京商工会議所で記者会見し、髙島屋問題について憤懣をぶつけている。

「大株主としての扱いを受けていない感が強いね。将来の展望を、求められなくても説明するのが、株主への義務じゃないのかね。いまは、決算の報告を待つしかないやろね。提携で、かえって業績が悪くなることもあるし、展望は聞いておかないと……三越を見ても、かならずしも、儲かる時代ではなくなっていますからね」

そのあと高島屋からどのような人材がほしいか、と訊かれ、

「社長はともかく、それ以外の従業員や役員は、十分使えるんじゃないかな……」

とにやりとしている。いかにも中内らしい皮肉といえよう。

グループに西武百貨店を持つ西友常務取締役の高丘季昭《たかおかすえあき》が、ダイエーの百貨店進出の焦りについて冷ややかに語る。

「日常商品とちがって、高級専門商品を扱うのが百貨店です。この高級専門商品の問屋というのが、難しい。金を積んだからといって、おいそれと商品を出さないんです。長いあいだ培われてきた、伝統というか、しきたりがある。量で売るものではありませんから。それを押さえながら、ちゃんと品揃えをしなくては、いけません。正直言いまして、ダイエーさんの持ってるルートでは、百貨店の品揃えは不可能です。その焦りもあって、高島屋さんがなんとしてでも欲しかったんでしょうね。商品仕入れ、人材をパッケージで手に入れたかったんでしょう。しかし、高島屋からみれば、ダイエーと提携しても、なんのメリットもない。考えられるのは、資金面だけ。だけど、資金なら、なにもダイエーに援助を仰がなくても、銀行から、借りればいいわけですからね」

## 五番館との提携、残すは調印のみに

中内は、髙島屋で苦い目にあいながらも、次に札幌の老舗百貨店五番館との提携を狙った。五番館は、道内一の格式と伝統を誇るデパートである。札幌駅前にある。しかし、昭和五十四年（一九七九）から赤字に転落していた。髙島屋に救いを求め、人材と商品の提供を得ていたが、業績も回復しないまま、昭和五十六年（一九八一）二月に契約が切れることになっていた。

五番館との提携を狙ったダイエーは、昭和五十五年（一九八〇）五月はじめ、小田直司《おだなおし》五番館社長に提携を申し入れた。中内も、東京溜池のホテルで小田社長と会っている。小田社長は、七〇パーセントの株を持つ絶対的オーナーである。しかし、不在地主のようなものであった。ほとんど東京にいた。現地の札幌へは、株主総会か、よほどのことがないかぎり足を運ばなかった。

ダイエー側は、申し入れた。

「五番館の自主性を尊重します」

ところが、翌昭和五十六年三月六日、函館に函館西武がオープン、そのオープニングパーティ会場で、小田社長と西武百貨店会長の堤清二が懇談。西武側も、提携を申し入れた。

ダイエーか、西武か――現地の役員が検討を重ねた。

「西武と提携すれば、吸収合併される。五番館の名は消される。西武の名に変わる」

「西武グループの笠に入るより、自主性尊重のダイエーの方がいい」

白熱した議論の末、ダイエーを提携先に選ぶ、という結論に達した。

労組も、これを承認した。

じつは、ダイエーは、十字屋との提携で、十字屋の労組に痛い目にあっている。

ダイエーは、昭和五十一年（一九七六）当時、東京進出の足がかりを築くために、提携先を探していた。十字屋は、大正十二年（一九二三）創業で、首都圏を中心に当時店舗二十三店、売上げ六一四億円、従業員約三〇〇〇人の中堅百貨店であった。十字屋は以前にも長崎屋に株式を四〇〇万株買い占められた経緯がある。このときは、事前に表面化した。提携話まではいたらなかった。このことがきっかけとなって、十字屋は丸紅グループに入った。しかし、昭和四十八年（一九七三）に赤字無配に転落。昭和四十九年（一九七四）十月プロパーの鈴木寿郎《すずきとしろう》社長が退陣。久保房吉《くぼふさきち》丸紅常務が、社長に就任した。その後、労使一体となり再建を目指していた。労働組合は定期昇給を除く賃上げゼロ、隔週二日休日の返上、希望退職の実施など全面協力を惜しまなかった。経営陣も、久保社長の両脇を十字屋生え抜きの鹿野由助《かのゆうすけ》、今野芳雄《こんのよしお》両常務が固めていた。

ダイエーは、十字屋の発行株数のほぼ四分の一近い二四・八パーセント、一三六五万六〇〇〇株を取得し、強引に提携を迫った。

ところが、昭和五十一年十一月十三日、『日本経済新聞』と『朝日新聞』の両紙に、ダイエーの十字屋株買い占め、提携を迫ったことがスクープされた。当日、ちょうど第十六回十字屋組合定期大会が開催された。その席で、川勝章《かわかつあきら》十字屋労組委員長は、ダイエーを糾弾した。

「ダイエーの具体的な条件提示のない一方的な提携に対しては、われわれ労組は、断固反対する！」

同時に、東証会館記者クラブへ行き声明文を読み上げた。

「われわれは、ダイエー側の提携に対して、労働条件、提携後のメリット等につきなんらの具体的な案のないかぎり、反対する」

労組を軽視していたために、労組からの強い反撃を食ってしまった。

経営者側も、労組の強い後押しがあることに意を強くした。労組の記者会見から三日後、東京証券取引所で記者会見した。その席で、十字屋の鹿野由助常務は、ダイエーへの怒りをぶつけた。

「ダイエーの一方的提携申し入れに対し、当社幹部、労働組合、取引先は、揃って強い拒否反応を示している。十字屋にとって提携のメリットは、なにもない。業績回復のメドもついたので、社員の血と汗の貴重な財産を大切にしたい。当社は、永年キリスト教精神でお客様に奉仕しているプロパー社員で構成されており、ダイエーとは経営体質をまったく異にする」

ダイエーは、十字屋の労組の反撃に懲りていた。五番館との提携のためには、労組を抱きこむ作戦に出ていた。

五月十八日、五番館の役員会が開かれた。この席で、ダイエーとの提携が決定された。小田社長も、現地役員の意思に従った。

「きみたちがそこまでいうなら、ダイエーにしよう」

五月二十三日にダイエーと提携調印し、記者発表する手はずまで整えられた。

## 無念！　西武に〝提携〟さらわれる

ところが、西武側から横槍が入った。西武百貨店社長の坂倉芳明《さかくらよしあき》が、東京プリンスホテルで五月二十三日に小田社長に会った。坂倉社長は、小田社長を説得した。

「これまで誤解があったようだが、西武としては、できるかぎりのことはしたい」

二日後の二十五日、日経新聞がすっぱ抜いた。

《西武――五番館全面提携》

この逆転劇に、現地役員と労組が反発した。特に労組は、

「組合としては、ダイエー支持」

を対外的にアピールした。

労組は、小田社長を追及した。

「西武と提携すれば、人員整理までおこなわれかねない！」

小田社長は、労組の追及の前に、「ダイエーと提携する」と約束した。確認書まで取り交わした。

小田社長の心は、ゆれにゆれる。

ところが、七月二十四日、小田社長が突然に五番館専務室へ顔を出した。《提携白紙撤回申入書》を持っていた。それを、ダイエーに届けるよう命じた。

その後、ダイエー、西武、小田社長支持派社員、小田社長反対派社員、労組と入り乱れ、暗闘を繰り広げた。

その結果、ついに七月二十九日夕方、小田社長は記者会見を開いた。

「ダイエーとの提携を、白紙撤回いたします」

ハッキリと、ダイエーを蹴ることを表明した。同時に、

「イコールパートナーを選択する」

と、西武との提携を匂わせた。

翌昭和五十七年（一九八二）二月十八日には、正式に西武との提携がおこなわれた。ダイエーは、二転三転ののち、完璧な敗北を喫したわけである。

ダイエー側は、小田社長の変節を怒る。

「明らかに、向こうの契約違反です。正式な覚書きも、ちゃんとうちの手元にあります。たしかに、小田社長は、スーパーであるうちとの提携には乗り気ではありませんでした。しかし、小田さんとうちの社長が会ったとき、小田さん、こう言ったんです。

『わたしは東京にいて、経営は現地役員の意見に従っているから、あなたの方から現地の方にアプローチしていいです』

だから、わたしどもは札幌の方へ飛んで交渉したわけです。札幌では、役員だけでなく労組も、うちとの提携を喜んでくれました。ところが、吸収合併案だった西武が、うちよりもいい条件を出した。そのとたん、小田さんが、そちらに寝返ったわけです。西武さんは百貨店をお持ちだし、西武の社長の坂倉さんと小田さんは慶大のラグビー部の先輩・後輩の仲ですからね。うちとしては十分に、向こうには手をつくしています。それで、ああいう結果になったわけですから、本来なら、小田さんの方から、なんらかの挨拶があってしかるべきだと思いますね。もちろん、なんの挨拶もなしですよ」（ダイエー幹部）

五番館事件の当事者でもある西武流通グループの西友常務高丘が、余裕を持って語る。

「五番館も、髙島屋と同じことでしょうね。五番館としては、ダイエーと提携しても、なんのメリットもない。小田社長は、むしろ、スーパー化することを恐れたんじゃないですか、あれは。

それに労組と話し合いがついていた、といわれてる。それも、小田社長は、おかしいと思ったでしょうね。あそこは労組の強いところです。それが、提携が労組主導でおこなわれたら、労組管理会社になってしまう、そう思ったんじゃないですか。小田社長は、いわば不在地主的なところがありましたからね。しかし全株の七〇パーセントを持ってるわけですから、資本の論理という点でいえば、小田社長の意向を無視しては、何もできない。五番館に限らず髙島屋さんとの提携にしても、ダイエーさんの見通しは甘い。十字屋さんとの場合は、株さえ買えば資本の論理で大丈夫だと思っていたようですが、組合の激しい抵抗で暗礁に乗りあげてしまった。五番館の場合は、組合対策は十分だったようですが、今度は一番大切な資本の論理を忘れてしまった」

## 「野球は西武、買い物はダイエー」の所沢店オープン

怒った中内は、小田社長をののしった。

「小田社長は、経営者失格や！」

小田社長にインタビューを申し込むと、小田社長は、

「いまさら話すことは、なにもない」

と素っ気ない態度を見せながらも、よほど中内の労組を抱きこんだ強引なやり方が腹に据え

かねたらしい。

「中内さんは、札幌のオ・プランタンをやるのに、うちのノウハウが欲しかったんでしょうね。うちみたいな一地方の百貨店なんて、そんなに役に立たないのに……むこうには、うちの労組までついちゃったんだな……。西武さんとなぜ提携したかって？　西武には、スーパーと百貨店の両方ありますからね」

名門意識の強い小田社長にしてみれば「たかがスーパーの成り上がりに……」と屈辱で体が震える思いなのであろう。

中内について話を切り出すと、興奮してきた。

「中内は、おれのことを、経営者失格なんて言ったけど、結局、あっちが負けたんじゃないか！」

中内は、五番館をめぐっての西武との闘いには敗れたが、昭和五十六年（一九八一）十一月二十六日、西武グループの本拠地である埼玉県所沢市に、ダイエー所沢店を華々しくオープンした。地上七階、地下一階、売場面積一万八〇〇〇平方メートルもある本格的GMS（ゼネラル・マーチャンダイジング・ストア）、つまり百貨店スタイルの大型店であった。二〇〇メートル離れた所沢駅前の西友の売場面積が三二〇〇平方メートルだから、六倍近くの広さだ。新潟店、福岡店、鹿児島店と並ぶ、ダイエーを代表する大店舗である。

西武側はこのときもまた、陰湿な抵抗をみせた。西武新宿線、西武池袋線、それに西武バス、タクシーと交通網を独占している西武側は、ダイエー所沢店オープンを知らせる広告を拒否したのである。

ダイエーも、負けてはいなかった。「うちは、チラシ重視主義」と、「オレンジアーミー」作戦を繰り広げた。電車の空いた時間帯に、女子学生や若いモデルを三人一組で西武線車中を歩かせたのであった。彼女たちの背中には、ダイエーカラーのオレンジ色のマークと、文字がプリントされている。〝動くチラシ〟を狙ったわけである。

「オレンジカー・キャラバン」というゲリラ的広告活動も繰り広げた。「オレンジアーミー」が50ccのミニカー五台を一編成として西武城下町所沢の周辺を駆け回った。

ビッグイベントは、「オレンジウォーク'81」であった。新宿住友ビル—ダイエー所沢店前—所沢駅公園の特設会場の二十五キロコースと、特設会場——市内——特設会場の十キロコースの歩け歩け運動を繰り広げた。新聞で参加者を募ったところ、両コース合わせて二〇〇〇人近い応募者があり、この二十三日に大デモンストレーションがおこなわれたわけである。ダイエー側は、参加者全員に、ダイエーカラーの帽子を無料提供。胸と背中にはゼッケン。西武沿線住民、所沢市民への強烈なアピール効果をおさめた。

二十五日には、所沢店七階で「東栄ビル竣工・ダイエー所沢店開店記念パーティ」が華やかに開かれた。このセレモニーには、所沢の城主ともいうべき堤義明西武鉄道グループ総帥も出席した。

その堤を前に、中内が挨拶に立った。

「若干売り場面積が足りない感じもしますが（爆笑）、いやこんな面積いただけて幸せです……」

そのあと記者会見になると、本音も飛び出してきた。

「所沢店にライオンズ・コーナーもつくったし、地元にとけ込んでいきたいですね。西武とのことを言われるが、オーナー同士は仲がいい（笑）。プロ野球と一緒ですわ。ただ現場に頑張ってもらわないと困るが（笑）。所沢出店が難しかったのは事実だが出店した以上は、今後所沢を八十万、一〇〇万商圏の中心的存在にしていきたいと思っております」

最後は、次の言葉で結んだ。

「野球は西武、買い物はダイエーです」

## 銀座大戦争に生き残るための条件

オ・プランタン第一号店は、髙島屋、五番館との提携が得られないまま、昭和五十六年（一九八一）三月、ダイエーの本拠地ともいうべき神戸三ノ宮にプランタンデパート三ノ宮としてオープン。昭和五十七年（一九八二）六月、二号店プランタンデパート新札幌がオープン。昭和五十九年（一九八四）の一月には、三号店プランタンデパート千日前が、大阪千日前にオープン。四月には、有楽町の読売新聞社跡地に、四号店である銀座店が華やかにオープンされた。地下四階、地上七階の本館と、別館の二棟建。二階から七階までが売場で、延べ面積は、五九〇〇坪。

銀座には、その他、西武が同年十月に有楽町西武、阪急が有楽町阪急を、同じく十月に有楽町マリオン内に仲良く進出し〝マリオン現象〟と呼ばれるほどのブームを巻き起こした。

すでに、松屋、三越、松坂屋、そごう、阪急数寄屋橋店がある。さらにこれら三店が加わるとなると、およそ一キロ四方に、百貨店が八店もひしめきあうことになった。まさしく銀座大戦争である。この戦争で、全店が生き残ることはありえない。かならず食い合いになる。どの百貨店かが、撤退せざるをえなくなる。

ダイエーの百貨店部門が成功するかどうかの鍵を握る銀座店が、はたしてうまくいくのか。

銀座でのライバルである松屋営業企画部営業企画専任の広瀬弘光《ひろせひろみつ》が、首を傾げる。

「中内さんの、流通業のすべてを変えさせるコングロマリット化がしたい気持ちはわからないではありませんが、専門家は失敗する、と言ってますね」

その原因を、専門的立場から次のように細かく分析してみせる。

第一に商品が少ない。ダイエーはもともとスーパーだから、百貨店商品が薄い。百貨店商品を仕入れるルートがない。フランスのプランタンから持ってくるといっても、フランスの商品でよいのは、ワインくらい。洋服も、サイズが合わない。有名ブランドのライセンスは、他のデパートにすでに抑えられている。西武は、一二八ブランドも持っている。全部日本でつくるのは、金がかかりすぎる。

第二に、人の問題である。スーパーという業種は、アメリカから来た。店員たちの動き、商品の並べ方、客への応対、全部マニュアルが決まっている。百貨店はそうではない。客の動きに合わせなくてはいけない。似合っていなくても「お似合いです」とお世辞の一つも言わなくてはいけない。商品知識、マナーも大切だ。客が試着しているとき、スーパーの店員の感覚で、じっと見ているだけでは駄目である。お世辞を言い、客に手を貸し、今年の流行を教える……ありとあらゆる面にキメ細かいサービスがいる。

百貨店は、ある意味で地場産業である。銀座の百貨店なら、銀座らしさを出さなくては売れない。スーパーは、売っている物は全国同じで構わない。そのちがいを、どう克服するか。スーパー出身には、難しい。もちろん、三越や高島屋などから人を入れてはきているが、まだ教育途上である。特に日本の百貨店は、キメの細かさでは世界一である。たとえば、ニューヨークでは、食品がある百貨店は一店だけ。あとはスーパーにやらせておけ、という姿勢である。屋上の遊園地も、食堂街もない。催し物も、あちらは月単位、こちらは週単位。スーパー出身者が、世界一キメ細かな日本の百貨店をやっていけるか。おそらく難しい。

第三は、百貨店は金がかかる。建て物も、同一面積当たりスーパーの三倍はかかる。一店三〇〇億円はかかる。いま、伸び悩みの百貨店業で、それだけの金をかけ、見合うだけの儲けがあるのか。それに借地だから、インフレで購入地価が将来相対的に安くなることもありえない。インフレに見合った賃借料の値上げがあるだけだ。

その意味では、迎え撃つ百貨店としては、スーパーとして出店してきた方が恐い。資料をみても、オ・プランタンは、既存百貨店とまったく同じ、すべてを揃えた「百貨」店になる。同じ土俵の勝負なら恐れることはないという。

では、オ・プランタンを成功させるにはどうするか。広瀬が、皮肉たっぷりのアドバイスをする。

「まず、髙島屋を嚇かして、百貨店のルートを開く。商品の薄さをこのルートでカバーする。あるいは、地方の潰れかけの百貨店を買収して、そのルートで入ってきたものをプランタンに回す、という手もある。次に人手不足。スカウトをもっともっとやる。係長くらいの若手、男女差別で年をとってもウダツの上がらぬベテラン女店員などを引っこぬく。中内サンは英語が好きですから、彼らにスーパー・アドバイザーとかうまく役職名をつけてやらせればいい。戦略としては、銀座百貨店が切り捨てている層を狙う手がある。いま、われわれは若い人を切り捨てている。そんな人向けに、価格は安く、しかもいい感覚、センスのものを売っていく。事実、ある専門家が、われわれに『若い人を客層から切り捨てているが、そのあたりを、安い価格を武器にすくわれたら、どうするんだ』とアドバイスしてくれたこともありますからね」

つまりは、スーパーさんは、スーパーさんらしくおやりなさいと軽くいなしているわけである。

## エンタープライズの銀座店を核に一〇〇〇億

オ・プランタン・ジャポン代表取締役の田辺寿《たなべひさし》が、周囲の声に反論する。

「プランタンも、会社をつくって、三年目ですからね。まだまだ、これからです。業績の伸びは、当初予想していたものとくらべると、一年ぐらい遅れてますね。助走力が弱かったので、これからは、営業力さえ強めていけば、大丈夫です。助走力は、できつつありますよ。手ごたえが出て来ましたから、あとは、商品の回転が問題ですね。売上げ実績ですか？　三ノ宮と新札幌の個々の売上げは、勘弁してください。プランタンは、一年一店でやっていきます。銀座店まではね。だから、利益については、長い目で見てほしい。百貨店の利益は、五年から七年はかかりますからね。そりゃ最初は、累積赤字もたまりますよ。金額？　それも、ノーコメント。なぜ一年に一店舗出していくかというと、デパートメントストアとしての量が必要だからです。

だから、五店舗を、三十年がかりで出すのでは、まずいわけです」

現在のプランタンは、まだ小さいが、売上げにおいて、将来はグループ全体の一割は占める。少なくとも、プランタンだけで、一〇〇〇億円。デパートメント事業部門で、二〇〇〇億円を越える目標であるという。

「あとは、営業力をつけるだけです。二十代、三十代が主力です。生活感覚の新しい人、ライティ・カジュアル感覚です。この年代の人は、暮らしにはお金をかけないが、日常を楽しもうという人たち。どんどん外に出て、楽しみを探す世代です。そういう意味では、奥さんから外さんの時代ですね。彼女たちの行動パターンを分析して、ソフトウェアを考えなくてはなりません。銀座店の内容は、いろいろ戦略がありますのでくわしくは申し上げられません。ただ、ファッション専門店で、かなり個性的な店にしたいと思っています。銀座店は、なんといってもプランタンの核にしていきたい。他の店は、規模として、駆逐艦や巡洋艦でしたが、銀座店は、いよいよエンタープライズの登場です。うちとしては、とにかく売らなくちゃいけない」

肝心の仕入れ問題について訊いてみた。

「うーん、それをいえば、きりがないんでね……。なにしろ、フランスのプランタンは、売上げ七〇〇〇億を越えるデパートメントストアですからね。問屋網は、もうできてますよ。あとは、いかにいい店作りをするかでね。しかし、問屋といっても、ひと昔前の百貨店のように、問屋さえつかんでいれば、商品が売れる、という時代ではなくなってきている。むしろ売場の問題ですね」

しかし、前にもふれたように、オ・プランタンこそダイエーのアキレス腱になる、とのライバルスーパー幹部の声がある。オ・プランタンの赤字は二十億円といわれているが、この赤字が、一〇〇億円になるのは、アッという間。それが五〇〇億円になると、ダイエー本体でもまかないきれなくなり、ダイエー破綻の日がくる、とまで言うのだ。

## 二〇〇円ラーメンと五十円ラーメンのちがいで勝負

中内は、このような声の中で、オ・プランタンについてどのように考えているか。

「オ・プランタンは、ダイエーとのちがいをはっきりさせるために、やっとるんです。ダイエーのアンチテーゼが、プランタンなんです。つまり、座標軸を、はっきりさせたいんだ。ダイエーの座標軸を決めるために、細分化していこう、ということでね。雑誌社だってそうでしょ。前は、婦人画報とかで広い年齢層の女性をまかなっていたけど、いまは、婦人倶楽部とか、いろいろと年齢層によってそれぞれの婦人雑誌があるでしょ。クラス別に分けられてきている。そうして明確化することによって、雑誌自体も、変わってきてますよね。われわれは、品揃えの時代から、店揃えの時代に入った、と思ってる。雑誌社が、ＴＰＯに応じ、読者層別に分けて出してるようにね。だから、雑誌と同じだよ。われわれも、店揃えが必要なんです。いくら生活形態が向上し、変化したところで、よい品をどんどん安く、というのは変わってない。ただ、内容は変わりつつある。これは、高級化でもなんでもない。TPOがちがってきている。たとえば、二〇〇円のラーメンと五十円のラーメンがあるよね。これは、使う場所がちがうんでね。それぞれは、変わりない。二〇〇円ラーメンが、高級品じゃないんだ。新製品ということでね。五十円ラーメンは、大人が、単身赴任者なんかが、夜食の代わりに食べるラーメンでね。五十円ラーメンは、こどもが、スナックのように食べる。だから、五十円が二〇〇円に高級化したのではなく、新製品だということ。オ・プランタンは、そんなに高いものを売ろうとは、考えていない。本体とプランタンをはっきり分けるためにやってる。ダイエーの百貨店化を防ぐために、いろいろやってるんです。

ダイエーとプランタンの差別化を考えてる。だから、新しいデパートメントストアをつくったんです」

わたしが中内㓛に初めて会ったのは、『週刊文春』の記者時代の昭和五十七年（一九八二）であった。取材ではなく、いずれ中内を描きたいと思い、会って食事をしたのである。

中内社長は、メッシュの魚つり用のベストを着ていた。左右それぞれ三つずつ計六つもの袋のようなポケットがついていた。そのポケットの中には、紐《ひも》つきの懐中時計、手帳が四冊、ボールペンが十数本、小型のカメラ、薄い電卓まで入っていた。

ボールペンは、赤、青、緑と色とりどりで、色によって内容を分け、一目でわかるようにしていた。日によって気分を変えるため、その日の気分にあった色を使うこともあるという。小型のカメラは、支店を見回りするとき、気がついたことがあるとすぐにシャッターを押す。あとでその写真をもとに、注意を与えたり分析したりする。

「うちの店だけやなく、街を歩いていて、他のスーパーをふらりとのぞいて参考になることがあると、すぐにカメラに収めるんや」

薄い電卓は、話の途中、すぐに取り出し、数字を弾き、「そら、大変な利益率や！」というように相槌を打つためにあるという。

そのような説明をする中内社長の稚気を、ほほえましく思った。

わたしは、その当時『週刊文春』の記者をしていて、

「週刊誌の売れゆきは、東京六、大阪三で、あとの一が全地方です」

と言うと、さっそく手帳を取り出し、メモをした。中内社長の興味を示すポイントが面白かった。

## 「中内イズムの夢を追って長距離全力疾走」

イトーヨーカ堂の幹部の眼は、冷ややかである。

「うちの場合、関連子会社は、すべてスーパー・イトーヨーカ堂の延長上にあります。小売業から一歩も出ていません。その点、ダイエーさんは、レパートリーがちがいます。スーパーを越えています。クラウンとかホテルとか、いわゆるコングロ・マーチャンダイズになっています。小売業という本来の業態を越えて拡がった場合、オーナー社長というのは、スーパーマンであってもすべてを見るというのは困難だと思います。ワンマンのオーナー社長であればあるほど、業態ごとの権限委譲というのは難しい。大きくなればなるほど、本当は適材適所が必要なんでしょうけどね」

ダイエーとイトーヨーカ堂は、事業計画における見通しのタームが、対照的である。

ダイエー専務の野村昌平《のむらしょうへい》が語る。

「中内は、将来にそなえ、いま盛んに種をまいている。イトーヨーカ堂さんは、現在の数字ばかりを考えている。わたしはかつて三越にいたから実感としてわかるんですが、岡田茂《おかだしげる》さんは、社長時代、目の前の数字ばかり考え、新店舗を出すことをしなかった。いまになって三越の社員たちはつらい思いをしています。現在、うちの業績は厳しくうつるかもしれませんが、あとになって喜べるのは、われわれダイエーの社員です」

イトーヨーカ堂の幹部も、そのちがいは認める。

「たしかに、ダイエーは中内イズムの夢を追っている。将来を考えている。うちの場合は、事業計画のタームが短い。短い分だけ狂いが少ない。だから、高度成長期でも低成長期でも、それなりに対応ができます。その点ダイエーさんの場合、軌道修正というのが、難しいかもしれませんね。いつの間にか、大きく軌道がはずれてしまう、という可能性だってありますからね。なにしろあそこは、長距離を全力疾走するようなところがありますから。また、事業目標が高い分だけ、事業計画が荒い。高度成長の場合は、その荒さを包めます。しかし低成長時代では、質が素材としてあらわれるんです。それなのに、ダイエーさんは高度成長時代の体質が少しも抜けていない。投資をみても、インフレ型で採算性がラフですねえ。うちなんか、とても恐くて真似できないことです。うちの場合、短期タームで見返りが少ししか計算できないなら、どんなに、将来がバラ色の可能性があってもやりませんよ。現在、高度成長にのってきた大型店の収益が落ちています。うちでは、その贅肉《ぜいにく》を落とすのに必死です。拡大のための余分な投資などとてもできません。その点、ダイエーさんは、量が質を制すると考えていますからね。どんどん拡大のための投資をする。うちは、質は質でしかないと思っていますから、ひたすら、生産性を高めるための贅肉落としをやっているわけです」

イトーヨーカ堂とダイエーのこのような戦略のちがいは、即、伊藤雅俊と中内㓛の性格のちがいということであろう。渥美俊一が、二人を比較する。

「中内さんは、ナンバー1戦略、より正確にいうと、フロンティアスピリットを持った男、それに尽きるね。いつまでも青年だ。伊藤さんは、人類の経験法則の上に、築いていくタイプ、いわば、先例に学ぶタイプだね。あらゆる点で、中内さんの方がワイドだね」

しかし、経営的には中内が苦境に立たされている。が、中内は、あらゆる批判をよそに、四兆円構想案のために、なお可能なかぎり子会社を増やしつつある。ダイエー幹部に中内に代わってその心境を代弁してもらうと、次のようになる。

「本体に余裕があるからこそ、子会社に投資できるんや。もし、余裕がなくなりかけ、ギリギリになっても、投資しつづける。あくまで瞬間的な赤字なら、なお投資しつづける。それを危険だといっても、わたしはやる。それがわたしのやり方や。もし常識的な発想でやってきたなら、今日のダイエーはなかった」

中内は、弟たちへのコンプレックスから、凄まじい闘争心を培《つち》かってきた。戦争、闇屋体験によって、その闘争心にいっそう焼きが入り、〝乱中毒者〟ともいうべき彼独特の体質をつくった。

しかし、いまここにきて、中内を流通革命の旗手たらしめたそのあくなき闘争心が、まかりまちがえばアキレス腱になりかねなくなってきている。

# 第四章

# よりいい商品を大量に、一〇〇円SHOPダイソーの展開

## 矢野博丈の苦労と苦難の連続

創業期の社員たちの苦労は涙ぐましかった。集まってきた従業員たちは、まさに吹きだまりのようにしてやってきたものたちばかり。

社員たちは四トントラックに乗ってそれぞれがスーパーに向かい、店頭販売をおこなっていた。朝六時に出社して現場に向かい、午後八時半に店を閉め、陳列していた商品や什器などの荷物をまとめ、借りていた店頭を掃除し、社に戻ってくるのは午後十時。

それから、翌日分の荷物をトラックへ積み込み、仕事が終わるのは夜中の十二時。そのため、矢野の妻の勝代が夜ご飯を仕事の合間につくり、社員全員で食べた。

ある女性社員は生まれたばかりの赤ん坊を段ボール箱に入れて、巡回販売をつづけた。

ある男性社員は、ファックスもなく公衆電話代も惜しかったので、旅先で商品がなくなると、十円玉をいっぱい握りしめ、洗濯バサミ十箱なら、「洗十」と早口で電話注文した。

そんな過酷な環境の職場に、大学を卒業しトヨタでセールスしていた栗森健二《くりもりけんじ》をはじめ、大卒の人材が三人ほど入社してきた。矢野は、正直気がとがめた。

〈いやー、悪いことしてしもうたのォ。どうせ、うちは潰れるのに、ごめんな……〉

内心で謝りながらも、そのことを顔に出さず、知らんぷりして働いてもらった。

一〇〇円均一の商売をはじめて間もなく、矢野に悪夢が襲いかかることになる。

矢野は、父親が建ててくれた家を自宅兼事務所にしていた。

〈ここまでしてくれて、親ってありがたいのォ。汚してしもたら悪いよな〉

父親の愛情に感謝していた矢野は、畳の上にビニールシートを敷いて、その上に机を置き、事務所にしていた。

当時、矢野が住んでいた周辺の団地で、放火が相次いで起きていた。

しかし、矢野は朝早く移動販売に出かけ、夜遅く戻ってくるため、放火のことを知らずにいた。もし、放火のことを知っていたなら、心配性の矢野はなんらかの対策を講じていたであろう。

ある夏の日のことである。早朝四時ごろ、矢野は大声で起こされた。

「火事じゃ、火事じゃぁー」

飛び起きた矢野は、パンツ一丁でバケツに水をくみ、火を消そうと躍起になった。

〈事務所が燃えとる。なんとしてでも、早う消さにゃア〉

が、火事というものはすさまじいものである。黄色い炎が一面を覆い、玉のように襲いかかってくる。その熱はすさまじい。あっという間に、火柱が上がり、トラックから商品からみな、焼けてしまった。

どうすることもできなかった矢野は、呆然とした。

〈わーっ……、やられた……。これで、店は終わってしもうた……〉

一瞬にして、積み上げてきた財産、すべてを失った。

早朝の火事騒動に起こされた見物人たちも、大勢集まっていた。

それから数時間後、何とか鎮火することができた。

駆けつけていた警察の刑事次長に、矢野は言われた。

「矢野さん、朝の八時半に警察まで来てください」

「えっ、なんでですか。あとかたづけせんといけんので忙しいのに」

「いいから、警察に来てください」

矢野は、言われた通り、午前八時半に警察へ行った。

刑事次長は、明らかに矢野を疑っていた。

「矢野さん、じつは、あんたが火を点けたんだろう。放火魔は、おまえじゃ」

とんでもない言いがかりである。

「なんて、バカな……」

「放火が次々に起こっている。わたしは気づいたんだ。こいつじゃなって」

「どうして、ワシが自分の家に火を点けにゃいけんのですか！」

「いや、あんた、あんだけ火をパンツ一丁で消しよったと。普通あんな大きな火事を自分の家で出すと、髪が逆立つか顎がガクガクになるか、腰が抜ける。それなのに、あんた普通の顔をしちょる。こいつじゃ。まちがいない」

「ワシは、点けていません。なんで、点ける理由があるんですか！　バカなこと言わんといてください！」

それからしばらくして、矢野の疑いは晴れた。警察が、すぐに矢野の損害保険のことを調べたらしい。その結果、損害保険を一円も掛けていないことがわかった。

ちょうど、矢野は、新車のトラックを購入したばかりだった。

矢野は、迷っていた。

「新車だから、損害保険に入った方がええんかな」

販売店の保険担当者が、アドバイスした。

「トラックは自賠責《じばいせき》保険料が高いですし、自賠責でほとんど大丈夫です。入る必要ないですよ」

そう言われた矢野は、そうかと思い、任意の保険には加入しなかった。入っていなくてよかった。

後日、矢野が火災の被害に遭ったことを知った保険担当者が謝りにきた。

「あのときは、すみません。保険に加入していただいておけば、よかったのに」

「まあ、しょうがない」

そう返したものの、内心では複雑な思いであった。

じつは、矢野には放火犯の目星はついていた。

よい植木を抜いて持ってかえるという噂の老婆がいた。その老婆が、放火魔であることはわかっていたが、噂だけで現場を押さえられずにいた。

自宅兼事務所を燃やされた矢野は、怒りでいっぱいだった。

〈よーし、あの婆さんの背中、おもいっきり叩いて、半身不随《はんしんふずい》にして動けんようにしちゃろう〉

夜中、こっそり布団を抜け出した矢野は、木刀を持って、噂の老婆のあとをつけた。

ところが、その矢野のあとを、警察もついてきているではないか。

〈なんじゃ、警察も、あの婆さんが犯人だと知っとるんか〉

矢野の自宅兼事務所に放火した犯人は、とうとう捕まらなかった。噂の老婆に警察が張りついたことで、恐れおののいたのであろう。それから、パタリと放火は止まった。

自分の家が火事に遭った場合、その結果は、ふたつあるという。ひとつは、「変な悪縁のつきはじめ」。もうひとつは、「悪縁を焼き捨てる」。矢野にとっては、後者の「悪縁を焼き捨てる」火事だった。もしも、矢野が保険に加入していたなら、火事で手にした保険金のせいで、変な悪縁を引きつけていたであろう。保険に加入していなかったことで、矢野はそれまでの悪縁を焼き捨てることができたと思っている。

## スーパーの店頭で一日一〇〇万円以上を売る

矢野は、さすがにそれから一ヵ月、寝込んでしまった。

〈みんな焼けちゃった……。もう、商売はやめよう〉

茫然自失の矢野に、長兄の儀郎と次兄の幡二のふたりが、二〇〇万円ずつ見舞金を持ってきてくれた。兄たちの気持ちが、矢野の心に変化をもたらした。

〈このままやめたら、また借金ができてしまう〉

なんとか、矢野は一〇〇円均一の移動販売を再開することにした。

プレハブの会社を建て、なかばやけくそで、商品をかき集めた。

〈まずは、売る場所を確保しなければならん〉

この商売をはじめたころのように、小さい空き地や公民館をまわった。しかし、矢野の気持ちは満足しない。

〈これじゃあなぁ。まだ借金は残っているし、にっちもさっちもいかんけえ、大きいところに行くしかない！〉

矢野は、覚悟を決め、それまでは営業下手で行ったことがなかった広島の大手スーパー・イズミに話を持ちかけることにした。矢野は、背広とネクタイ姿というパリッとした正装でイズミの本社を訪問した。対応してくれたのは、商品本部長だった。

矢野は一〇〇円均一の人気について熱っぽく語り、店頭販売をさせてほしいと訴えた。

商品本部長は乗ってきた。

「それは、面白いの。うちで、試しにやってみ」

口下手ながら矢野の熱っぽさが功を奏し、販売の許可をもらうことに成功した。

すると、なんと三日間で三三〇万円を売上げる大記録を達成したではないか。

まさかの売上高に、イズミ側も驚いた。本部長が飛んできた。

「すぐ、おまえのところに口座をやるけえ、うちの専属になれ！」

それまで、一日五十万円ほど売れればうれしかったが、イズミでは場所のよさもあり、一日一〇〇万円以上売れた。

ここから、何かがコロッと変わった。

矢野に大手スーパーに飛び込む覚悟ができたことで、売上げも格別に伸びた。

〈火事のおかげじゃ〉

そう矢野は感謝した。

同時に、矢野の心配性にいっそう拍車がかかった。

〈明日は、何事が起きるかわからん〉

二度と火事が起こらないように防災に力を入れるようになった。

## 大手の一〇〇円均一業者に勝つ
運命は面白いもので、火事をきっかけに、矢野に運気が向いてきたのだ。

イズミの次は、総合スーパーのニチイ（現在はイオンリテールに吸収）を矢野は狙った。

広島のニチイの支店を訪ね、イズミ同様に訴えた。

「イズミさんで店頭販売をさせてもらったのですが、三日間で三三〇万円売れたんです。ニチイさんのところでも、店頭販売させてもらえませんか」

イズミでの実績を聞くや、意外にあっさりと乗ってきた。

「いいよ」

ニチイでも、矢野の一〇〇円均一は人気となり、ものすごく売れた。

ところが、ある日、矢野はニチイの担当者に呼ばれた。

「ごめん。あの……、大阪の本社から一〇〇円均一は、ここを使えって指示があったので、今月で終わりにしてください」

大手のニューワールドや神戸雑貨などの一〇〇円均一業者が、広島にどんどん進出してきていたのである。

〈まあ、こんなもんじゃ〉

　そう思った矢野は、何も言わず引き下がった。

「はい、わかりました」

　次に、イズミにも呼ばれた。

「今度、一〇〇円均一の本場、大阪から店が来るので、矢野さんのところとは終わりということで……。いままでありがとう。また縁がありましたら」

「そうですか。わかりました」

　矢野は、それほど悔しくなかった。

〈まあ、こんなもんよ。ワシの能力なんて、こんなもんじゃ〉

　矢野は冷静だった。

　むしろ、イズミやニチイといった大手と商売ができただけで、いい経験になったと感謝していた。イズミからの帰り道は、すがすがしい気分だった。

　ところが、それからわずか一ヵ月もしないうちに、ニチイからまた呼び出された。

「なんですか？」

「いやぁ、もう一回、うちでやってくれ」

「どうしてですか？」

「あいつら、あんたんとこの半分、いや、三分の一も客を呼べんかった。もう一度、お願いします」

大手の一〇〇円均一といっても、扱っている商品は安ものばかり。矢野の一〇〇円均一でいい商品を買えるということを知った客たちの目はごまかせなかったのだ。

つづいて、イズミからも声がかかった。

「やっぱり、あんたのところでやるわ。あいつら、よう売らん」

矢野は、ますます自信をつけた。

〈お客さん第一主義を貫いてきて、よかったな。原価をギリギリまで上げておいたことで、結果オーライだ〉

一〇〇円均一は、客に支持されなければ商売は成り立たない。自分の利益にばかりに目を向け、客のことを二の次にしていれば、いずれは客からそっぽを向かれる。そのことが証明されたのだ。矢野は、心の中でつぶやいた。

〈あの火事のおかげでツキがまわってきた。人生って、わからんもんじゃのォ〉

## 東京に進出、イトーヨーカドー北千住店へ

矢野にとって初となる、東京での店頭販売が決まった。

東京のイトーヨーカドー北千住《きたせんじゅ》店から、出店の依頼があったのだ。

矢野は、未知の世界に飛び込む気持ちで、東京へ向けて出発した。

四トンのロングボディ車に商品を満載して、広島から走りに走り十二時間かけて到着した。

北千住にあるイトーヨーカドーの近くにトラックを止め、矢野はイトーヨーカドーにあいさつに行った。対応してくれたのは、吉田マネージャーだった。

矢野は、吉田マネージャーに訊いた。

「明日から店頭販売でお世話になります。そこまで来たんですけど、荷物はどうすればいいでしょうか?」

「荷物、どれですか?」

「広島から、トラックで来ました」

トラックで来たと知った吉田は、事情を知らず、ふいに怒り出した。

「これ、どうする気なんだ。そこに置いておいたら、邪魔になる」

「いや、売るんです。明日から店頭で」

「何を言っているのか。一〇〇円均一なんか、毎週やっている。そんなもん、売れるわけないだろう! 客なんか足も止めないぞ。荷物持って、帰れ!」

ぼろ糞に扱われた矢野は、さすがに一国一城の主として許せなかった。

「じゃあ、ええですわ。ワシ、帰ります」

矢野はトラックの運転手に伝えた。

「運転手さん、ごめん。広島に帰るど」

そう言って、積んできた商品を降ろさず、広島に帰る準備をしていたところ、偶然、店長が姿を現した。

「こらーっ、吉田。明日から一〇〇円均一の店頭販売が入っているんだぞ。いまからほかの業者に声をかけても、間に合わんだろう」

マネージャーの吉田が言った。

「そうはいっても、このトラック、どうするんですか?」

「バックルームの車三台置いてあるところ、そのトラック一台分、潰しておけ」

店長の指示のおかげで、積んできた商品の置き場を確保することができた。

案内された細い道を入り、バックルームに到着し、なんとか商品を降ろすことができた。

「運転手さん、ご苦労さん。気をつけて帰れよ」

そういって、矢野は運転手と別れた。

「矢野さん、今日夕方六時半ごろに来てください」

店長にそう言われ、矢野は宿泊先へ帰った。

夕方の六時半、イトーヨーカドー北千住店で店頭販売の準備に取り掛かった。

矢野が一人で作業していると、どんどん店員たちが集まってきて、荷物を引っ張ってくれたり、陳列を助けてくれたりと、手伝ってくれた。

陳列する商品を見て、あちこちから声があがった。

「これ、いくらです？」

「一〇〇円です」

「これ一〇〇円だって⁉　でも、これは、ちがうだろう」

「それも一〇〇円です」

「じゃあ、これは？」

「一〇〇円です」

矢野が「一〇〇円」というたびに、驚きの声があがった。

「おおっ、これ一〇〇円だって！」

「一〇〇円均一なんて、毎週やっているけど、こんな一〇〇円均一なんて、初めて見る」

「これ、売れるわ」

その声を聞いた矢野は、心の中でほくそ笑んでいた。

〈そりゃそうだ。ウチが扱う商品は、ヨソとはちがうんじゃ〉

東京や大阪からやってきている移動販売の業者は、原価が二、三十円しかしない商品も混ぜて一〇〇円で売っていた。いっぽう、矢野は、固定客を相手に移動販売をしている。その中には、年に五回もまわる売り場もある。毎回、買いに来てくれる客に、変な商品を売るわけにはいかない。原価をギリギリまで上げた効果が、手伝ってくれる人たちの反応に、素直にあらわれていた。

東京で初めての移動販売は、驚くほど売れた。朝から閉店までに一三〇万円もの売上げを記録した。あまりの売れ行きに、四トントラックに満載してきた商品も、どんどん減っていく。イトーヨーカドー北千住店の店頭販売は三日間だ。

店長が、矢野に言った。

「おい、商品が売り切れてもうないじゃないか。明日の商品、どうするんだ。なんとかしろ」

矢野は、すでにチャーター便の手配をしていた。

「はい。明日、商品が届きます」

いい商品を売れば、客はいくらでも買ってくれる。それほど、矢野は、自分が扱う商品に誇りを持っていた。ポイントは、他社の移動販売との差別化だった。矢野は、商品の原価率を上げると同時に、他店よりも二倍、三倍の数の商品を並べた。

〈ワシはしゃべれんけん。いっぱい商品を並べて、商品にしゃべってもらおう〉

店内に商品があふれていれば、客に話しかけなくても、客は勝手に商品を探して動いてくれる。口下手な矢野が話しかけて売り込む必要もないし、客は購買意欲を掻き立てられ、次から次へと商品を手に取ってくれる。矢野にとって、一石二鳥だった。

三日間の店頭販売が終わるころには、イトーヨーカドーの本社にまで噂は届いていた。最初怒り狂っていた吉田マネージャーも、手のひらを返した。「おい、次、いつ来るのか？」

東京での初出店は、大成功に終わった。

## 株式会社大創産業がスタート

昭和五十二年（一九七七）、相変わらずのサーキット商売をつづけていた矢野は、占い師のもとを訪ねた。

「矢野商店という社名を変えたいんです。○○産業と、社名に『産業』をつけたいんですけど、何がいいですかね」

当時は、『○○商事』が流行っていた。しかし、そこまでの商売ができるなんて想像すらできなかったため、せめて名前だけでも大きくしたかった。

すでに、矢野の心の中には、候補があった。

〈大きく成ると書いて「大成」もええなぁ〉

それでも、自分だけでは決められない。それよりも、風のように柳のように流される方がよっぽど心地いい。会社名も、占い師のアドバイスに従う方が、よほど楽だ。

「先生、会社の名前だけでも、一回り大きな名前をつけたいんです」

そう依頼する矢野に、占い師はいった。

「三画と十二画にしたら、いい名前になる」

再び、矢野はいろいろ思案した。

占い師がいった「上が三画、下が十二画」。それに当てはまるのは「大創」。

〈「大創」がええな。夢がある〉

矢野は、昭和五十二年十二月、『株式会社大創産業』に決め、法人化した。

ただし、『産業』とつけたばかりに、誤解される機会も増えた。

スーパーの軒先を貸してもらおうと、営業の電話をかける。

「大創産業ですけど」

「うち、工事、なんか入ってるんか？」

「いえ、一〇〇円均一です。今日、店頭を貸してもらえんですか？」

「なんや、工事会社かと思った。『大創産業』じゃなんて、工事会社かと思うじゃないか」

何度となく工事会社とまちがわれると、矢野も気分が落ちこんでしまう。

〈「産業」って、会社と名前がそぐわん。アンバランスじゃ。失敗したか。名前、変えようか……〉

## ダイエーの口座が獲得できた

大創産業仕入本部商品仕入一部シニアバイヤーの栗森健二は、昭和三十一年（一九五六）に生まれた。昭和五十三年（一九七八）にトヨタカローラに入社した。トヨタカローラでは、営業を担当していた。自動車を毎日販売していたのだが、同期入社の四人はどんどん退職していった。ダイソー入社の縁は、トヨタカローラ時代の顧客からだ。トヨタカローラの客が矢野博丈社長と知り合いだった。その知り合いからの紹介で、ダイソーに入社することになった。

栗森は、昭和五十三年の九月二日、入社してすぐ、研修を兼ねて大阪へ行くように指示された。ちょうど、ダイエーに口座が取れたころだったから、それまでのスーパーなどの軒先を借りた移動販売からダイエーの店内に設置された催事売り場で一〇〇円催事をおこなった。大型店舗では、店内で、小型店舗では店の軒先で販売した。最初の一週間から二週間ほどは先輩スタッフに指導してもらい、その後、ひとりで売り子をした。

一〇〇円ショップの催事でもっとも大切なことは、声の大きさだ。

「いらっしゃいませ！　いらっしゃいませ！　なんでも一〇〇円！　なんでも一〇〇円！　安

いよ、安いよ、お買い得！　お買い得！」

呼び込みをすると、お客さんが寄ってくる。品出しもおこなった。

当時の品数は、いまとは比較にならないくらい少ない。だいたい三〇〇か五〇〇種類くらいだっただろうか。催事コーナーの面積も十坪から三十坪くらいだった。長方形のワゴンを十から三十本並べて、商品を展示販売した。広島から商品を箱に詰めて送ったり、大阪にあるプラスチック製品をつくるメーカーから、直接商品をダイエーに送ってもらったりしていた。

現在と同様、そのころからダイソーは、とにかく売上げを伸ばすことに賭けていた。同業他社よりも販売額を上げるという部分が認められ、ダイエーの口座を獲得できたのだろう。

当時もいまも、客層はそれほど変わりなく、主婦が主流。もちろん、商品も主婦向けのものが多かった。アイテム数こそ現在と比べると少ないが、ひとりの客が購入する点数は多かった。子連れも多く、子どもの場合はこづかいで商品を買うことが多いので、だいたい、客単価は一〇〇〇円ほどだった。

大阪での研修を終えて広島へ戻ると、次は宮崎県へ行くことになった。

栗森はそれまで、乗用車しか運転したことがなかったが、トラックを操ることになった。普通免許でも五トン未満のトラックが運転できる。

宮崎では、ダイエーの店内催事場に四十坪ほどの一〇〇円コーナーを設置し、ワゴン内に商たという。最初は、この額の大きさに驚いた。

品を詰めて販売した。はっきりとした記憶ではないが、一日に五十万～六十万円は売上げていだいたい、一週間に六日間現地のホテルに泊まりこんだ。

　朝は七時くらいから準備をはじめ、夜は二十二時ごろまで仕事をする。店を閉めるのは、十九時くらい。そこから商品整理などの作業があった。当時はまだ研修がつづいていたから、わりと早めに帰してもらっていた。ベテラン社員とふたりで販売した。

　宮崎での仕事が終わると、また広島に戻った。その後、新規に営業所をつくることになり、名古屋へ向かった。

　栗森が入社二年目を迎える昭和五十五年（一九八〇）ごろには社員数も増えていた。しかし、相変わらず社長宅の敷地内に建っていたプレハブの事務所は、そのままだった。栗森が入社して九年くらい、昭和六十二年（一九八七）までは、四～六畳のプレハブの事務所だった。現在の本社の場所へ移転するときには、もう売上規模が五十億円くらいになっていた。移転先の事務所は、二階建てのプレハブになり、いままでの何倍も大きく立派になっていた。

　栗森は思った。

〈すごい！　広いな！〉

　事務所の棟上げに昼食会がおこなわれた。そのとき、西条を地盤とし、矢野社長と旧知の仲である国会議員の中川秀直《なかがわひでなお》が来社した。ともにブルーシートに座り込み、矢野社長と知り合ったときの話や、若き日の夢を語り合ったことなどを語った。

栗森は話を聞きながら、気持ちを高ぶらせた。

〈これからもっともっと、ダイソーを大きくしていかないといけない〉

心もうきうきと、昼食会を終えた。

矢野社長の妻の勝代も働いていた。気の強い女性で、社員の前でも平気で社長と喧嘩をはじめてしまう。矢野社長自身、「日本一怒る社長」というくらいだが、勝代も負けていなかった。いつも真剣勝負であった。

矢野社長は、社会人として当たり前のことではあるが、モラルに欠ける行動などがあると怒った。たとえば、催事の応援、アルバイトのアルバイト代の支払いの振り込みが時間がないため二、三回遅れると、絶対駄目だと怒られた。行動してからの意見にはよく耳を傾けた。

また、社長の指示や命令に対して、行動せずして文句を言うものは叱られていた。

矢野社長の怒り方はかなり激しく、机が壊れるくらい激高することや、絶対してはいけないことに対しては、社員の胸倉をつかむこともあった。

## 「ダイソーは潰れる、潰れる」

栗森は、途中から、企画開発もおこなうことになる。手始めに、手芸毛糸企画を実施したことがある。各地で一〇〇円催事をするのだが、数ヵ月に一度しか出店させてもらえない。「売れる店舗で、毎週毎週催事ができる方法はないものか」話し合いがおこなわれ、矢野社長が言った。「お客様が飽きのこない出しものをすればできる」。十玉セットで一〇〇〇円、二〇〇〇円の毛糸と手芸小物を合わせて手芸毛糸の催事ができた。

アイデア商品を扱ったこともある。アイデア商品の場合は、専門商社を通して仕入れをおこなった。かならず新聞の折り込みチラシを配布、集客し、高額な面白い商品を販売した。チラシは、ダイソーでも制作した。まずは、専門商社を経由して商品を仕入れた。たとえば一〇〇種類なら一〇〇種類の商品を売り、それに加えて、ダイソーが独自で開発した価格がいろいろな便利な商品と合わせて、アイデア商品の催事ができた。いまなら一〇〇円で購入できる老眼鏡も、当時は高価な品で、一九八〇円や二九八〇円でどんどん売れた。そのころは、まさか老眼鏡が一〇〇円で販売できるようになるとは夢にも思っていなかった。

矢野社長は、「ダイソーは潰れる、潰れる、夜も眠れない」と言いつづけていた。

最初はびっくりしたが、そうした矢野社長の言葉を聞いても、栗森は不安になることはなかった。一社員には、銀行がらみの借り入れの状況はわからない。当時、メーカーの出荷は、大阪が多いのだが、何度か大阪の方でダイソーが潰れるという噂が流されてしまい、出し渋りが発生。売れ筋商品が届かなかったときは、さすがにきつかった。おかしいなと思った。

栗森は、ダイソーが倒産するとは思わなかった。当然だが、潰れてしまっては困る。だから、潰れるという話が出るたびに、なおさら頑張ろうという気持ちが湧いてくる。そのような状態が入社して最初の十年くらいつづいた。

矢野社長は、その他、花の催事、ハンガーの催事、手芸小物だけの催事、金物市、そして自転車や高額の腕時計なども販売する大バーゲンと続々催事をつくった。

## 常設店舗第一号はダイエーの隣

矢野は、「ダイエー」の店頭ではなく店内を借りて商売をしていた。ダイエーには、六割もの商品を卸していた。ところが、あるとき中内㓛オーナーから呼び出された。

「催事場が汚くなる。これからの新時代にはふさわしくないから、ダイエーグループは一〇〇円均一の催事は中止する」

六割もの商品ストップは大打撃だ。

矢野はどうしたら会社が潰れなくて済むかと考えた。

〈そうだ！　ダイエーの客が流れるところに店を出せばいい〉

さっそく、ダイエーの近くに、一〇〇円ショップを出店した。これが常設店舗による一〇〇円ショップのはじまりとなった。

矢野は、他社の移動販売よりもいち早く、常設店舗を展開していった。それに加え、矢野が扱う商品の原価は、同業他社よりも高く、品質には自信もある。

そういった他社との差別化が、ライバルとの競争を勝ち抜く原動力となっていく。

ライバルは十社ほどいた。しかし、店頭販売の店を出しても矢野の店に客は流れていく。「大創産業」一社だけが強くなり、次々とライバルたちは潰れていった。

その様子を見ながら、矢野は思った。

〈ライバルからは、だいぶ恨まれとるんじゃろうの……〉

## ふたりの息子と遊ぶ暇などない

矢野は三人の子どもに恵まれた。夜逃げを経験した長男の寿一と、五つちがいの次男の靖二《せいじ》は、矢野の商売が軌道に乗るまでの苦労を知っている。もうひとり、長女の加代子《かよこ》がいるが、矢野の商売が成長期に入ってから生まれたため、苦労を知らずに育った。

「年商一億円」という目標に向かい、矢野は夫婦でがむしゃらに働いた。そのせいで、子どもと遊ぶ時間など皆無といっていいほどだった。

　商売を軌道に乗せるため、子育てそっちのけで働いた。

　朝七時ごろには、長男の寿一とまだ寝ている次男の靖二を近所の人に預け、そこから寿一は小学校へ、靖二は起きたら保育所に連れて行ってもらう。そのまま、小学校や保育所が終わったら兄弟ふたりを近所の人に引き取ってもらい、深夜十時、十一時ごろになって寝ている子どもを家に連れて帰った。それを平日はずっと繰り返した。そのため、週五日は子どもの顔を見ることがなかった。もちろん、誕生日を祝ってやったこともない。

　少しでも働けるようになると、矢野は仕事の手伝いをさせた。

　朝の出荷作業がピークになると、寝ているところを叩き起こす。

「これを、早く持っていけ！」

「勉強なんて、せんでもええ」

　その反動で、長男の寿一は早々に家業を継ぐということを嫌がり、そのために、勉強を一所懸命するようになった。寿一は、戦前より各界に多くの人材を輩出してきた男子校「修道《しゅうどう》中学校・修道高等学校」に進学し、野球部で活躍していた。

　高校二年の夏のことである。

「医者になりたい。医学部に進学したい」

寿一が突然、進路について教師に相談したらしい。

「もう、いまからじゃ遅い。無理だな。しかし、なんで医学部なんだ」

その問いかけに、寿一はこう答えたという。

「家の商売を手伝いたくないからです。家の商売を継がにゃいけんようになったら困るから、医者になりたいんです」

結局、一浪して長崎大学医学部へ進学。いまでは奈良県立医大の教授として活躍している。やはり、医者の多い栗原家の遺伝子を、寿一は受け継いでいたようである。


いっぽう次男であり、現在、ダイソー社長の矢野靖二は、昭和四十六年（一九七一）四月五日、広島県佐伯《さえき》郡五日市《いつかいち》町（現広島市佐伯区五日市町）で生まれた。両親からは、生まれて間もなく、広島県賀茂《かも》郡西条《さいじょう》町（現東広島市西条町）に移ったと聞かされている。

ちょうどそのころ、父親は正念場にいた。いくつかの商売を経て、いよいよ一〇〇円均一の矢野商店を創業しようとしていた。矢野商店が西条町を拠点として立ち上がるのは、靖二が生まれて十一ヵ月後の昭和四十七年（一九七二）三月のことである。

靖二は、父親に遊んでもらった記憶はない。ましてや、どこかに連れていってもらった記憶もない。父親は、創業した矢野商店を大きくするために、仕事仕事の日々を送っていた。

毎朝早くにトラックに商品を積んで出かけて行き、夜の八時とか九時に帰ってくる。父親と同じときを過ごすのは、父親が、従業員たちと遅い食事をしている十数分のあいだ、そのときだけだった。しかし、それも決して楽しいときではなく、父親から放たれるピリピリと張りつめたものを息が詰まるような思いで受け止めていた。

そんな靖二の思いに頓着することもなく、父親は、あわただしく食事をすませると、自宅の横にある事務所兼倉庫へと飛び出して行った。明日の仕事の支度に入るためである。一日働き詰めても、まだ商品の積み込み作業、事務作業が残っていた。

靖二の母親である勝代も、仕事を手伝っていた。忙しすぎて食事がつくれないときには、祖母がやってきて食事をつくってくれたり、近所の家に食事に行ったりした。

靖二も、小学校に入ったころから、仕事の手伝いをするようになった。明日販売する商品の積み込み、どの商品がいくつ売れたかという売上集計を手伝わされた。

ときには、観たいテレビ番組もあったが、「テレビを観たいから手伝えない」とは口が裂けても言える雰囲気ではなかった。父親のゲンコツが飛んでくるからである。手伝いをしているときでさえも、ちょっとまちがっただけで父親のゲンコツが飛んできた。

靖二は、十二歳から野球をはじめた。ポジションは、守備の要となるキャッチャー。中学卒業後、野球の盛んな広島でも強豪校のひとつとして数えられ甲子園出場経験もある崇徳《そうとく》高校に進学した。しかし、半年で野球部を退部した。肘と腰を痛め、とてもつづけられる状態ではなくなったこともあるが、一学年上の二年生と折り合いが悪く、三年生が引退したのを機に退部したのだった。それからは、西条町にいる仲間と遊んで暮らした。

「矢野商店」は、昭和五十二年（一九七七）十二月には大創産業として法人化していた。

靖二は、高校の休みには大創産業をアルバイトとして手伝った。だが、そのころもまだ、父親が奮闘し一〇〇円均一の店としてその名を知られるようになっていた「ダイソー」を継ごうと思ったことは一度もなかった。継がなければならないという義務感を抱いたこともなかった。かといって、ほかになにかしたいという強烈な思いもなかった。専門学校で、なにか専門の知識と技術を身につければいい。将来については、それくらいにしか考えていなかった。

## 東京事業所が造反、危機一髪

ダイソーは、次々と事業所を広げていった。昭和五十五年（一九八〇）十一月、東京都足立区の花畑に東京営業所を開設。昭和五十六年（一九八一）十月、九州営業所を開設。

昭和五十八年（一九八三）七月、資本金を五〇〇〇万円に増資して間もなくのことだった。東京営業所を任せていた社員らが造反し、別会社をつくろうと画策した。

矢野は、血相を変え、妻の勝代と彼らの説得に向かった。

が、聞き入れられなかった。

〈今度こそ、潰れる〉

矢野は、倒産の恐怖で、一週間ほど焦げ茶色のような紫色のような小便が出た。

矢野の心が、さすがに砕けた。

〈ああ、今週末くらいには死ぬかな、死ねば楽になれるかのォ〉

眠れない夜に「死」ばかりを考えていた。

ところが、かろうじて東京営業所の数人が残ってくれた。

〈ああ、これで倒産は免れたな。ワシが東京に進出して、利を求めようとしすぎたからじゃ〉

矢野は自分を悔いた。同時に、倒産の恐怖の辛さを突き抜けたことで、怖さがなくなっていった。あの恐怖を思えば、仕事で努力できること自体がうれしかった。

〈会社を大きくしよう、儲けようと大それた考えではいけん。お客様第一主義を忘れてはいけん。会社は、ただ潰れなければいい。生きられればええじゃないか〉

のちに、ダイソーから安くていい商品が出たのも、この経験があったからだ。

バイヤーに、矢野は言いつづけてきた。

「ワシら能力がないんじゃけぇ。儲けようなんて大それたこと思うな。売れればええんじゃ。食えれば、ええんよ。生きられれば、ええんだから、儲けようなんて大それたこと思うな」

この哲学は、火事にあったり倒産しかけたりという大きな悲しみ、苦しさ、辛さの中から生まれた。

雇った人間たちの裏切りに疲れはてた矢野は、思った。

〈ああ……、専務はうちの勝代にしよう〉

勝代を専務にしたとたん、矢野の商売はうまくまわりはじめた。

勝代は、頭がよく、しっかりしており、性格も商売向きだった。尾道で「魚光」という大きな魚問屋を営んでいた実家の血を受け継いでいたのだろう。

やり手の勝代は、ダイソーの仕入れ責任者として活躍し、いつの間にか、矢野以上に社長の器だといわれるようになっていた。どれだけ、矢野は勝代に助けられたことであろう。

矢野を裏切った人間もいれば、矢野を信じて、矢野と苦労をともにし、いまのダイソーを創りあげたものもいる。そんな社員に、矢野は感謝しても感謝しきれない。

〈申し訳なかったな。まるでガンを背負ったような、こんな会社に入社したばっかりに……。ずっと働かせてばかりで、そのうえ普通の給料しか出せんで……〉

## アルバイトから社員に

石川政史大創産業専務執行役員は、昭和二十九年（一九五四）四月五日、現在は広島県の呉《くれ》市

に含まれる瀬戸内海に面した町で生まれた。

広島修道大学の四年生のとき、友人に誘われてダイソーでアルバイトをはじめた。

当時は、トラックに商品を積み込み、農協やスーパーマーケットの店頭を借り一〇〇円の商品を販売していた。大工が使うような工具箱をつり銭入れとして利用していた。工具箱は二段にわかれており、上段に釘などを入れる間仕切りつきのコーナーが設けられている。上段に一〇〇円、五十円、十円などの硬貨を入れ、下段に紙幣を収納した。

石川は、店頭でマイクを握り、声を張りあげた。

「いらっしゃいませ、いらっしゃいませ。どれでも一〇〇円ですよ！」

学生アルバイトが販売をしても、びっくりするくらい売れた。そのころは、洗い桶などを並べていたが、商品の質はいまとはちがっていた。アルバイト料は、当時の平均賃金並みだった。一日当たり四〇〇〇円から六〇〇〇円くらいだったはずだ。

夜は、矢野社長の自宅で夕飯をご馳走してもらった。そのまま矢野社長の長男寿一、次男の靖二の部屋に泊まったりした。長男の寿一は、非常に勉強好きな子どもで、家業の手伝いよりも勉強をしたがっていた。石川は、初めて勉強好きな子どもを見たので、寿一の姿がとても印象に残っている。勉強好きの寿一は、医者になった。

石川は、修道大学卒業後、ライフという信販会社に入社した。割賦販売をする企業で、一年くらい勤めたが、仕事のほとんどが取り立て業務だった。性格が悪くなりそうだと思い、退職した。その後は、税理士の勉強をしていた。税理士資格取得のために必要な五科目のうち三科目までは合格していたが、全部を取りきる前にやめて、矢野社長のもとを訪ねた。

「おお、ウチに来いや」

石川は、矢野社長に迎えられ、昭和五十八年（一九八三）、ダイソーに入社した。

当時の仕事は、社長のフォローをするため、代理店のもとへ行ったり、販売の手伝いをしたり。矢野社長は、ＧＩカットのような髪型で、家庭も仕事も同じといった感覚で働いていた。いつも、石川は矢野社長宅で晩御飯を食べ、「商売ってすごいな」と感心していた。

矢野社長の妻の勝代は、晩御飯をつくってくれた。スーパーの催事コーナーでの販売は片づけを終えるのがだいたい十九時。ほかの社員も含め、矢野の家へ行き夕飯を食べさせてもらっていた。だから、石川は、矢野の妻の勝代にも非常に感謝している。食事が終わると、それぞれが寮に帰っていった。

矢野社長の兄の住三が、東京で仕事をすることもあった。社員三～四人のほかは、代理店だった。社員の場合、販売は、スーパーなどの店頭でおこなうので、お金の管理が難しかった。倉庫から商品を数えて持って出かけ、販売後、売上金と数が合わないことがある。商品が盗まれたり、壊れたり、紛失することがあるのだ。

そういうときは、売上げから何パーセントか引いて計算する。その計算がややこしい。それなら、社員を雇用するよりは、いっそ代理店に一定のパーセンテージで商品を卸す方が計算がすっきりして楽だということもあり、社員数は少なかったのだ。

## 毎日トラックに乗り各地で店を出す

そのころ、ダイソーは、十尺トラック（二トントラック）という小型トラックに商品を積み込み、高知や山陰などに遠出してまわっていた。一般的なスーパーマーケットの店頭を借りて販売をしていた。最初は、ベニヤ板に品物を並べていたが、そのうちワゴンをトラックに積んでいくようになった。ただ、ワゴンを大量にトラックへ載せると、かさばって今度は商品がたくさん載らないので、ワゴンは数本に抑えるようにしていた。

スーパーに到着してから、店の裏でビールや醤油の空き箱を借りてきて、四つ並べてその上にベニヤ板を載せる。その上に一〇〇円グッズを並べる。

だいたい、トラック販売の初期には一五〇万円分くらい、後半期には、三〇〇万～五〇〇万円分の商品、つまり三万個から五万個分を陳列した。

朝早くから出かけて行き、並べられるだけ並べた。一日の売上げは、場所によってちがったが、最初のころは、二十万～三十万円分売れたらよいという感じだった。

スーパーの店頭で連日催事販売するときは、帰るときは、ベニヤ板の販売台をワゴンで囲み、ブルーシートをかけて紐で縛って帰った。

翌日、またその店へ行き、ブルーシートを外して「いらっしゃいませ」と言いながら、ハンドマイクを握る。

石川がアルバイトをしていたころはエンドレステープがなかったが、途中からは、ラジカセに集音マイクをセットし、壁に向かって「いらっしゃいませ、いらっしゃいませ。どれもこれも一〇〇円です」という内容を言いながら、テープに録音。そのテープを店頭で再生した。BGMをミックスするような技術がなかったので、音楽は別のラジカセで流していた。

スーパーの店頭での販売をつづけるうちに、いろいろなアイデアが浮かんだ。ワゴンの数を増やしたり、ネットにフックをかけて商品をぶらさげてみたりした。売り場も、それまでより華やかになってきた。そのうちキャスターつきの陳列用の棚に商品を入れてトラックに積み込むようになった。すると、トラックも大きなものが必要になり、ロングトラックを使うようになった。

トラックの数イコール商売できる数だったから、一二〇台から一三〇台までに増えていった。毎日、トラックに乗り、各地へ出向いた。石川は、入社後半年もしないうちに、九州の営業所へ行くことになった。当時、営業所は東京と広島、九州にあった。

石川は九州営業所を担当。店頭の催事で販売するときは、店に対して歩合制《ぶあい》だった。よその業者は、売上げからいくらかを抜くところが多かった。

たとえば、三十万円売れても十万円を抜いて二十万と報告すれば業者の手数料が少なくなる。ダイソーは棚卸しをして、そのようなことは絶対に禁止としていた。

矢野社長が管理体制を強化していた。ダイソーと他の中抜きをしている業者とは、売上げが同じでも実際の売れ高はちがった。

ダイソーの商品はよく売れるという評判をつくることができた。

そのころ、石川がダイソーのマークをつくった。ダイの字をハッピーという字に似せて書いた。

石川は、タンスを開いて一枚のTシャツを見つけた。ダイソーに勤務をはじめて最初のボーナスでつくったTシャツだ。Tシャツに「石川一〇〇円だもん」と書いてある。当時、矢野社長が、「みんなに名前を覚えてもらえるような名前にしてシャツにプリントしろ」と言い、石川は、安土桃山時代の大盗賊の親分石川五右衛門《いしかわごえもん》をもじって「石川一〇〇円だもん」という名前をつけた。矢野社長は、なんとも人を喰った「矢野催促」を名乗った。

「石川一〇〇円だもん」とプリントしたTシャツにネクタイを着用し、催事コーナーで一〇〇円の商品を販売していた。

石川は、「石川一〇〇円だもん」の名刺もつくり、営業していた。石川が、イオンの千葉県浦安市にある新浦安店へ出かけたら、店のゼネラルマネージャーが「石川さんの昔の名刺を持っているよ」と話しかけてきた。彼の保存している「石川一〇〇円だもん」の名刺を見せてもらい、石川はうれしくなった。そのゼネラルマネージャーはいまでこそ出世したが、三十年ほど前は奈良の店舗で販売係をしていたのだ。

矢野は、以前から小学校時代の同級生と集まるたびに、冗談めいた口調で口癖のように言っていた。

「一歩先のことは、ワシには見えない。会社は、いつどうなるかわからん」

「村のため池に誰かが浮いていたら、ワシだと思ってくれよ」

近藤英昭はそのたびに思った。

〈矢野は常に経営に関する危機感を抱いているのだな〉

近藤の耳に強く残った矢野の言葉がひとつだけある。

それは、ダイソーの年商が八億円を超えたときのことだ。

矢野は、うれしそうに言っていた。

「ようやく、年商が八億円になったんだ。ここまで苦労した……」

## 「一〇〇円ＳＨＯＰダイソー」

昭和六十一年（一九八六）一月、大阪営業所を開設した。

昭和六十二年（一九八七）七月、新社屋を東広島市西条吉行東一丁目に移転。新倉庫も建設した。

この年十二月には、札幌営業所を開設した。

このころから「一〇〇円ＳＨＯＰダイソー」の展開に着手した。第一号店は、広島県の南東部の尾道だった。三〇坪ほどの広さだったが、店が小さすぎた。置いておけるアイテムに限度があったため、商売はうまくいかなかった。

時代の流れとともに、矢野の事業形態に、変化が訪れていた。

スーパーなどの軒先を借りた移動販売から、スーパーなど店内に設置された催事売り場での商売に変わっていた。あるとき、ダイソーに声がかかった。

愛知県北部に位置する江南《こうなん》市に「ユニー江南店」があった。

そのスーパーの催事を担当する部長から、矢野は誘われた。

「いま、四階が空いている。その四階を全部うちが借りるから、そこに店を出してくれないか」

よく聞いてみると、空いている四階のスペースに、矢野の一〇〇円均一のショップや本屋などいろんなショップの商品を陳列し、客はそこに置いてある商品を自由に手にすることができる。そこで商品を気に入り、購入する際の会計は一ヵ所でするという。

「会計はわたしのところでやりますから、矢野さんのところは、商品を並べておいてくれればそれでいいです」

最初、矢野はこの話に乗り気ではなかった。

〈商品だけ置いておけばいいといったって、催事じゃ売れない。一〇〇円均一は、人がいっぱい通るところに店を出せば売れる。四階までわざわざ人が来るか……〉

矢野は、丁寧に断った。

「すいません。四階まで客は来ませんから、うちは勘弁してください」

「いいから、店を出してくれ」

「そう言われても……」

「店を出さないと言うのなら、商品を置いておけ」

「いやー、ユニーさんの店頭なら説得できるけど……。四階に商品を置いておけと言われても、みんな、反対します」

「よし、出さないというのなら、ウチとの取引きを全部止める」

「えっ、わかりました……」

矢野は、仕方なく、四階に店を出した。

## 四階の「わざわざ一〇〇均」が大当たり

四階には、ダイソーの一〇〇円均一のほかには、アイデア商品、金物、陶器などいろんな商品が集められていた。

それから三ヵ月ほどして、矢野はユニー江南店を訪れた。

店長の方から、矢野に機嫌よく声をかけてきた。

「お世話になっています」

その言葉に、矢野は驚いた。

〈えっ……、そんな言葉、いままでかけてもらったことないぞ……〉

なんのことかわからない矢野は、聞いてみた。

「あの……、お世話になっていますって、なんですか?」

店長がうれしそうに話し出した。

「いや、お宅の一〇〇円均一は『わざわざ一〇〇均』だ。一階で同じ商売をやっていても、お客さんはわざわざ四階まで上がっていく。お宅の店に、わざわざ買いに来られている。お宅の商品、やっぱりいいわ」

矢野はまさかそんな言葉が返ってくるなどとは思わなかった。

矢野は四階に行ってみた。広い売り場は、がらーんと空いていた。残っている店は矢野の一〇〇円均一だけ。他の店は、全部引きあげていた。

矢野は思った。

〈仕方なしにやりだしたけど、うまくいっているんだ。よい商品を置いておけば、固定でも売れるんじゃないか〉

やっぱり『お客様第一主義』が商売をするうえで一番大事なことなんだと、身に染みた。これだけは、身をもって体験しなければ気づくことはできない。

〈『お客様第一主義』を大事にすることで、結局は、自分にみんな跳ね返ってくるんだな〉

客側にサービスをしてあげているんだと思っていたなら、それは本当の『お客様第一主義』にはならない。客側にサービスすることで、いずれ自分にそれがみんな返ってくる。

「わー、ダイソーの一〇〇円均一はいいですね。いいものを安く買えて、本当にお世話になってます」

「いえいえ、お世話になっているのは、ダイソーの方です」

そんなやり取りが、矢野の喜びになっていた。

店長からいわれた『わざわざ一〇〇均』は、矢野がこの商売をしていくうえで、大きな自信になった。

## 新設大学入学と同時に休学届けの就活学生

石川政史は、大阪営業所の所長をするため、大阪へ転勤した。石川が大阪で所長をしているころ、矢野社長の次男の靖二は矢野社長に大学を一年留年させられ、大阪で一緒に働いた。

石川政史は十年ほど大阪営業所で働いた。前半は、トラックでスーパーなどの催事場をまわっていたが、それから、店舗を出すことになった。

最初は、香川県高松市のある店の二階、大阪だと、千林や駒川の商店街内に出店した。面積は、三十坪くらい。いまの売上げとは比較にならないレベルだが、そもそも一〇〇円ショップが珍しい時代だったので、よく売れた。一日に一店で二十万から三十万円くらいの売上げがあった。

石川は、店舗用の物件も探してまわった。関西の私鉄やJRを含め、駅前の景色を見てわからない場所はないというくらい、いろいろな場所の不動産屋へ足を運んだ。東京営業所の担当者も同様に店舗用物件を求め歩いていた。多いときは、一ヵ月で六十数店舗も開店した。

そのころは、現在のような大型店舗ではなく、三十坪から五十坪くらいの店がメインであった。そこから、少しずつ大きくしていったが、商店街の中には、二〇〇坪、三〇〇坪という店舗自体がなかった。そのような事情もあり、ロードサイドにも出店してみることにした。当時は、旧大規模小売店舗立地法（大店立地法）があり、一五〇坪の物件がたくさんあった。当時の大店法は、一五〇坪を超えると、大きな規制がかかってきたのでそれ以上のものはなかなか出店できなかった。店を出してみると、結構需要があった。

ダイソーの戦略は、一から新しい店舗をつくるということではなく、居抜き物件を見つけて借りるということであった。以前利用していた店舗が撤退したあとで借りると、賃料が安くなる。自分たちで新たに店舗を建設するとなると、契約年数も長くなりリスキーだ。二十年契約を求められても、二十年先のことなんてわからない。商店街を含めてほとんどの物件を居抜きで契約した。

ダイソーの場合、商品数が多いので、広くても狭くても臨機応変に対応できた。ほかの商売だと、ある程度広さが決まってしまうだろうし、レイアウトもそこまで柔軟に変更できないだろうが、一〇〇円均一の店は店の面積に応じて、いろいろなディスプレイが可能だった。

現在ダイソー社長である矢野の次男の靖二は、崇徳高校での高校生活もいよいよ差し迫ったころ、担任の先生から呼び出しを受けた。

「吉備国際大学を、受けてみないか」

「吉備」という岡山県の旧国名を冠にしているように、岡山県に新設される大学であるという。そこであれば、崇徳高校出身者というだけで何点か上乗せしてもらえ、そのうえ、同じ系列の予備校で決められたゼミを受けるだけで、さらに下駄を履かせてもらえるという。

靖二は、平成二年（一九九〇）四月に吉備国際大学社会学部産業社会学科に入学した。入学が決まってからわかったのだが、新設大学には、崇徳高校から四十人もの同級生が入学していた。新設大学でなかなか学生が集まらず、受験者に優遇措置をしていたためだ。ただ、靖二は、入学式が終わるや、その足で大学の事務室に向かった。なんと、休学の手つづきをとったのである。そのころ、ダイソーは拡大の一途をたどっていた。人手が足りなくなり、靖二もまた、人員のひとりとして駆り出されたのだった。

靖二が大学の代わりに通ったのは、大阪府の東大阪市にあるダイソーの倉庫であった。そこは関西地区の拠点で、そこから、大阪府はもちろんのこと、滋賀県、奈良県といった関西圏、並びに、北陸にあるダイエー、ジャスコ、ニチイ、平和堂といった小売業者の店舗へと向かった。そこでの生活は、幼いころに見た父親と同じだった。

朝は六時には起きて、適当なところで朝食をすませて倉庫に出向く。前の晩に商品を詰めこんだ四トントラックを運転して、その日担当する店の開店時間に間に合うように向かった。基本的に、一店舗の催事場につきダイソーの従業員はたったひとり。

催事場では、「一〇〇円均一」を謳うカセットテープを流しながら、文房具、台所用品、プラスチック用品、ヘアアクセサリー、ゲーム類など、多岐にわたる品物を並べ、レジ打ち、品出し、すべて彼ひとりでこなした。

催事場での売上げはその店舗店舗の規模、集客力によってちがう。小規模店舗の場合には、商品を並べている間に七万円しか売れない店もあれば、一二〇万円も売れる店もあった。店じまいは、その店舗の時間に合わせてだいたい午後七時。

倉庫にもどって売上集計と、翌日の積み込み。食事にありつけるのは、日が変わってからということもめずらしくなかった。それも、たいていがお弁当チェーン店の弁当ばかりだった。


滋賀県や北陸地方といった遠方には泊まりこみで出かけることもあった。北陸のある店舗まで出張したときには、さすがに、なんでこんなところにまで来なければいけないんだろうと思うこともあった。休みはほとんどなかった。たまの休みの日には、目覚めると夜の八時だったということもあった。それほど疲れきっていたのだ。

二ヵ月もたったころには、体重は十キロも減った。そのことがつらいとかつらくないとかそのようなことを思うヒマすらないほど忙しかった。

ただ、さすがに思っていた。

〈この忙しさを一生つづけることは、体力的にはできない……〉

いまや、そのころの催事場の経験をしている従業員は、ダイソーでは数えるほどになってしまった。

なお靖二は、一年後、大学に復学した。ただし、大学に通いながら、時間の空いているときには大学のある岡山のダイソーの岡山営業所で働いた。盆暮れ、正月といった長期休暇の際には、岡山から大阪や名古屋に働きに出かけた。

靖二は、二年生から四年生の三年間で、卒業に必要な単位を修得してしまった。卒論も書きったた。ダイソーでの仕事での体験をもとに「人間関係論」を書いた。ところが、卒業は許されなかった。一年生のときに休学している。いくら単位を修得できていたとしても、在籍年数が足りないというのであった。

靖二は、もう一度、四年生をしなくてはならなかった。ただ在籍するだけで、ほとんど大学に通う必要はなかった。靖二は、このことは親にはあえて黙っていた。

ところが、新学期に入って間もなく、親から呼び戻された。どういう経緯でかはわからないが、大学に通う必要のないことが親に知られてしまっていた。靖二は、家に再び呼び戻された。一年間、ダイソーで働くことになった。

しかし、父親は、靖二に言った。

「おまえを、わが社には入れるつもりはない」

靖二も、ダイソーに入社するつもりはなかった。ダイソーで働きながら、就職活動をした。

決まったのは、イズミ。広島県内では指折り数えるほどのスーパーマーケットチェーンである。昭和二十五年（一九五〇）に設立された衣類卸問屋の山西商店を母体に発展した。靖二も、ダイソーの仕事で何度かイズミで催事場を開いたことがあった。そのころ、イズミは九州に進出しようとしているところだった。

## 最初の直営店は高松市

平成二年（一九九〇）八月、ダイソーは名古屋営業所を開設。

ユニーでの成功を足がかりに、平成三年（一九九一）四月、最初の直営店を香川県高松市に出店、チェーン展開を本格化させていくことになる。

高松では、人通りがあり活気あふれる丸亀町商店街に七十坪の路面店を出した。これが大当たりした。矢野は、直営店の展開を確信した。

〈これで、行ける〉

移動販売であれば、トラック一台に積めるだけ積んだ商品だけで売上げが伸びた。極端な表現をすれば、商品を並べておけば並べておいただけ売れた。

ところが、常設店舗であれば、在庫を抱えることになる。出店するためには敷金と礼金、そして毎月の家賃がかかる。

それら移動販売では不要な経費が、常設店舗を出店することで必要になってくる。人件費プラス常設店舗を維持するための経費の分が、毎月の売上げから差し引かれる。

〈ちょっと、大変だな……〉

それが、矢野の正直な気持ちだった。

ギリギリの原価の商品を売って、利益は一円、二円。常設店舗を運営していくためには、少しでも多く売らなければならない。ただ、矢野はラッキーだった。それまでスーパーの閉店時間が午後六時半だったものが、午後八時半に延長された。二時間、営業時間が長くなったおかげで、その分、売上げも伸びた。また、常設店舗への移行は、働き方に大きな変化をもたらすことにつながり、社員にとってもプラスになった。

移動販売であれば、スーパーが閉まる午後八時半まで店を開け、その後、トラックに荷物をまとめ、社に戻ってくるのは夜の十一時。そこに、明日の荷物を詰め込み、作業が終わるのは午前様になる。もしくは、早朝五時に起きて、準備をする。社員たちには、寝る時間がなかった。しかし、常設店舗であれば、店内にそのまま商品を置ける。店が終わったら社員はすぐ帰れる。深夜や早朝に、準備をしなくても済む。

常設店舗は、社員にとってもメリットがあった。

矢野にとって、常設店舗への移行は仕方ない流れであった。

〈金がなくても、店を出していかないとな……。社員たちの働き方も考えないと。嫌な条件が降りかかってきたが、結果オーライじゃ〉

一〇〇円均一ショップはバブルが弾け、長期不況に突入した一九九〇年代後半から急速に売上げを伸ばした。矢野は、月に五十から六十店舗もの出店をつづけた。

## 一〇〇円均一のプライド

矢野の一〇〇円均一という商売へのプライドは、誰よりも高く、強固だった。

勉強会などへ出かけていったときのことである。

そこに集まった経営者同士、名刺交換をする。

「ダイソーの矢野と申します」

そう言って、「一〇〇円均一」と書かれた名刺を差し出す。

とたんに、相手は嫌な顔をした。

〈あっ、一〇〇均の安もの売りか〉

相手は、とりあえず、少しくらいは会話をしようと努力する。

「広島ですか。修学旅行で行きました」

が、もう話したくないという表情をしている。

そんな相手に、矢野は言った。

「一〇〇円でも、あなたが思っている安もの売りとは違うんですよ。一〇〇万円でも、一〇〇万円の車は安ものだけど、一〇〇万円の家具は高級品ではありませんか。一〇〇円でも高級品を売っているんです。ボロじゃ、安ものじゃ、言わないでほしい」

この商売で生き残りたいから、よりいい商品を目指してやってきたプライドを見せてやった。

それでも、矢野の真意は理解されず、一〇〇円均一をバカにしていたのであろう。

そう言われた相手は、ただ笑って矢野を見ていた。

## イトーヨーカ堂伊藤雅俊名誉会長の衝撃

矢野は、経済界の先輩たちから多くのものを学ばせてもらった。矢野は、イトーヨーカ堂の伊藤雅俊名誉会長と会う機会をえた。

矢野は、伊藤名誉会長に面会できるといっても、あいさつ程度で終わるだろうと想像していた。

〈どうせ、「いらっしゃい。今日はなんの御用ですか。なるほど、わかりました。また、お返事申し上げます。今日は、ご苦労様です」と、せいぜい五分くらいだろうな〉

大企業のトップというものは、泰然自若としていて、小さなことには目を向けないだろうと、矢野は考えていた。だから、矢野は自分に言い聞かせた。

〈少ししか話はしていただけないけど。五分で話が終わり、出るけどいいよな。会えるだけで幸せじゃ〉

ところが、五分で終わらなかった。一時間の約束が一時間半になり、細かいことを次々と質問された。それでいて、その間次々と社員に怒鳴り声で指示を飛ばす。社員と話が終わると「すぐ帰れ」という具合だった。矢野の目に映った伊藤名誉会長は、そのへんの商人と一緒で、細かいことを言いつづけ、怒りつづけた。

「バカ野郎、おまえは、こんなことも知らねえのか」

矢野も散々そう言われ、にっこり笑顔を見せていただいたのは、一緒に写真を撮らせてもらうときだけだった。矢野には、衝撃だった。

〈経営者というものは、松下幸之助さんのように組織で動かすことを大切に考えるものだと思っていたけど、そうじゃないんだな。経営者というものは、八百屋のおやじと同じでええんだ〉

商人の謙虚さを教わった気がした。

〈必死になって生きるため、顧客に満足してもらうために社員を一所懸命指導し、一所懸命頑張りつづけることなんだ〉

細かいことをくどくどいうのは恥ずかしいし、しつこいのは恥だと思っていた。しかし、社長業というものに恥などないと学んだ。

それまでの矢野は、潰れる会社に勤めてくれている社員だと思い、社員を叱れなかった。朝の五時、六時から夜の十一時、十二時まで働いてくれる社員を怒れるはずがない。

しかし、伊藤名誉会長に会った翌日から、矢野は変わった。

必死で社員を怒るようになった。

なお伊藤は、令和五年（二〇二三）三月十日死去。九十八歳だった。

## 「夜逃げしやすい会社がいい会社」

かつてユニーの会長を務めた家田美智雄《いえだみちお》からも、矢野はかわいがられた。

家田は、昭和九年（一九三四）一月七日、愛知県稲沢市に生まれる。愛知県立津島高等学校を昭和二十七年（一九五二）に卒業。上京し、明治大学に入学。昭和三十一年（一九五六）に卒業後、地元のスーパーに就職した。

昭和三十六年（一九六一）に、株式会社西川屋入社。昭和四十五年（一九七〇）、株式会社西川屋チェン取締役就任。昭和四十六年（一九七一）に、ユニー株式会社取締役に就任する。その後、同社人事部長や、株式会社ユーストア社長を経て、平成五年（一九九三）にユニー株式会社社長に就任、株式会社ユーストア会長に就任する。

平成九年（一九九七）には、ユニー会長に就任し、平成十二年（二〇〇〇）に退任。

平成二十九年（二〇一七）八月九日死去、八十三歳であった。

会長を退任したのちは、サークルケイ・ジャパン株式会社会長、シーアンドエス取締役、株式会社サンクスアンドアソシエイツの取締役などを歴任している。

矢野によると、家田のすごいところは、社長というよりも、ただのおじさんに見えるところにあるという。

矢野は、あるとき家田に言われた。

「わたしは、ＹＴＢ運動をしているんですよ」

矢野はなんだろうと思い、訊いた。

「ＹＴＢって、なんですか？」

「みんなで、寄って（Ｙ）、たかって（Ｔ）、仕事（Ｂ〔ビジネス〕）をしようという運動です」

家田は語った。

「仕事はみんなで寄ってたかってするんです。掃除であっても、下の者がするのではなく、店長も社長も常務も関係なく、みんなで寄ってたかってする。これが楽しいんです」

家田はそう語るいっぽうで、よく口にしていた。

「行き当たりばったりなんだ」

矢野は、その部分をすごいところだと思っていた。

〈一個の人間の生き方として、行き当たりばったりというのは、とても崇高なものだ〉

矢野自身も、行き当たりばったりの人間だ。

家田は、ほかにも言っていた。

「ぼくはね、社長として能力が足りない。能力がないから、恥部を見つけて歩くのが仕事なんですよ。普通のゴミなら誰でも見つけるけど、小さなゴミはぼくにしか見つけられないんです。そんなふうにして会社の恥部やゴミを見つけて歩くだけしか能力がない。本当に社長に向いてないですよ」

どこまでも謙虚な人柄であった。

あるとき、矢野がユニーに行ったとき、家田に言われた。

「ちょっと、ちょっと、矢野社長、うちの社長室を、見てください」

そう言われて、矢野は、家田の社長室を覗いた。その部屋は、六畳一間に普通の鼠色の両袖の机と普通の椅子、いまでは売っていないようなちゃぶ台みたいな机、食堂にあるような椅子が四つくらい置いてあるだけのシンプルなものだった。上場企業の社長室といえば、高級な絨毯が敷いてあり、絵画が額に収まって、食器棚が置いてあり、壺などの骨董品が置いてあるのがたいていの相場だ。しかし、家田の部屋は、そうした社長室とはまったく反対だった。

反対に、家田がダイソーに来たことがあった。

家田は、矢野を褒めた。

「矢野社長、いい会社ですねえ」

矢野は、褒められた理由がわからなかった。

「どうしてですか?」

「いやあ、夜逃げしやすいじゃないですか。いまどきはみんなビルにして、夜逃げしにくくしているけど、夜逃げしやすい会社が、一番いい会社なんですよ」

家田はユニークな考え方の持ち主で、矢野は家田から多くの教えを受けた。

## セブン-イレブン社長鈴木敏文の怒り

矢野は、株式会社セブン&アイ・ホールディングス名誉顧問の鈴木敏文《すずきとしふみ》からも薫陶《くんとう》を受けた。

鈴木は、昭和七年(一九三二)十二月一日、長野県埴科《はにしな》郡坂城町《さかきまち》で生まれた。昭和三十一年(一九五六)、中央大学経済学部卒業、東京出版販売(現株式会社トーハン)に入社。昭和三十八年(一九六三)九月、株式会社イトーヨーカ堂入社。昭和四十六年(一九七一)九月、取締役に就任する。昭和四十八年(一九七三)十一月、セブン-イレブンを展開するアメリカ・サウスランド社と提携し、株式会社ヨークセブン(のちの株式会社セブン-イレブン・ジャパン)を設立、専務取締役に就任し、コンビニ展開の陣頭指揮を執る。昭和五十二年（一九七七）九月、株式会社イトーヨーカ堂常務取締役。昭和五十三年（一九七八）一月、株式会社ヨークセブンを株式会社セブン‐イレブン・ジャパンに改称。二月に、株式会社セブン‐イレブン・ジャパン代表取締役社長。平成四年（一九九二）十月、株式会社イトーヨーカ堂代表取締役社長。平成十五年（二〇〇三）五月、株式会社イトーヨーカ堂代表取締役会長、同社最高経営責任者（CEO）、株式会社セブン‐イレブン・ジャパン最高経営責任者（CEO）。

鈴木は、矢野が卒業した中央大学の先輩にもあたり、とてもよくしてもらっていた。

鈴木は、朝から晩まで怒っていた。セブン‐イレブンで販売されているカレーパンが美味しくなかったために、鈴木が、「パンのバイヤーを呼んで来い！」と突然怒り出した話を聞いたことがあった。

バイヤーがやって来ると、鈴木はものすごい剣幕で言った。

「おい、こら、おまえ、このカレーパン、美味しくもなんともないじゃないか、馬鹿野郎」

パンのバイヤーも、負けていない。

「会長、お言葉を返すようで申し訳ないんですが、そのカレーパン、とてもよく売れてます」

鈴木は、その話を聞き、さらに怒った。「何！　美味しくもなんともないパンがよく売れているだと。カレーパン、即刻、廃棄せい。美味しくもないものが売れるなんて、おまえはセブン‐イレブンをひとりで潰す気か。馬鹿野郎！」

そのころ販売されていたカレーパンは、セブン‐イレブンに限らず、具と皮がくっついているものがほとんどだった。消費者は、それでも十分に満足していて、美味しいと思って食べていた。だが、鈴木は美味しくないと思い、具と皮がくっついていることが気に入らなかったのだ。

普通の社長のやりとりならば、

「おい、カレーパン、美味くもなんともないのになんで売るんだ？」

「いや、大変よく売れてます」

「ああそうか、だったらいいわ。でも、もうちょっと美味しくしろや」

で、終わりだろう。結局、バイヤーはそのまま何もしないはずだ。

しかし、鈴木はちがう。売れているという事実そのものを否定するのだ。

それから二ヵ月後、セブン‐イレブンは、リニューアルしたカレーパンを販売したという。今度は、「具が大きくなって、うんと美味しくなりました」というシールを貼り、新商品を売り出したのだ。新しいカレーパンは具が入っている真ん中の部分の皮がプクッとふくらんでいた。

いまではどんな小さなパン屋さんのつくるカレーパンでも、みんなふくらんでいる。

矢野は思う。

〈もし、あのとき鈴木会長が激怒しなかったら、今日のカレーパンはなかったわけだ〉

## 「今日の否定」のすごさ

セブン‐イレブンはその後も好調であったが、それでも一年で七割ぐらい商品を替えている。次々と商品が替わり、一年、二年経てば、看板は一緒でもちがう店であるかのように、陳列される商品は替わっていく。セブン‐イレブンの強味は、その商品開発だ。二十世紀であれば、それまでの成功方程式を守っていればうまくいった。だが、いまでは大きな利益を生み出すセブン‐イレブンでさえ、二年したらちがうセブン‐イレブンになっている。

矢野は思う。

〈今日の否定。それができることが鈴木会長のすごいところだ〉

矢野は、「二十一世紀を考える会」という鈴木を囲む十七、八人の経営者たちの会に参加していた。その勉強会では、一時間ほど鈴木会長の講演を聞き、そのあとディスカッションをしながら会食をする。矢野がその会で見る鈴木は兄貴みたいな存在だ。矢野の長兄の儀郎は、よく矢野を怒って教えてくれたものだが、そんな兄貴のような雰囲気がしてならなかった。

年に二回はゴルフの会もあった。十六人ぐらいで集まり、ゴルフをやる。会費は一万円だが、矢野は、ゴルフのあとの打ち上げでいつも酔っ払ってしまうために、いつも払わずに帰ってしまっていた。

あるとき風邪をひいていたために、酒を飲まないときがあった。そのとき、会費の一万円を差し出したら、幹事が驚いていた。

「お金払うの？」

矢野は聞き返した。

「どうして？」

「この会の費用は、全部鈴木さんがポケットマネーで出してるんだよ」

ゴルフの会では、立派な賞品が出て、豪華なパーティーがおこなわれた。その費用は、全部鈴木会長のポケットマネーであった。それを知ったとき、矢野は思った。

〈お袋のような優しい方だな〉

矢野は、流通業界を先導してきた先輩たちに会うにつれて、いつも心底思う。

〈ワシなんか生き残れるはずがないな。彼らの人間力の大きさには、とても太刀打ちできない。それでいて、みんな温かく広い心の持ち主なのだから、自分なんかかなうはずがないな〉

## イオン社長岡田卓也の先見力

矢野は、イオングループの礎をつくった岡田卓也《おかだたくや》とも交流がある。岡田は、大正十四年

（一九二五）に、岡田屋六代目の岡田惣一郎《そういちろう》の長男として、三重県四日市市に生まれた。実家は、四日市で老舗の呉服商の岡田屋を経営していた。早稲田大学在学中には、学徒出陣で陸軍に入隊した。戦後に復学して早稲田大学在学中に岡田屋の当主となり、学生社長として昭和二十三年（一九四八）三月に早稲田大学を卒業した。その後、三重県四日市市を拠点とする岡田屋と、兵庫県姫路市を拠点とするフタギ、大阪府吹田市を拠点とするシロの三社が提携をおこない、合併してジャスコとなった。全国的な経営をする必要から大阪に移住し、多くの小売会社を合併し、現在のイオングループの基礎をつくった。現在、イオン株式会社取締役兼代表執行役会長でグループCEOを務める岡田元也《もとや》は、長男である。

岡田卓也とは、たびたび勉強会で一緒になった。岡田卓也をはじめとする流通業界の先人たちは、自らの商法を矢野ら後輩にも隠すことはなかった。勉強会を通して、丁寧にそのノウハウや秘訣を包み隠さず教えてくれた。

岡田卓也が語っていたことで忘れられない言葉がある。

「いま、日本の小売業は、右肩上がりで量販店の全盛期だ。しかし、この状況はおかしいんだ」

岡田はそう語っていた。当時は、ダイエーが全盛期だった。

いっぽう、アメリカの小売業は、統廃合や倒産が頻繁《ひんぱん》におこなわれていた。

右肩上がりの日本の状況はおかしい、と岡田社長は同業者たちに警鐘《けいしょう》を鳴らしていたのだ。

だが、矢野は聞いている当時は危機感はなかった。

〈そんなことはない。ダイエーの勢いはすごいけえ。岡田社長もまちがってるのう〉

岡田はもうひとつ印象に残ることを言っていた。

「いまから二十年先には、流通業はテナント時代に入ってくる」

岡田は先見性を持っていた。

また、岡田はイオン環境財団をつくり、植樹などの環境活動にも早くから取り組んだ。そうした社会活動に取り組んでいた点においても、矢野は尊敬の念を持ってみている。


矢野は、商売を軌道に乗せるまでの約十年間、一銭も給料を手にしなかった。それらすべてを会社に貸しつけていた。のちに、矢野は税理士に頼まれた。

「社長、わるいけど、これ全部、株に換えてくれないか」

その提案に、矢野は言った。

「いや、先生、せめて現金にして。大量の株をもらってもしょうがないけえ、十分の一の評価で現金がええ」

「そう言うけど、社長、現金なんてありャァせんじゃない」

「じゃあ、このまま待つ」

「このままじゃ、銀行は金を貸さないよ」

そう言われ、矢野は渋々、株をもらった。

と同時に、思った。

〈ああ……、金を捨ててしまった……〉

上場していないからだ。大量の株なんて紙きれと同じだった。

## 一商品、一〇〇万個を仕入れる

恵まれず、自分に能力がなかったからこそ、ここまでこれたと矢野は語る。

一〇〇円均一という商売自体が特定のジャンルの商品を売るのとは異なり、恵まれないものだという。ジャンルがないから、やりにくいこともあった。一〇〇円ショップには、大手資本が参入してこなかった。それは、利益が出にくい商売だからだ。バブルの時代には見向きもされなかった。矢野は、一個の商品を仕入れる際に、一〇〇万個を買うように厳命していた。一〇〇〇個や一万個なら大手がすぐ参入してくる。大手は、在庫を抱えることを嫌がる。しかし、矢野の考えは逆だった。

「在庫をどんどん増やせ。在庫は宝じゃ」

そう号令をかけた。ひとつの商品を一〇〇万個仕入れれば、製造メーカーも一気に生産はできない。十万個ずつくらいしか発送できない。生産が間に合わないなら、大手が参入してくることもない。

矢野は、それを見越して、多く発注するようにして、在庫が増えることも苦にしなかった。かつて、ダイエーが八十八円ショップを経営したが、うまくいかなかった。

## 中国からの仕入れも開始

栗森健二は、中国へ仕入れに行きはじめた。矢野社長の妻である専務の勝代と岡谷誠《おかやまこと》らとで出かけた。当時の広州は、まるで広島に原子爆弾が落ちたあとのような、荒地の広がる街だった。広州では、世界最大規模の展示会、広州交易会が実施されていた。

まず、ダイソーはその展示会に出かけるのが業界内ではダントツで早かった。その展示会では、コンテナで大量仕入れをおこなわなければいけないのだが、そうした面にも対応するようにした。コンテナ単位で仕入れた商品は、広島の港まで運び、ダイソーの倉庫や福山通運の倉庫を借りて収納した。

やはり中国の商品は安かった。パッケージが傷んでいるなど、多少の難点はあったが、よいものを仕入れることができた。それ以前、最初の海外との取引きは、韓国の女性用のアクセサリーだったという。店に並べてみるとよく売れた。たとえば、リボンのついた髪留めや、リストバンドやカチューシャといった類のものだ。

しかし、そのうち売れなくなってきた。理由は簡単で、飽きられてきてしまったからだ。そこから、またいろいろなものを海外で仕入れるようになった。初めのうちは、インテリア系の飾りものが多かった。置物や部屋の装飾品を仕入れた。たとえば、大きめの瓶などは、見栄えがするので客の目を引いた。そのうち、実用品、家庭用品、文具と増やしていった。

バイヤーも増員した。特に、専務の矢野勝代を筆頭に、女性のバイヤーが多かった。なぜかというと、男性は販売、女性は倉庫、事務を基本としていたからだ。

交易会に行くようになるうちに、矢野社長が男性バイヤーも入れるべきだと、男性バイヤーも入れるようにした。女性バイヤーだけだと仕入れるものが偏ってしまうのだ。これ以降男性のバイヤーも加わり、コンテナ入荷が激増した。

そのころの売上げは六十億円くらいだっただろうか。そこから、矢野社長はダイソーの店舗をどんどん展開していった。出店ラッシュがはじまった。売上げも増えつづけた。

毎日搬入しても搬入してもまた搬入というピリピリと忙しい中、社員に負荷がかかる。ミスには、矢野社長はボロクソに叱り飛ばした。

コンテナは六十八平方メートルと二十八平方メートルのものがあった。二十八平方メートルのものに、小型商品で二十万個の製品を収納した。商品数は驚くほど増加していった。

## 日本一怒る社長

いまや、「日本のダイソー」から「世界のダイソー」へと成長した株式会社大創産業の社長・矢野の自宅は、意外にも質素だという。毎日、帰宅は夜中の十二時過ぎ。ただ寝るだけの家であるため、自宅への興味が湧かない。

以前、洋服店の「株式会社しまむら」の会長（ＣＥＯ）である藤原秀次郎《ふじわらひでじろう》を矢野の自宅へ招待したことがある。藤原が、矢野に言った。

「本宅に案内しろ」

「本宅って、これが本宅です」

「嘘だろう。本宅に、連れていけ」

結局、帰るまで信じてくれなかった。

矢野が親しくしている元プロ野球選手の中畑清《なかはたきよし》が自宅にやってきたときは、こう言った。

「ああ、矢野さんらしいね」

自分の着る服はブランド品などに見向きもせず、ネクタイはダイソーの一〇〇円ネクタイ。ダイソーの三〇〇円のリュックを背負い、その中には人々を驚かせるためのバラエティグッズを詰め込んでいる。移動は、ハイヤーなど使わず、単独行動で電車に乗る。

手にした大金などには、まったく無関心である。

ただ、遊びだけには夢を抱いていた。

〈ひとりで、すし屋に行きたい。ひとりで、クラブに行きたい〉

ひとりで料理屋に入れるなんて夢にも思っていなかった。矢野にとって、それは異次元の世界でしかなかったからだ。それが、かなったときは、本当にうれしかった。

矢野は、六十五歳くらいになるまで、日本一怒る社長だった。毎朝、「こらーっ！」と血が出るくらい怒鳴っていた。幼少期、父親からしょっちゅう怒鳴られ、それが自分にとってプラスになったという潜在意識が怒鳴る矢野をつくったのかもしれない。ただ、それが、まったく怒らなくなった。むしろ、怒鳴ったことを後悔する日々を送っている。

〈あのとき、怒鳴った人たちに、どうやって償えばいいんだろう〉

なお、幼少期しょっちゅう怒ってくれた父親の基は、平成六年（一九九四）四月三十日、死去した。九十六歳であった。その父親に贈るかのように、この年十一月、ダイソーは、ニュービジネス協議会の「ニュービジネス大賞」の「優秀賞」を受賞した。

## 五〇〇店舗、年商三〇〇〇億円、専務である妻が退社

ダイソーが国内に五〇〇店舗、年商が三〇〇〇億円に達した平成九年（一九九七）三月、専務であっ

た矢野社長の妻の勝代は、きっぱり現場から身を引き、一介の主婦に戻った。

いま、勝代は、しまなみ海道が走る尾道市沖合いの向島の別荘で、悠悠自適の毎日を送っている。仕事をやめたきっかけは、ふたりの息子が結婚し、たまたま海の見える家が手に入ったからだった。ダイソーの大株主として莫大な財産を手にした勝代は、「公益財団法人しまなみ奨学財団」の代表者として、親から援助を受けることが難しい学生たちに対して奨学金を給付する活動をしている。

なおダイソーは、平成九年十一月に通産大臣賞「貿易貢献企業賞」を受賞。

ダイソーグループの中部商会オレンジ本部代表取締役の渡辺有和《わたなべありかず》は、昭和四十八年（一九七三）九月二十九日、広島市江波に生まれた。関西の名門・関西学院大学を卒業し、平成八年（一九九六）にダイソーに入社した。

平成十年（一九九八）。入社三年目、渡辺有和にひとつの転機が訪れる。

そのころ、ダイソーの営業部は、出店に関してエリア制を敷いていた。たとえば、北海道の担当者は、店舗運営の責任者であり、出店の責任者でもあった。東北、関東、中国と、それぞれの担当が地区全体を受け持っていた。

その中で四国の担当者の行動が、渡辺には気になっていた。その人物は当時すでにベテランで、そういうスタイルが身についてしまったのだろう、自分の担当区域である四国に、まったく足を運ぼうとしなかったのだ。彼は広島の本社で自分の机に座ったまま、再三の四国の出店調査の要請にも応えることがなかった。

そのため、同業他社がその場所に出店してしまうという事態が起こっていた。

ダイソーでは以前から、「思うことがあったら、何でも社長に直接言え」という社訓のようなものがあった。渡辺は思い余って、例の四国担当の件を矢野社長に直訴した。

「このままでは、四国がやばいです」

すると矢野社長は、間髪をおかずにこう言ったのだ。

「わかった。では四国は、おまえがやれ」

三年目の青年である。出店支援は経験があるものの、出店候補地をゼロから選ぶという大仕事はしたことがない。しかし矢野社長は、この青年に何かを感じたのだろう。

いわば、一〇〇円ショップ未開の地だった四国に、青二才を送り込むことを決定したのだ。それはまるで、西部劇で荒野に単身送り込まれた若き保安官のようだった。

渡辺はまず、二泊三日で四国に乗り込んだ。幹線道路を車で走っていたとき、まったく偶然に空き家になっている手ごろな建物を二軒見つけた。

一軒目は香川県高瀬町。紳士服店が退店したあとらしく、看板は白いままだった。記載されていた連絡先の大手不動産会社に電話したところ、すぐに建物の持ち主にコンタクトすることができた。

このときに出店を決めた「高瀬店」は、二十年以上経つ現在も営業中だという。

二軒目は徳島で見つけた。やはり街道沿いの、ホームセンターの跡地であった。じつはその隣で営業していた書店の主が持ち主で、ちょうど一〇〇円ショップへの転業を考えていたのだという。

「ダイソーにも電話したんだけど、まったく連絡がなかったんで、もうちがうところに決めようかと思っていた」

渡辺は即断した。

「いやいや、やります、やります」

この徳島の店の方が高瀬店よりも先にオープンした。

初日から三日間連続、一五〇万円以上の売上げを記録した。

一〇〇円ショップが近隣にどころか市内に一軒もなかった。ダイソーの看板を出せば、お客は面白いほどにやってきた。ろくに立地も調べずに開店して、この成績。現在では考えられないことだが、少なくとも渡辺の四国開拓は大成功だったといえるだろう。

四国にはその後も順調に店が増えつづけ、いまでは一〇〇店舗以上が営業している。

渡辺は四国の出店開発もしながら、社員の新規採用にも携わった。

自分が「関学出たのになぜ一〇〇円ショップ?」と言われた当時とは、時代の風向きも変わった。様々なテレビ番組が「一〇〇円ショップがいま大人気」と特集してくれた。ダイソーとはどんな会社なのか。なぜ一〇〇円で採算がとれるのか。品質はどうなのか。そういったことを、説明会で参加者に話して聞かせた。手ごたえはいつも十二分にあった。

しかし、入社してからの定着率がよくなかった。渡辺の同期は二十九人いたが、現在まで残っているのは三人だけだ。たしかに労働時間は長かった。朝八時半から夜十一時、十二時まで。そんなことが気にならないタイプだけが残ったのかもしれない。

辛いことは、瞬間瞬間にはいくつもあった。しかし、自分自身で新規出店にふさわしい場所を見つけ、開業にこぎつけ、お客が店舗にたくさん来てくれる。そういう成功体験が積み重なって、渡辺の「ダイソー愛」は順調に育まれていった。

渡辺は、広報も経験した。主な業務は、矢野社長に対する取材の受付だ。当時から、マスコミの取材申し込みはとても多かった。案件ごとに自分が判断することはない。すべて社長に報告し、決裁をもらう。

いまでもそうだが、矢野社長は怖かった。激しく叱責されたことも何度かある。

覚えているのは、アポイントなしでフランチャイズ希望の訪問者が来たときのことだ。「自分は社長とは懇意だ」という言葉を信用し、とにかく応対した。矢野社長本人があいにく不在だったため、渡辺が接客して、その訪問者が帰るときのことだ。

矢野社長はいつも、来訪者に対しては、自身が決めた土産品を持たせることにしていた。渡辺も「きっと社長だったらこうしただろう」と、その訪問者に酒を土産として渡した。

これが、矢野社長の逆鱗《げきりん》に触れた。

「アポなしで来た客に対して、いくら本人が『社長と懇意だ』と言ったからといって、酒を土産として渡すのは、いかにもいい加減な会社だと思われる」

いまでも思い出すくらい、激しく叱られた。

ただ、矢野社長はこうして社員を厳しく叱ったあと、絶妙なタイミングでジョークを飛ばしてフォローしてくれる。それで救われたことも何度もあった。

## 「ダイソーが潰れる」

平成十一年（一九九九）ごろ、ある噂が流れた。

「ダイソーが潰れる」

当時、ダイソーは次々と店舗を出店し、どの店よりも安く販売していた。ライバルとなるホームセンターなどにとって、ダイソーは邪魔な存在でしかない。

「あれだけ安い値段で売って、儲けなんか出るのか？」

「矢野という社長は、在庫をたくさん抱えているらしいぞ」

ライバルにとって、矢野の商売の仕方は胡散臭いものでしかなく、とうてい商売として成り立たないと映っていた。

「どうせ、ダイソーは潰れる」

いつしか、そういう噂がどこからともなくささやかれるようになっていた。

銀行の支店長らが、みんな口にした。

「矢野社長、問い合わせがたくさんありますが、どう答えましょうか」

矢野は、あっけらかんと返した。

「いや、よくわかりませんとでも、言っておきなさい」

「それで、いいんですか？」

「それでええんじゃ。いい会社だと言われることくらい会社にとってよくないことはない。会社が危ないと言われるくらい、会社の活力が出るものはない。これほどの頑張る栄養源はないんじゃけ、『わからん』と言っておいてください」

あるとき、ファーストリテイリング代表取締役会長兼社長の柳井正《やないただし》が、パーティーのあいさつでこう言っていた。

「株式会社のうちの九割は、創業から十年以内に潰れる。五年以内では七割です。うちの会社は、三十年つづいたんです。三十年つづく会社は、〇・〇一パーセントしかないんです。うちはその〇・〇一パーセントに入った奇跡的な会社なんです。これから株は上がります。株を買ってください」

創業十年以内に九割の会社が潰れるということは、そもそも会社は潰れるようにできているということだ。創業時には、金もなく、顧客もなく、いい社員もいない。そんな中、生き残っていくための苦労をしながら、格好よくしようと体裁を整えるため、どんどん会社はドツボにはまっていく。そんな表面ばかりよくしても、何の意味も持たない。それより、「潰れる」と言われていた方が、会社的にどれほどのメリットをもたらしてくれることか。

ただし、噂が広がれば広がるほど、メーカー側の対応に変化があった。手形を渡しても「現金に換えてくれ」と手形を返してきた。いらぬ心配をかけてしまうことは、心苦しくもあった。「潰れる」という噂が、イトーヨーカ堂の伊藤雅俊名誉会長の耳にまで入ったらしい。

あるとき、矢野にイトーヨーカ堂の伊藤名誉会長から電話がかかってきた。

「おい、矢野さん、大丈夫か？　ヨーカ堂といえども銀行は雨降りには傘を貸さない。わたしのところも、紆余曲折があって、やっと今日があるんだ。経営者にとって金がないというのは、日常茶飯事なんだぞ。それを恥じることはないぞ。気にするな。金が必要になったときは、わたしに相談しなさい。貸した金が返せないなら、株で返せばいいぞ。株を渡すのが嫌なら、そのまま貸しつづけてやるぞ。いいか、ひとりで苦しむなよ。ひとりで悩むなよ」

ふだんは鬼のように厳しい人が、やさしい声で「金が返せないなら株でいいぞ。株を渡すのが嫌なら貸しつづけてやるぞ」と言ってくれたことに、矢野は驚いた。同時に、元気が出てきた。

矢野の元気な姿のおかげで、「ダイソーは潰れる」という噂は、さーっと引いていった。

# 第五章

# 栄光と転落、中内㓛の晩年

## 上場以来最大の経常利益の落ちこみ

昭和五十八年（一九八三）四月、ダイエーの昭和五十八年二月期（昭和五十七年三月—昭和五十八年二月）の決算が発表された。個人消費の低迷を反映し、売上高が一兆二〇七九億円。前期比一・一パーセント増とわずかしか増えていない。経常利益は、一三五億四〇〇〇万円で前期比三五・六パーセント減と、上場以来最大の落ちこみをみせた。このため、スーパー業界の利益順位も、昭和五十七年（一九八二）期のイトーヨーカ堂につづく二位から、昭和五十八年期は丸井、ジャスコ、ユニーにも抜かれ五位に転落してしまった。転落の原因は、業界に共通の消費不況に加え、積極的な新規投資の結果、借入金が急増し金利負担がかさんだのが主な原因である。長・短期借入金は、期中に合計一一〇八億円も増え、累計は四七七八億円に達した。最大の投資は米ハワイ州のアラモアナショッピングセンターの買収費用五〇〇億円。ダイエーは昭和五十八年五月の買収発表時点では、手持ち不動産を売却して資金にあてる方針を決めていた。しかし、不動産売却はその後進まず、結局四〇〇億円を借り入れに頼らざるを得ない状況であった。

また、子会社などに対する保証債務は前期より三二六億円多い、九四三億円にふくらみ、グループ全体が借金に頼って事業を拡大している苦しい姿を露呈してしまった。

このあおりでグループ一二〇社すべての連結決算では、税引き後利益で三十九億八〇〇〇万円の赤字に転落した。連結決算のひどさが発表されたのちの〝全体朝食会〟で、中内社長はふさぎこんだ顔でこう言ったという。

「みんな、まだ同じ顔が揃っとるなあ。ダイエーを本当に愛する気持ちがあるんなら、はよやめてくれ……」

ブラックユーモアといえばブラックユーモアであるが、なかば本気、なかば冗談という雰囲気であったという。事態は、あまりに深刻なのである。

中内は、かつて筆者にこう言った。

「一二〇歳まで生きるんや。そのときには、世界一の小売業シアーズ・ローバックを抜いてるやろ」

たしかに、中内がいつまでも生き、一二〇社もある子会社を率いていくことができるならば、中内の脳裏に描いている通りの企業展開も可能かもしれない。

中内と親しい財界人が語る。

「後継者についてはね、最近変わったようですね。昔は、潤君が、中学生のころ、『あとを継がす気はない』と、中内さんは言ってたんだけど、いまは、帝王学を学ばせてるようです。二、三年前だと思うけど、丸井社長の青井忠雄《あおいただお》さんに、『息子をよろしく頼む。いろいろ面倒見てやってくれ』と教育係を依頼したんです。たしか潤君が、ダイエーに入って、間もなくのころです。青井さんは、『わかった』と言って、個人的に指導してるようです。中内さんは、常々言ってますからね。『流通業界で、安心して息子を任せられるのは、丸井の青井さん。ユニーの西川さん。そして、松屋の山中鏆《やまなかかん》さん』と。中内さんは最近、『自分のあとは、潤に……』と、はっきり決意したようです。潤君も、若いけどしっかりしている、というもっぱらの評判です。特に得意先あたりで、そういう声が出ている。このごろは、二、三年前のように銀座で派手に飲み歩くこともなくなり、本人も自覚してきたようです」

中内潤は、中内㓛の長男として昭和三十年（一九五五）三月二十七日に生まれた。慶應の法学部の大学院を卒業し、昭和五十五年（一九八〇）ダイエー入り。まず、ダイエーの本拠地三ノ宮店の食料品売場に配置。三ヵ月後に西宮店の衣料品売場に。七ヵ月後に東京碑文谷店に。店次長見習いとして一年修行したあと、マーケッティングリサーチをやる子会社、リニュウ・アルタスクに一年三ヵ月。そののちに現在のダイエー子会社の朝日クレジットに取締役・総合企画室長として移っている。着々と帝王学を学ばせていた。

中内潤が語る。中内㓛をそのまま若くしたと錯覚するほどよく似ている。ただし、二代目らしく、どこかおっとりしている。

「わたしは、最初からダイエーに入ろうと思っていたわけじゃないんです。ただ小売業には、学生時代から、魅力を感じてはいました。小売に興味を持った、ということでは、やはり父である会長の影響があったということだと思います。ただ会長は、一度もわたしに、ダイエーに来いとは言いませんでした。わたしが、大学院を出たとき、まあ長男でもあるし、就職は一生の問題だから、家族会議を開いたんです。親として、わたしが、どこへ就職するか、知っておきたかったということでしょう。特別、後継者にするため、ということではなかったと思いますよ。ただ会長は、社会人になるためのアドバイスはしてくれました。『頭でっかちになるな。どんなことでも、自分で駄目だと決めるな。まずやってみろ』ということでした。家族会議でわたしは『小売業に興味がある。どうせ入るなら日本一のところがいい。ダイエーに入りたい』と言ったんです。会長は『そうか、しっかりやれ』と言っただけです。そのへんは、普通の父親と同じだと思います。後継者？ わたし自身は、そういうことは考えたこともありません。いまは仕事を覚えることで、一生懸命ですから。会長に、よく商売人になれと言われます。ダイエーには、会計などのスペシャリストもいます。だけどわたしは、会長の言う、商売人になりたいと思っています」

## 女性による、女性のための『オ・プランタン銀座店』

『オ・プランタン』の将来だけでなく、ダイエー本体の今後の命運を握るとまで言われていた『オ・プランタン銀座店』は、昭和五十九年（一九八四）四月二十七日にオープンした。

そのオープンにさいし、中内らしい手を使った。『レナウン』の子会社である婦人服専門店『レリアン』の専務石井智恵子《いしいちえこ》を、銀座店社長に迎えたのだ。

中内は、昭和五十八年（一九八三）の暮れに彼女とともに臨んだ商工会議所の記者会見で、こうまくしたてた。

「女性による、女性のための、女性の百貨店づくりをお願いした。アメリカでも、伸びている企業は女性をうまく活用している。新しい店では銀座を中心にしたキャリアガール、知的マインドを持った客に喜んでもらえる品質とサービスを提供する。石井さんにはいままで考えてきたものを、当社で具体化してもらうつもりだ」

石井智恵子は、昭和二十五年（一九五〇）、お茶の水女子大学を卒業。二年間外資系繊維商社に勤めたあと、結婚のため退職。昭和四十四年（一九六九）九月、設立されて一年半の『レリアン』に入社する。営業畑を歩き、北は北海道、南は沖縄まで、二三〇店にまで拡大させた店舗の整備に、手腕を発揮した。販売時点情報管理（ＰＯＳ）システムを全店舗に導入、売れる商品を素早くキャッチして、次の企画に生かすという個性的な専門店づくりが当たった。当時、名もなかった『レリアン』を、わずか十四年で年商三〇〇億円の企業に発展させた。彼女が、急成長の原動力になったわけである。

彼女は、全店の店長を、全員女性にした。そして出来高払い方式を採用した。この方式は、店ごとに売上げ目標を決める。しかも、目標以上の売上げを上げたときには、目標額を上回った分の利益を店員や店長に分配する。その分配権を、店長に与えた。

中内は石井智恵子に白羽の矢を立て、安売りのダイエーのイメージの払拭《ふっしょく》を図ったわけである。

ただ、業界では、次のような皮肉に満ちた声もある。

「石井起用は、髙島屋に対する一つのアピールのあらわれだ、と受け取っています。より正確に言えば、髙島屋常務の石原一子《いしはらいちこ》に対する当てつけ、と言われている。ダイエーが髙島屋と提携しようとした意図を打ち破り反対し、潰《つぶ》したのは、他ならぬ石原だ、と言われている。その石原が、昭和五十七年（一九八二）にオープンした立川ステーションビルに、女性による女性のための店をつくった。ところが、それがうまくいっていない。そこで中内社長が、石井さんを起用して、銀座プランタンを、女性による、女性のための店づくりで成功させ、石原に一矢を報いたいと思っている、という話です」（デパート業界紙記者）

銀座プランタンの店づくりのキャッチフレーズは、女性による女性のデパートということになっている。全商品の八〇パーセントが、女性用の商品になると言われている。商品ジャンルを、ヘルシー、リビング、スポーツなどに分けて店内レイアウトをする。

もう一つは、パリ化路線。商品の四割がフランス商品になる。そのうち半分が、直輸入商品、あと半分が、ライセンス商品という配分になる。フランス化路線のアピールとして、銀座プランタンの七階に、フランスの人気歌手がパリでやっているエアロビクス教室を設置する。オープンに合わせて、シルビィ・バルタンが来日し、プランタンの主催で公演をおこなうことになった。

## 石井智恵子社長の、まずはお手並拝見

銀座で迎え撃つ松屋の広瀬弘光は、専門店出身の石井智恵子の起用とパリ路線を、こう見る。

「専門店のよさは、固定客づくりがしっかりしているということにある。顧客の多様な好みに対し、きちんと対応できる。徹底したマンツーマン販売システムになっている。デパートも、基本はマンツーマン販売システムだが、専門店のようには徹底できない。専門店なみのマンツーマン販売システムをデパートでおこなうとしたら、コンピューターシステムの導入しかない。いま、デパートで顧客に対してコンピューターシステムを採用している中では丸井が一番システムが充実している。それでも、インプットされる情報は、せいぜい金銭支払いなどの数字、さらに顧客の住所、年齢、勤務先ぐらいなものだ。コンピューターシステムを採用し、専門店なみの販売システムをおこなうとしたら、なかなか大変なことだ。まず顧客の好みをインプットすることが必要となってくる。しかし、コンピューターに情緒的な情報をインプットすることは、至難のわざに近い。専門店の場合は、店員がお客と話をしながら、感覚で、〈このお客は、こういった傾向のものが好みなんだわ……〉と判断して覚えられる。しかし、その感覚を言葉に直し、情報としてコンピューターにインプットするとなると、その情報を店員が正確に言葉として表現する必要がある。ノウハウを開発してゆかなければならない。同時に、店員に対しても、十分な教育をしなければならない。短時間に顧客カー

ドに顧客の好みを記入することができるようになるには、かなり時間がかかる……」

パリ化に関しても、疑問を投げかける。

「問題は、そのパリ化をどこまで徹底できるかです。商品の品揃えひとつとってみても、前述したように問題がある。商品以外では、どうパリを表現していくか。店内インテリアをすべてパリ風にするとか、いろいろなやり方はある。既存のデパートは、長い伝統で顧客の信用を得てきている。その信用を上回る、何ものかをプランタンはつくりあげなければ、争いに負ける。はたして徹底パリ化ということで既存のデパートの信用に勝てるかどうか……」

なお、いまやファッションの主流は、パリからニューヨークに移っているとも言われている。

石井智恵子の起用が切り札として成功するかどうか。他のライバル百貨店でもお手並拝見というところらしい。

## 王者の座を揺がす「不本意な成績」

『ダイエーグループ』総帥の中内㓛は、東京都港区浜松町の『ダイエー浜松町オフィスセンター』九階九〇一号室の壇上で、『昭和五十九年度社長年頭メッセージ』を読みあげた。一月三日、午前九時であった。「……低成長・消費構造の多様化が進行する中で、われわれダイエーグループは、いまや創業以来、もっとも厳しい経営環境に直面しております。この環境・時代の大きな変化に、対応しきれないダイエーグループの現在の体質と、その構造的問題を率直に反省したいと思います。お客様や社会からの厳しいご指摘を、従業員一人ひとりが、謙虚にうけとめわれわれの店頭第一線で、生き生きとした一人の商人としての仕事を成し遂げ、また、毎日が決算であるという数値責任をはたすことでこれに応え、自己の存在を組織の中で挙証《きょしょう》していかねばなりません。今年こそ、ダイエーグループ再生に向けて、すべての過去の栄光と驕《おご》りを捨て『昨日は明日を、保証しない時代』――この認識に立ち、不退転の決意を持って今日へ挑戦しようではありませんか」

大会議室には、二〇〇人を超えるダイエーグループの課長以上の管理職が整然と起立し、聞き耳を立てていた。流通革命の旗手として四分の一世紀を戦いつづけてきた中内㓛も、当時六十一歳。すでに還暦も迎えている。頭髪は、すっかり白くなっている。老いたり、という印象である。それに、〝冬の時代〟に突入したことが拍車をかける。中内の表情は、険しい。

ダイエーの昭和五十八年度（二月期決算）の売上げは、約一兆二三二二億五〇〇〇万円。対前年比一・三パーセント増。これに対し、イトーヨーカ堂は、七九九二億四〇〇〇万円で、対前年比五・三パーセント増。西友ストアーも、約六五一九億円で、対前年比七・三パーセント増。売上げの伸び率において、ダイエーははっきり両社に引き離されている。

経常利益の伸び率を比較してみよう。ダイエーと両社の差は、歴然とする。

ダイエーが、約一三五億四一〇〇万円で、対前年比三五・六パーセント減。イトーヨーカ堂は、約二二三億円で、九・三パーセント減。西友ストアーは、約七十三億六〇〇〇万円で、七・八パーセント減。ダイエーが、なんと西友ストアーにまで抜かれてしまっている。

特にダイエーのこの数年間の経常収益の伸び率は、下落するいっぽうである。昭和五十四年度から昭和五十五年度は一九パーセントの伸びを示したが、翌昭和五十六年度は、一一・二パーセント。そして昭和五十七年度は、わずか五パーセントの伸び。昭和五十八年度にいたっては、ついに三五・六パーセントもの減になってしまった。

中内が「創業以来、もっとも厳しい経営環境に直面しております」というのも当然であろう。

「本年を『昭和五十年代の総決算する年』であり、同時に『昭和六十年代の生き残りへの改革の年』と規定し、一人ひとりの、やる気と力を結集することによって、明るく、活気に満ちあふれた職場を、築き上げていただきたいと考えます」

このメッセージはテープに録音され、その日のうちに日本全国のダイエー直営の一六四店に送られた。ダイエー社員一万五三九〇人が聞いた。かつて年間売上げ四兆円構想をぶちあげたときの威勢のよさは、このメッセージからはまったく影をひそめている。

昭和五十八年（一九八三）の年頭メッセージでは、「この未曽有の大不況の中にあってこそ、ダイエーグループは真の生活提案企業として、昭和六十年四兆円売上げ必達に向けて、〝マーチャンダイジングのダイエー〟の復権を宣言し……」と四兆円構想についてふれているが、昭和六十年度を一年後にひかえた昭和五十九年のメッセージでは、四兆円構想について一言もふれていない。

中内の苦悩が読みとれる。

## 「四兆円構想はひとつのビジョン」

中内が四兆円構想を内外ともに強烈にぶちあげたのは、昭和五十五年（一九八〇）二月十六日。この日中内は、神戸の三ノ宮店にダイエーマークに合わせたオレンジ色の法被を着て陣取り、全国一五〇店から入ってくる売上高を見守っていた。

正午過ぎ、コンピューターのデジタル表示が一兆円を超えた。その瞬間、中内の顔面が、紅潮した。「やったぞ!」と叫んだ。両手で、晴れやかにVサインを掲げた。日本流通史上初の一兆円という売上げをダイエーが達成したのである。

中内は、興奮の面持ちでこうぶちあげた。

「一兆円は、瞬間風速にすぎない。五年後の昭和六十年には、四兆円を実現してみせる!」

その四兆円構想の内訳は、「ダイエー本体で二兆円、関連企業で一兆二千億円、新規事業で八千億円」という、気宇壮大なものであった。しかし、昭和六十年（一九八五）を一年後にひかえた昭和五十九年（一九八四）、ダイエーの売上げは、一兆二三三二億五〇〇〇万円に留まっている。仮に、昭和五十九年度の伸び率のまま昭和六十年を迎えると、一兆二四八三億円にも満たない。

数字的データから推しても、四兆円構想は、夢物語としか思えなくなっている。

流通問題評論家の萩原啓一《はぎわらけいいち》も、断言する。

「中内さんは、どうしても髙島屋との提携を成功させたかった。四兆円構想は、その成功が基本になっていた。中内さん自身、その数字を安易に考えていたようです。その他、海外進出や外食産業に手を染めることで、実現可能だと思っていたんじゃないですか。しかしいまとなっては、まったく不可能な数字です」

中内自身、かつてあれほど興奮して方々でまくし立てていた四兆円構想について、最近はまったくと言っていいほど触れていない。いや、触れられることを嫌がっている気配さえある。

『ダイエー浜松町オフィスセンター』十四階の会議室で、中内にインタビューを試みた。

そのとき、四兆円構想について触れ、いまもおっしゃっているわけですか、それとも、変更なさったというわけでしょうか――と訊いた。

中内は、それまでの流暢な話し方から一転し、気乗りのしない、曖昧《あいまい》な答え方に変わった。

「いや、あれはあくまで、ひとつのビジョンです。四兆円というものの在るべき姿をまず定め、われわれはその目標に向って多角化というものを進めていくということです。また、多角化事業の一環として、国際化の事業も進めていく、ということです。円だけでなしにドルでも稼ぐ、ということも考えています。そのひとつとして、ハワイのアラモアナショッピングセンターも買収したわけです。太平洋経済圏においては、キー・カレンシー（基準通貨）は、やっぱりドルになりますからね。われわれは、いま豆腐の原料である大豆や、味噌汁の材料になるものをドルで買っている、つまり輸入しています。しかし、今後環太平洋経済圏という観点から見ますと、環太平洋経済圏が発展すれば、キー・カレンシーとしてのドルの比重は、大きくなるはずです。そうなった場合、われわれがいま円を使っているのと同じ感覚で、ドルを使うようになるでしょう。そういう将来の要素も考え、うちとしては、ハワイのショッピングセンターなどを買収し、ドルで商売をすることによって、将来にそなえているわけです」

これまで、自分の思っていることは何事もハッキリと表明してきた中内だ。本気で四兆円構想が達成できると考えているなら、このような曖昧な答え方はすまい。

## 「中内さんは田中角栄に匹敵する」

流通界の王者として倍々ゲームをつづけてきたダイエーも、さすがに息切れがしてきたといえるかもしれない。いや、息切れどころか、ダイエーは深刻な危機を迎えている。そう指摘するのは、ライバルスーパーの役員。

「中内さん個人は、戦後経済界の田中角栄《たなかかくえい》に匹敵する。人間的には、大変魅力的な人です。ただダイエーを率いる中内となると、巨大な虚像と言わざるをえない。現在の中内さんは、田中角栄が総理を辞任したときと、きわめて似ています。というより、辞任直前という方が正確でしょうか。厚化粧した中内像は、もう必要ないでしょ。中内率いるダイエーの破綻は、近い将来にそれが顕在化するのはまちがいないでしょう。五、六年くらい先には、かならず出てくると見ています」

中内は、口癖のように「CUT THROAT COMPETITION」という。つまり、喉を掻《か》き切り合う競争の時代に入った、という意味である。おたがいのスーパーが血で血を洗う戦いを繰り広げている。

ライバル企業の役員の舌鋒も、いっそう鋭くなる。

「ダイエーは、なにがなんでも日本一という目標を達成した。ところがいまは、その日本一を維持することだけが目標になっている。つまり、形だけ日本一だが、実体はとても日本一とはいえなくなっている。日本一の売上げ高をあげるため、あらゆるところが犠牲になっています。それがバランスシート、経営効率すべてにわたって悪化している原因です」

ダイエー本体が横ばい状態の中で、傘下のダイエーグループもまた悪い。ライバル企業の役員は、いわゆるダイエーのコングロマリット化の方法も悪い、と指摘する。

「たとえば電機メーカー、クラウンのように、悪化した会社を傘下に収めて、しかも、そのほとんどがダイエーの力によって立ち直るどころか、かえって悪くなった。さらに新事業を様々に展開しているが、たいていが赤字だ。コングロマリットとしては、最悪のケースだ。ただ、まだ本体がすごく大きくて、傘下のグループが個別では小さい。それで、かろうじてもっているようなものです。しかし、百貨店である『オ・プランタン』だけは、かならずしもそうではない。いまはまだ小さな種だが、いやでも大きくなってしまう。大きくプラスに育てばいいが、たぶんそうはならないでしょう。マイナスに大きくなる可能性の方が大です。そうすると、ダイエー本体ではカバーしきれなくなる。そのときが、ダイエー破綻の日でしょうね。いま、『オ・プランタン』は赤字が二、三十億円といわれています。しかしこれが一〇〇億になるのは、アッという間です。それが二〇〇億、三〇〇億になり、やがて五〇〇億になる。そうしたらデッドライン、破綻です。百貨店経営というのは、そういうものなんです。赤字なんて、あっという間にふくらんでしまいますよ」

## 戦後最後の英雄はこの危機を乗り切れるか

ダイエーの危機は、低成長型になっていないことにもある、とその役員は体質にまで触れ、皮肉たっぷりに語る。

「今後、小売り業は管理密度を高めなければならない時代です。コスト削減をやらなければならない。ところが、ダイエーは逆になっている。無謀な投資が多すぎる。依然、高度成長型なんです。ダイエーが救われる道は、二つしかありません。一つは、再び高度成長時代が来ること。いま一つは、なにかの拍子で、急激なインフレーションが起きることです。そうすれば、八〇〇〇億といわれているダイエーグループの借金の、かなりの部分が棒引きされますからね……」

中内㓛は、負けん気の男である。ここに来て、堅実型のライバルスーパー、イトーヨーカ堂が、売上げ、利益率の伸びとともに、ダイエーを上回り、着実に追い上げてきている。

かつて西友ストアーの堤清二について、中内は勝ち誇ったように言ったものである。

「堤さんをライバルと思いつづけてきたのに、いつの間にか、姿が見えんようになってしもうたな……」

しかし、いまやイトーヨーカ堂の伊藤雅俊社長の、背後から迫ってくる足音が、ひたひたと聞こえてくる。中内には、我慢なるまい。その中内が、最近、ある雑誌で、伊藤社長と対談した。そのあと、にこやかに笑い、握手を交わしあっている写真まで撮らせた。しばらくして、経営評論家の針木康雄《はりきやすお》が中内に会った。針木は、中内に皮肉たっぷりに言った。

「中内さん、伊藤さんとよく握手できましたね」

中内は、一瞬険しい表情になった。が、すぐに吐き捨てるように言った。

「対談のあと、すぐにトイレに行き、手を洗いましたよ……」

流通界の覇者中内の焦りは、深い。

中内は、戦後、闇屋からスタートし、徒手空拳でのしあがってきた。高度成長の波に乗り、一躍、日本流通業界の王者となった。

ところが、低成長期に入ったいま、中内に、初めての危機が訪れている。

中内同様徒手空拳からのしあがり、高度成長期の英雄といわれた人物に、田中角栄、小佐野賢治《おさのけんじ》がいる。が、彼らはすでにつまずいた。中内㓛も、ここに来て苦悶している。彼の想いと現実との間にあまりに大きいギャップが生まれている。

なぜなのか。はたして中内は、冬の時代を乗り切れるのか。試練のときを迎えている――。

## 河島博副社長による「V革」

中内は、日本経済新聞の『私の履歴書』で事業の苦戦と「V革」について告白している。

《「コングロマーチャント（複合小売り集団）構想」の実現に向かって次々に新事業の種をまくが、なかなか実を結ばない。何が原因なのか。「時期が悪い」「育て方が悪い」「私が教育ママのように口を出し過ぎ」。あれこれ考えるが、正直なところ私にも分からなかった。特に出来が悪かったのが「P」「C」「B」で、百貨店のプランタン、音響機器メーカーのクラウン、ボックスストア（限定品ぞろえの倉庫型店舗）のビッグ・エーだった。

公害になぞらえて「PCB汚染」と悪口をたたかれたこの三社が足を引っ張り、昭和五十八年（一九八三）二月期、連結決算で初めて六十五億円を超す赤字に転落した。

ダイエー本体の調子もよくない。全店ベースの売り上げこそわずかに増えたが、既存店の売り上げが落ち、経常利益は三割を超す大幅減益となって、子会社の赤字を支え切れなくなった。ダイエーグループ全体の手術が必要である。私はそれを前の年にスカウトした河島博副社長に全面的に任せた。

河島さんは日本楽器製造（現ヤマハ）の社長として活躍したばかりでなく、海外での販売経験もあり、レジャー関係や音響機器にも詳しい。その腕を見込んで、私が口説き落とした。「イケイケドンドン」型が多い当社のマネジメント層の中で、数字に強く、論理的思考のできる米国型ビジネスマンとして、河島さんは異彩を放っていた。

その河島さんが大卒一期から三期までの若手幹部を指揮して再建のための三カ年計画、いわゆる「V革」を練った。ポイントは子会社の構造改善と本体の収益力向上である。

過去の「ワンマン中内」を知る人には信じられないだろうが、私はこのとき、計画の立案から実行までのすべてを若手に任せた。たまに質問や議論をするが、上がってきたプランはほとんど原案通り受け入れた。親にとっては出来の悪い「ＰＣＢ」ほどかわいいものはない。そう思うからこそ、行く末を考え、思い切って外科手術をした。

プランタンは銀座店（東京）以外の店舗をダイエーに移管した。銀座店は婦人服専門店のレリアンから石井智恵子さんを社長に迎え、銀座のＯＬや若い女性をターゲットにした新しい百貨店としてスタートを切った。

クラウンについては債権を放棄し、株式を音響機器メーカーのユニセフに譲渡して撤退を決めた。ビッグ・エーは累積赤字をダイエーが清算し、新会社としてスタートした。現在、百店舗以上を埼玉県を中心に展開し、上場を目指している。

ダイエー本体ではスリム化に取り組んだ。店の在庫を三割削減した結果、商品ロスや不必要な値下げが激減した。さらに商品管理を徹底し、商品の回転率を高めた。

これによって三年後の昭和六十一年二月期には本体の収益力が回復し、連結利益も黒字化、業績はV字型の回復を遂げることができた。この成功はダイエーグループ全体の診断書を書き、大胆な手術を冷静に実行した河島副社長の手腕によるところが大きい。

河島さんには、その後も苦労を掛けた。昭和六十二年二月、私は通産省からの要請で、消費者保護の観点から、リッカーミシンの再建を全面的に支援すると発表した。管財人である私の代理として初代社長に就任し、五年間にわたる更生計画を無事終結させ、再生させたのも河島さんである。》

このとき、中内はV字回復が実現すると、長男の中内潤を副社長に抜擢し、自身が再建を引き受けていたリッカーミシンに河島を送り出し、再び経営の最前線に返り咲き、かってのワンマン体制に戻ってしまったのである。なお中内は、子息への事業継承のために、河島だけでなく有力幹部を次々と外に出してしまった。

## 流通科学大学の開学と経団連副会長への抜擢

昭和六十三年（一九八八）四月には、神戸・学園都市に流通科学大学を開学。大学職員は全員当時のダイエーから出向させ、同時に理事長に就任した。この年九月には、自らの故郷・神戸の玄関口である新神戸駅前に、ホテル、劇場、専門店街が一体となった商業施設新神戸オリエンタルシティを誕生させた。

平成三年（一九九一）には経団連副会長に抜擢。それまで財界においては重工業に比べて格下とみられていた流通業から初めて抜擢されるなど、名実ともに業界をリードする存在となった。

## 中内、リクルートの会長に

平成四年（一九九二）五月初め、二ヵ月後の六月末に開かれる株主総会に向け、上場しているリクルートコスモス社とファーストファイナンス社のリクルート関連二社の決算報告書が、リクルート本社に送られてきた。創業者であった江副浩正《えぞえひろまさ》は、昭和六十三年（一九八八）に発覚した事業拡大のため政界幹部へ公開後、値上がり確実な関連会社の未公開株をばら撒いたり、献金をしたりしたいわゆる「リクルート事件」によりリクルート会長を退任していた。が、週に二、三日、リクルート本社十一階に陣取り、専務以上の重役を集めて経営状況を報告させ、指示を出していた。

江副は、この日、重役の一人から決算報告書を見せられ、眼を通しながら、気が重くなった。

〈この借金は、さすがに重い……〉

リクルートグループ四十六社の借入金は、約一兆八〇〇〇億円。内訳は、リクルートが、約四〇〇〇億円、リクルートコスモス約五〇〇〇億円、ファーストファイナンス約七〇〇〇億円。コスモスとファーストファイナンスの二社で、グループ全体の借入金の七割近くにものぼる。

平成四年三月期の業績は、リクルートは、売上高三六〇〇億円、経常利益五三一億円と、ほぼ前期の水準を維持している。

〈リクルート本体の情報誌事業や全国にある貸しビル事業の収益は、依然高い。そのうえ、不動産の含みや、銀行の株式の含みもある。それらを考えると、一兆八〇〇〇億円の借金は、クリアできるのではないか……〉

しかし、コスモスの経常利益は、十億六七〇〇万円で、前期の十五分の一近くに激減したほか、不動産担保金融のファーストファイナンスも不良債権を抱えるなど、バブルの崩壊で、グループ経営は、厳しさを増している。江副は、ためらわなかった。

〈頼るのは、中内さんしかいない〉

二十九年前の昭和三十八年(一九六三)、江副はじつは東大在学中から起業していた「リクルート」の前身である「大学広告」を株式会社化するとき、ダイエーの中内㓛を兵庫県西宮市のダイエー本部に訪ね、六万株を持ってもらっていた。

中内にとって江副は初対面であったが、江副にいきなり頼まれた。

「人材募集の事業を拡大したい。ぜひともわが社の株主になってほしい」

江副も甲南高校から東大を出た同じ関西出身なので、江副の事業が成功することを願った。

「情報を加工して売る仕事は大いに可能性がある」

そう激励し、出資を約束した。

中内もスーパーマーケットに店員を集めるのに苦労していたので、今後人手が不足するだろうから、将来性のある仕事だと思った。ただし、事業内容から見て特定の一社が多く出資するのはあまり得策ではないと思い、助言した。

「広く出資者を求めた方がいい。社員持ち株会も考えたらいいのではないか」

その後、リクルートが発展していく節目節目で、江副は、中内から助言を受けた。

「リクルートコスモス」が店頭登録するときは、江副は、中内に頼んだ。

「中内さん、十億円出してください」

一株二五〇〇円で、四十万株だ。あくまでも、安定株主という形であった。

中内は、リクルート事件後も、パーティーで会ったときには、いつも励ましてくれていた。

「元気を出して、またなにかやったらどうですか」

江副は、今回のリクルート会長選びについて、ついに決断した。

結果的には、江副と同じ創業型経営者の中内を選んだのである。

〈この話は、中内さんのように、ひとりで決められる人でないとまずい。引き受ける側で、役員会を開いて議論するような会社では、外に漏れ、リクルートが迷惑する事態も考えられる。トップが一切を決めることができて、しかも一兆円規模の企業経営ができるという条件の中では、中内さんが最高だ〉

平成四年五月十日、江副は、東京の浜松町にあるダイエー東京本部にいる中内に、電話を入れた。

「会いたいのですが……」

中内は答えた。

「じゃ、十三日に」

中内は、なんの用件なのか、といぶかっているようであった。

## 江副浩正の要請

五月十三日、江副は、中内を、ダイエー東京本部に訪ねた。

中内の来客用応接室で、江副は、中内に切り出した。

「リクルート、リクルートコスモス、ファーストファイナンスの三社の求心力を持つ会長が、必要になってきました。わたしは、リクルートが繁栄していくことに人生を賭けてきたんです。リクルート事件に関与したまま経営の第一線で陣頭指揮するわけにはいかない。裁判には十年以上かかる。会長の席が空席のままというわけにはいきません。わたしは、裁判が継続していて表に立つわけにはいかない。ですから、中内さんに、リクルートの代表権を持つ会長を引き受けてほしいのです。ダイエーさんが一番リクルートの風土をそのまま存続させ、さらに発展させてくれるところだと思いました。ついては、その重みをつけるために、わたしが持っているリクルート株も一緒に持ってください」

中内は、おどろきを隠せなかった。

「自分のつくった会社はかわいい。なんとか存続させたい」

そう願う創業者の心境は、中内には痛いほどわかった。

江副が、考えに考えた末に中内のところにやってきた、という様子がありありとうかがえた。

〈たくさん知り合いがあるのに、わたしのところを選んだんや〉

ただし、すぐに返事をするのは難しい。思案顔の中内に、江副は二十九年前に初めて会ったときと同じ真剣な眼差しでダメを押してきた。

「リクルートをよく理解し、発展させてくれるのは、中内さんしかいない」

浪花節の殺し文句に中内はめっぽう弱い。江副の言葉に心を打たれた。

事業家としての心意気に応じることにしよう、と中内は思った。

中内は、あっさり了承した。

「しばらく預かっておこうか」

三十年来のつきあいと信用で、売買の条件や理由は、出さなかった。この間、わずか五分。

中内は考えた。

〈うちも、たしかに六五〇〇億円の借入金がある。だが、四兆円企業グループのダイエーとしては、四百何十億円の買い取り資金は、グループの力からすると、借入金を増やさなくてもできるだろう〉

中内は、リクルートと提携することによりダイエーが得るメリットを読んだ。

おたがいに、個性を尊重してやっていきたい。リクルートは、ダイエーより、社員の平均年齢で、八歳若い。リクルートには、若さ、バイタリティがある。リクルートは、一人ひとりの発想を大事にしていく社風。いっぽうのダイエーは、効率性を追求したシステムをつくりあげていく中央集権的体制。その二社が提携すると、新しいものがつくり出せる可能性がある。三〇〇〇人、四〇〇〇人の優秀な人材を関東圏で集めるのは、大変だ。

リクルートのような優秀な頭脳を集めているところはない。リクルートは、日本で最大の頭脳集団だ、と感じていた。その人材が、そっくりいるということは大きい。

〈まず人、人がいて事業ができたら、金はついてくる〉

提携による相乗効果もある。

江副が持っていたリクルート株の約九五〇万株、発行済み株式の三分の一をダイエーに売却譲渡し、中内が、リクルートの代表取締役会長に就いた。リクルートには、新たにダイエーから五人の役員が派遣された。リクルート社長の位田尚隆《いだなおたか》は、そのまま残り、幹部も社員も、江副時代の者がそっくり残った。

江副と中内は一緒に記者会見をして提携を発表することに決めた。

ところが記者会見をおこなう五月二十二日の朝、毎日新聞が朝刊の一面ですっぱ抜いた。

「リクルートがダイエーの傘下に　江副浩正前会長が全所有株譲渡」

記事では、「リクルートが東京・銀座など大都市の一等地に多くの自社ビルを保有していることにも着目したようだ」との憶測までついていた。

中内にとっては開いた口がふさがらなかった。

## ダイエーとは全く社風の違う会社

中内はそのいきさつを『私の履歴書』で次のように書いている。

《その日の午後に予定していた記者会見を急きょ午前中に繰り上げて実施し、江副前会長と位田尚隆社長と私の三人で、江副さんが保有する株式（リクルートの発行済み株式総数の約三分の一）をダイエーが譲り受けて、わたしが会長に就任する予定であることを発表した。その席上、「不動産を狙って傘下に入れることなど絶対にあり得ない」と断固として否定した。

提携後、会長として初めてリクルートにあいさつに行った中内に、平均年齢二十六歳の若い社員たちが「中内さん、こんにちは」と気軽に声をかけてくれた。そこにはダイエーとは全く社風の違う会社があった。

実は提携に当たって、江副さんから「リクルートの独自性は絶対に保ってほしい」というきつい注文が付いていた。私はこのとき、江副さんの言うことがよく呑み込めた。それ以来、自由闊達な企業風土を維持するために、経営には一切口出しをしなかった。

私は若いころ、新聞記者になりたかった。結局、流通の道を歩んだが、その夢は断ち難く、『オレンジページ』を発刊したり、デイリースポーツ、神戸のサンテレビジョンなどの情報産業にも協力してきた。リクルートとの提携もその一環で、力を合わせ新しい生活提案型の産業をつくろうと遠大な計画を立てた。》

## 「金は出すが、リクルートの事業には口を出さない」

いっぽう、リクルートの幹部の宮川光彦《みやがわみつひこ》にとって衝撃が大きかったのは、リクルート事件よりも、ダイエーグループ傘下に入ったことである。創業者である江副を中心としてリクルートは大きくなった。にもかかわらず、なぜ売却してしまったのか。さびしい思いがあった。

ただ、ダイエー傘下に入ったとはいえ、宮川らが窮屈な思いをすることはなかった。中内がリクルートの経営に首を突っこむことはなかった。むしろ、リクルートの風土を大切にしていた。おそらく、この風土や社員が好きだったのだろう。

このとき、マスコミによる江副叩きが再燃した。

「江副氏は五五〇億円の大金を握って社員を見捨て、敵前逃亡した」

リクルートの社員の間からは、「江副は会社を売った」「裏切り者」という怨嗟《えんさ》の声が続出した。そんな騒動の中、リクルートの江副の側近の小倉義昭《おぐらよしあき》だけは江副から本心を聞かされていた。リクルート本体の業績はリクルート事件のあとも好調だった。しかし、江副は、グループの不動産会社リクルートコスモス（現コスモスイニシア）によるマンションのディベロッパーだけでは物足りず、積極的に事業用やゴルフ場などを買収した。そのうえ、不動産金融のノンバンクのファーストファイナンスまでつくっていた。

これらの事業が、バブルの崩壊による地下の下落でリクルートコスモスの資金繰りが苦しくなり、ファーストファイナンスは巨額の不良債権を抱えていた。結局、有利子負債一兆七〇〇〇億円だけが残されてしまった。

リクルートコスモスとファーストファイナンスを救うには、リクルート本体が資産の買い取りなどで支えるしかない。そのためには事件で傷ついたリクルートの信用力を高める必要があった。

江副は、借金一兆七〇〇〇億円を抱え、苦しんでいた。その利子だけでも一日一億円になる。江副は、それら借金の約束手形の裏書から逃げるために、ダイエーの中内を頼ったのである。

「中内さん、このように手形が回ってきます。わたしが、留守の間、よろしく頼みます」

江副の申し出を、中内は引き受けた。

ただし、その代わりに、江副は自分の保有する株を預けたのである。

報道では、江副が中内に株を売却し、ダイエー傘下に入ったとされていたが、江副自身は問題が解決したあとにすべての株を買い戻す約束をしていた。そのことを証明する多くの手紙が残されており、それら一つひとつを江副は小倉義昭に見せていたのでまちがいない。

ただし、当時の社長・位田尚隆らに、その手紙を見せることはなかった。見せたところで、意味なんかないと判断していた。

江副は、人にはいえない多くのことを小倉だけには打ち明けていた。

リクルートの服部啓男《はっとりひろお》も、その最大の不満分子だった。

長年、経理部と財務部を行ったり来たりしていた服部は、平成三年（一九九一）四月から「Ｂ－ｉｎｇ」「とらばーゆ」中途採用事業部の新宿営業部長に就いていた。

リクルートでは、部門ごとに説明会が開かれた。その場で、服部は発言した。

「わたしは、納得がいきません」

怒りを抑えながら、言葉をつづけた。

「まず、譲渡制限がついているのに、なぜ取締役会は反対しないのか。取締役会の説明では、基本的に一兆七〇〇〇億円の借金に対して、銀行から信用が得られないということでした。だから、ダイエーに株を売ると……。ちょっと待ってください。そのダイエーって何兆円の借金があって、収益力はどれだけあるか知ってますか？　どうして、それに対してリクルートが信用を得られないのかがわかりません。むしろ、ダイエーの方が、信用がないはずです。そんな嘘、聞きたくない。もっと他にあるでしょう。第三者割当先を取締役会が指定すべきではないですか。ダイエーでは納得いきません」

服部は、散々、ごねた。

しかし、のちに、服部は、株の売却先にダイエーを選んだ江副の慧眼に感服する。

中内が、初めて都内のオフィスに一〇〇〇人近く集めてのマネージャー会議にやってきた際の第一声がこうだった。

「あのー、みなさん、鶏が金の卵を産んでいるうちは、誰も、それをカシワ（鶏肉）にするアホはおりませんわなー」

中内は関西弁だ。

この第一声を聞いて、服部は気づいた。

〈そうか！　中内さんは、リクルートが利益という金の卵を産みつづけていれば、経営には口を出さないとおっしゃってるんだ〉

服部以外のマネージャーたちも、中内が何を言おうとしているのかが瞬時にわかった。

「これは、すごいかもしれない」

ムードが一転していた。

中内は、リクルートに資本参加した経緯を簡単に説明したあと、さらに語った。

「ワシはリクルートのような若くて元気な会社が大好きや。しかし、あんたらは世間から『いかがわしい』と言われて、シュンとしておる。ワシのところもそうやったが、若い会社というのは、たいがい、いかがわしいもんや。それでええんや。おまえら、もっといかがわしくなれ！」

「うおーっ」

一〇〇〇人が立ち上がり、拳を突き上げ、雄たけびを上げた。

中内が「いかがわしさ」と呼んだのは、まだ誰もやっていないことに挑戦するベンチャースピリッツのことであっただろう。その意味で、リクルートはいかがわしさを保ちつづけた。

「金は出すが、リクルートの事業には口を出さない」

江副との交渉で中内はそう約束し、自分が会長でいる間、その約束を守った。

こうして、リクルートは、バブル崩壊の一九九〇年代を生き延びることができた。

そのことを振り返ると、服部はしみじみ思う。

〈江副さんの選択は、本当に正解だった〉

もし、服部が提案した通り、銀行団も含めて株を割り振っていたらどうなっていただろうか。それこそ、経営にどんどん口をだし、どんな結末を迎えることになっていたかわからない。

服部は、心底反省した。

〈わたしは、おろかだったな……〉

リクルートは、バブル崩壊の一九九〇年代を生き延びることができた。

反面、ダイエーは九〇年代末から苦境に入る。

悪化する経営状態のダイエーには、有利子負債を圧縮するため、保有していたリクルート株式の売却問題が浮上した。ダイエーは当初、保有する株式すべてを第三者に売却する考えだった。リクルートは同社の同意がなければ第三者に売却できない「譲渡制限」条項を盾に抵抗し、株の買い戻しを逆提案した。

平成十二年（二〇〇〇）二月、ダイエーグループが保有する発行済み株式三五・二パーセントのうち、二五・二パーセントをリクルート側が約一〇〇〇億円で買い戻すことで決着した。一株当たり六〇〇〇円という売却価格は、ダイエーが外部に依頼した評価額と大差なかった。ダイエー側は、平成十七年（二〇〇五）、残りの一〇パーセントを農林中央金庫などに売却して、リクルートの経営から撤退した。

ダイエーは、最終的にリクルート株の売却で一五〇〇億円以上のキャッシュを得た。四六〇億円で買った株が、十年程で一五〇〇億円以上になり、ダイエーは一〇〇〇億円以上の利益を得たことになる。

## 平成五年（一九九三）年頭インタビュー　秀和・忠実屋・伊勢丹問題

——秀和株の問題は、あれは中内さんは、初めから秀和が株を買い占めるときから関わりがあったんですか。それとも、たまたま買い占めた株を買ってくれ、と持ち込まれたんですか。

中内「秀和の問題は、たまたま持ち込まれたんですよ。もともと、この浜松町のダイエーの本社ビルは、秀和のビルでね。うちと秀和は、店子と家主の関係でね。秀和の小林茂《こばやししげる》さんが、ライフストアの清水信次《しみずのぶつぐ》さんと戦友という仲で、清水さんが流通再編をもくろみ、小林さんが流通株を買い占めにかかった」

不動産貸ビル業会社の秀和は、昭和三十二年（一九五七）七月に設立された。

首都圏を中心に、貸ビル業をはじめ不動産業を手がけ、海外にまで事業拡大を展開していった。特に、昭和六十二年（一九八七）ころからはじまったバブル景気の波に乗り、不動産、貸ビル業は、空前の盛況をむかえた。

昭和六十三年（一九八八）、秀和の小林社長とライフストアの清水社長が、中堅スーパーの合従連衡《がっしょうれんこう》による一兆円スーパー構想を打ち出した。

平成元年（一九八九）に入り、秀和の流通株買い占めが表面化すると、小林社長自身が、広言しだした。「合従連衡による、流通業界の再編を進める」

その言葉通り、平成二年（一九九〇）十二月六日までに、中堅スーパーの忠実屋《ちゅうじつや》三〇六三万株、いなげや一三一九万株、長崎屋二五六四万株、マルエツ二六九三万株、イズミヤ六九四万株、東京スタイル一一一七万株、大手百貨店の松坂屋二四三五万株、伊勢丹五五六一万株を所有するにいたった。最高時で、保有株式の時価総額は、五〇〇〇億円を上回った。

秀和の借入総額は、平成元年一月期に六九〇〇億円であった。

地価高騰により、秀和の持つ土地の含み益が大幅に拡大し、融資する側の銀行も使途を問わず、次々と融資を増やしていった。

借入金増額分のほとんどが、流通株購入に投資されていた。

平成二年に入ってから、五次にわたる公定歩合の引き上げがあり、株式の保有による金利がかさんだ。平成二年五月末には、借入総額は一兆八二〇〇億円にふくれ上がった。

しかも、バブル崩壊にともない平成二年春から、不動産業向け融資規制がしかれ、資金パイプが徐々に細くなっていった。秀和の資金繰りは、急速に逼迫《ひっぱく》した。

秀和のパートナーであったライフストアは、平成元年秋に、合従連衡による一兆円スーパー構想からすでに手を引いていた。秀和の小林社長は、大手流通企業に救けを求めた。

その結果、ダイエー、セゾングループ、イトーヨーカ堂、ジャスコの大手四グループが、他社に対する防衛的な意味からも、秀和からの株式肩代わりに意欲を示した。その中で、資産が突出して多いうえ、首都圏での店舗展開を図るダイエーが、忠実屋の株式獲得に意欲をみせた。

秀和の倒産がささやかれる中、ダイエーが平成二年九月初めと十一月末の二度にわたり、忠実屋株二八〇〇万株を担保に、計七〇〇億円の資金融資をおこなった。

平成二年十二月七日、ダイエーと秀和は、秀和が保有するスーパー、百貨店の流通株処理について、ダイエーが全面協力するという基本協定に調印した。

基本協定調印により、秀和主導の合従連衡は断念せざるをえなくなった。代わって、ダイエーを中心とした調整に委ねられることになった。

平成二年十二月二十八日、ダイエーは、秀和の保有するダイエー系食品スーパーマルエツの株一七三六万株を担保に、一五〇億円を追加融資した。

さらに平成三年（一九九一）一月十七日、ダイエーは秀和の保有する忠実屋、マルエツ、松坂屋の株を担保に、二五〇億円の追加融資をおこなった。

追加融資の担保は、忠実屋二三七万株、マルエツ三四五万株、松坂屋六八二万株。これで、秀和に対するダイエーの融資総額は、一一〇〇億円となった。

平成三年四月十日、ダイエーは、マルエツのＴＯＢ（株式の公開買い付け）に成功。

平成四年（一九九二）二月二十八日、ダイエーは、株式買い付け価格で難航していた忠実屋のＴＯＢに成功し、忠実屋を傘下におさめた。

ダイエーは、忠実屋の三四・八パーセントの株式を保有する秀和との話し合いの結果、一株当たり二七〇〇円で三七八八万七〇〇〇株を買い付けた。買い付け価格は、一〇二三億円に上った。

ダイエーグループは秀和に対し、一一〇〇億円を融資しているが、秀和からダイエーグループに移る株式の総額は八三五億円。差し引き二六五億円が、秀和への貸し付けとなった。

ダイエーグループは、二六五億円の担保を、秀和が保有する流通株から、不動産への切り替えを要請したが、切り替えはできなかった。結局、秀和が保有するいなげや株を担保にすることに落ち着いた。この結果、秀和はダイエーグループに対し、金利を含め月々十五億円、約二年間で返済する計画を発表した。

――それにしても、秀和の小林社長は、ずいぶんたくさん流通株を買ったものですね。

中内「そうですなあ。それは、買えば上がるバブルのときですから、上がった株を担保にまた買うという」

――あれは本人たちは乗っ取る気はなかったんですか。ただ、株で投機して儲けるだけだったんですか。

中内「一時は、ライフストアの清水さんが中心になって、そして第三勢力をつくろうということを、新聞にも発表されていましたからね。首都圏の連合をつくろうというようなことを、清水さんは言われていましたから。が、途中でライフストアの増資の件で、ふたりは仲たがいになったように聞いて、それからいわゆる第三勢力をつくろうという構想はなくなった。今度は、小林さんの株を、イトーヨーカ堂か、西友か、ジャスコか、ダイエーか、四社の中でということになったんですね」

――もうそのときには、ライフストアの清水さんはいない。今度は、小林さんひとりの判断で、この四つのどこかと……。

中内「小林さんは、この四社の中の一つでということで。その中で、小林さんは最終的に、うちに引き取ってもらいたいということで」

――なぜ、ダイエーとおっしゃったんでしょうか。

中内「それは、小林さんに聞いてみないとわからない。客観的に考えてみると、イトーヨーカ堂は、アメリカのセブン‐イレブンを買収し、西武自体は、インターコンチネンタルホテルを買収した。みな、おたがいに忙しくなったからね。出遅れていたのは、うちだけということで、うちが一一〇〇億円くらいを立てかえて……。ただし、うちはいつも頼まれなかったら、やりませんよということで」

――それは、徹底していらっしゃるんですか。ご自分の側からひそかに攻めるということは、なさらない。

中内「それは、やっても、日本的風土の中では敵対的マージというのは成立しませんわね。忠実屋の場合は、忠実屋の財産もなくなり、いろんな問題があって、谷島茂之《たにしましげゆき》社長がわたしのところに来た。秀和との間に入って問題を解決してくれ、と頼まれたから、うちがこうして話をしたわけですね。マルエツは、もともとうちと提携していましたから、マルエツの会長兼社長の高橋八太郎《たかはしやたろう》さんから頼まれて、買った」

――マルエツ、忠実屋は、これはうまくいったわけですね。

中内「そうですね」

――平成五年（一九九三）一月二十一日付の日本経済新聞を見ると、イトーヨーカ堂が、秀和の持っていた伊勢丹株を手に入れてますね。中内さんは、どうして秀和の持っていた伊勢丹株を、担保になさらなかったんですか。

中内「うちは、頼まれなかったらやらない。伊勢丹の株は、持ってくれと頼まれてないから」

――秀和の小林さんに、「やがては伊勢丹と話したい。伊勢丹の株を担保にしておいてくれよ」と言うことは、できなかったんですか。

中内「それは、言えば、できるでしょうね。が、別に伊勢丹からなにも頼まれてないのに、そんなことをする必要はないんだな」

――中内さんから見たら、伊勢丹に魅力があったんじゃないですか。

中内「それは、あくまで担保としての株ですからね。向こうの都合でね。秀和から『いなげやの株を担保にしといてください』と。そうしたら、株価の七掛けで担保にするということだけですから。伊勢丹からあえて頼まれなかったら、そうすることもしない。別に伊勢丹に興味があるわけでもないし」

――普通に考えたら、もったいないなあ。いなげやの株の代わりで伊勢丹株を担保にしておけば、伊勢丹も傘下におさめられたのにと思ったんですが、そんなことはないんですね。

中内「それに、株を買ったら傘下におさめられるというものじゃないですよ。そうでしょう。たしかに、五一パーセント買えば、力は行使できますが。しかし、日本では、実際にはそういう力を背景にして乗り込んでの経営はできませんからね。だから、やっぱり頼まれない限りは、それはできないでしょう。忠実屋でも、全部頼まれたからやっておるだけであってね。リクルートも、頼まれたからやっているだけです。うちが積極的にやりたいという話は、一度もしたことないです」

――ということは、今後もまたどこかに株を持ってくれ、と頼まれたら、また「いいよ」って引き受けられる可能性もあるんですね。

中内「将来のことは、わからないですけどね」

## 旺盛な好奇心と「生涯現役」がエネルギーの源泉

――それにしても、中内さんは、精神的に若いですね。いまなお、新しい会社を呑みこんで突き進んでいくわけですから。

中内「いや、突き進んでもいないですね。まあ、生涯現役、生涯学習という。ぼくも臨時教育審議会の委員を三年、一一〇〇日やって、『生涯学習』という言葉をつくったわけですな。だから、まあ八十までは、現役でしょうな」

――ご自分で、たとえば、おれとしては昔から比べると、ちょっと記憶力が衰えたなと思うようなことはまったくないんですか。

中内「まあ、ないですなあ」

――そのエネルギーの秘訣は、何ですか。一般には、隠居する年齢になったら、もうくたびれたり、戦いの気力がなくなったり、枯れてしまったり、そういう人が多いですよね。そういう面でいえば、何が中内切のエネルギーをかきたてているのか。

中内「それは、好奇心ですわな。たとえば、中国へ行って、敦煌《とんこう》の石仏を観ようと。それも、四輪駆動で行こうということでね」

――シルクロードへ、行かれたんですか。

中内「敦煌から、トルファンを通って、ウルムチまで、四輪駆動で学生と一緒にね」

――大変な好奇心ですね。

中内「おととしは、ソ連国境へも行ってきた。ハルピンから牡丹江《ムータンチャン》を通って、綏芬河《サイフエンホー》からオレンチへ入り、ソ連へ入って、ハバロフスクまで行った。ところが、ハバロフスクで、クーデターを知った。日本航空の支店長に、おどかされてね。『四時に来る飛行機が最後ですよ。あと当分、飛行機は来ませんよ』と言うんで、それに乗ってハバロフスクから新潟へ帰ってきたんですがね。去年は、モンゴルへ行こうと思ってね。だけど、去年はリクルートとの提携があって、オジャンになった。今年は、もう一遍、三峡下りをやろうかなあってね。長江は、ダムができたら水没しますから、その前に、長江を船で下るやつをやろうかなあと思っておるんですがね。好奇心の塊なんです」

――ふつふつと好奇心が湧き立つんですね。いつまでも、好奇心を失わないんですね。

中内「要するに、好奇心ですなあ。この間も、文化とは何ぞやといって大阪で読売新聞の講演をやった。清く正しく美しく大阪を、と言われているから、わたしは、おかしいじゃないかって言ったんだ。街だとか文化は、すべていかがわしい。いかがわしいのが、文化なんでね。たとえば、中世の教会のキリストの磔の絵ばかりがあったときに、女の裸を描こうなんていうルネッサンスの絵画は、どうもいかがわしいわね。また、江戸時代の歌舞伎にしたって、吉原にしたって、全部悪所で、いかがわしいわね。だから、いかがわしさが文化であって、われわれのスーパーマーケットでも、百貨店とかメーカーから見たら、いかがわしい商売で、いまでも買い物だったら、百貨店の方が上でわれわれはその下に……。江戸時代から士農工商で、商人というのは、一番いかがわしく見られていたからね。だから、いかがわしさということが文化になるわけです」

——そうですね。そういういかがわしさは、エネルギーでもありますよね。

中内「そうね。やっぱり、そのときの既成概念というか、常識というか、それに対して、ある意味ではいかがわしいと言われるものはね、エネルギーがある。歌舞伎でも、男が女の格好して、女形として女の声色まで出している。ああいうのは、いかがわしいわね。で、芝居茶屋とかいろんな悪所があって。だから、すべて文化というのはいかがわしい。だから、街はいかがわしさがないとね。街がそんな清い透明な水ばかりなんていうのは、魚がすまなければいかんわけであって。西部劇でも、そうでしょうな。大草原で牛を追っているカウボーイも、街へ行ったら賭博カードをやって、酒を飲んで、女を買って、街はいかがわしいからね」

——それが、発展につながるということでしょうね。だけど、たとえば中内さんのように功成り名遂げてしまうと、たとえばいかがわしさなんかについては普通発言しなくなって、カッコいいことだけ言い出すんじゃないですか。それなのに、そういういかがわしさを原点に、いつまでもそこにこだわっているというのは、面白いですね。ところで、ダイエー本体の借金が多いということはありませんか。いまの経済情勢で、これだけの借金。いま、借入金は、四八〇〇億円ですか。グループ全体では、六五〇〇億円ですか。これは膨大なものですよね。

中内「そうですね」

――これは中内さんからごらんになれば、当たり前のことですか。それとも、さすがにちょっと多過ぎたなという感じなんですか。

中内「まあ、当たり前のことですけどね」

――これだけの規模だと。

中内「売上げ、五兆円で動きますからね。特に、事業をこれから起こしていくというには、やっぱり借入金をして、それによって事業をやるという。創業経営者というのはそういうもので、初めわたしは、この仕事を四〇〇万円からはじめたわけだから。四〇〇万円のうち、三五〇万円を店の保証金に入れて、五十万円を開店資金にしてはじめたわけです。昭和三十二年（一九五七）に店を開いてね」

――これは、いまの規模からいくと、中内さんにとっては、適当な借入金という感じなんですね。

中内「適当というのも、それは静態的な財務諸表を分析する立場から見れば、借入金が多過ぎるというふうに見る人もあるし」

――中内式経営からいうと、そんなものじゃないということですね。

中内「積極さからいうと、借り入れをするだけの信用をもとに企業経営をやっておるわけで、しかし、若干多いという声もあるんで、三〇〇〇億円ぐらいまでは圧縮しようということは考えている」

## 人材と土地が支える攻めの経営

――だけど、借入金が四八〇〇億円になったということは、中内さんの経営姿勢は、攻めだということですね。

中内「そうですね。やっぱり含みというものを経営というのは持つ必要がありますわな。そして、とかくのことを言われておっても、日本の場合は土地というものは一番大きな資産になるということ。それからいっぽうで、繰り返し言うように、人ですね。人も含みとして、教育費をかけた人間を人材としてどれだけ持っておるか」

――大きいですね。土地、人。

中内「人は、いまからつくろうといったって、おおむね二十年かかりますしね。それから、人が持っている商品開発力というか、そういうものですね。それが大事だと思います。特に土地というのは、日本で再生産できない。土地は日本では、これはもう増やすことは不可能ですな。やれば、埋め立てをやるということですけど、埋め立てのコストも、われわれ神戸の埋め立てを見ておっても、最初は一坪当たり三十万、四十万円の埋め立てが、だんだん海が深くなっていって、いまやるとやっぱり百三、四十万かかる、二〇〇万近くかかな。だんだん深いところを埋めていくから、コストがかかってくる。そういう意味では、土地というのは日本では、アメリカなんかとちがって非常に再生産しにくい。ほとんどつくることは難しいということですから、そういう意味では資産価値があると。いまは土地神話というのは崩れていますけどね。しかし、事業をやるには、土地がないと事業をやっていけないですよね」

——これは、土地への投資ということも多いんですか。

中内「そうですね」

——さて、今後のたとえば、今年の初めに発表された五ヵ年計画というのは、特別なやり方があるんですか。

中内「いや、それはないです。わたしども、副社長（長男・中内潤）がやっておるから。彼は、数字屋だから」

——中内さんが、計算してやるんじゃないんですね。

中内「わたしは、うちの四八〇〇億円の借金、ちょっと多いから三〇〇〇億ぐらいに減らそうかという話はするけどね」

——あくまで基本的な問題だけですね。それを具体的に実行するためには、いくらの流通コストがかかるかというように細かく項目を分けてやるのは、もうみんなに任せる。

中内「それは、もう副社長以下そういうスタッフがおるわけですからな。借金が多い多いとあんまり言われるから、三〇〇〇億ぐらいに、それを五年計画ぐらいで減らして、少しバランスシートを見やすくしようかって」

——この借金が多いとかいうことで、別に動きが悪くなる、あるいは苦しいようなことじゃないんですね。

中内「そうね。それはもう他の固定資産を持っていますからね。だから、調整は、そこでね」

## バブル崩壊後のダイエー戦略

——じゃあ、このバブルのはじけたあとの景気は、どのように読んでいらっしゃいます？　これは、なかなか難しいものですか。

中内「こういう状態で、つづいていくでしょう。消費者自体が賢い消費者になったですから」

——消費者が、賢くなったんですか。

中内「そうです。それはあるんですね。たとえば、かつてのようにブランド物を買うというようなこともなくなったですね。自分自身のライフスタイルとライフステージに合わせて、そして、それに情報があるわけでしょう。だから、消費者の方は情報をたくさん持っていますわな。そういう意味では、たとえばパソコンでも、別に台湾製でも充分動くという。カラーテレビにしたって、別に韓国製でも充分映るということを知っていますから。なにも、日本製を買わんといかん、ということもないですからね」

——バブル時代ほどでなくても、少しは景気は回復すると見てらっしゃいますか。

中内「それは、もちろんケインズのときからも、それからルーズベルトがやったニューディール政策にしたって、すべて若干のインフレを引き起こしていくことによって資本主義経済というのは成り立っていくわけです。その反対のデフレにして失業者が街にあふれたら、これは政治がもたんでしょう。選挙によって選出されてくる代議士が政治をやるとしたら、それは資本主義経済であり、民主主義であるかぎり、常にインフレを含んだ経済になる。ただし、それが、生活が困るとかいう、またいろんなひずみを起こすというインフレは困るけれども、やっぱり三パーセントから五パーセントぐらいのインフレを常に起こしていく必要があるわけであってね。これ、下手にデフレに突っ込んでいったら、大変なことになるでしょうな。失業者が増えて、経済は全部潰滅的になる。特に、日本が今度アジアの牽引車《けんいんしゃ》になっていくときに、日本自体が購買力を持って、そして発展途上国から物を輸入していくという、そういう経済的な責任もあるわけですから。だから、少しずつインフレにしていくということは、政策上必要ですな」

——いまのような状態は、ダイエーのような職種だと、かえっていいんでしょう？

中内「かえって、いいようになりますね。展開が少し遅れていますけれども、実際は、われわれのようなディスカウントを主体にした業界というのは、こういうとき有利にならんといかんわけですね」

――まだ、有利には展開していませんか。

中内「いま、それについての準備を進めていますから、今年中くらいにそういう展開はできると思いますがね。もともと、スーパーマーケットというのは、一九三〇年のアメリカの大不況のときの産物ですから。だから、不況には強いわけですね」

――じゃあ、原点に返れば、この不況は、ダイエーにとってはむしろチャンスであると。

中内「そう、仕入れは、しやすいですね。景気のいいときは、なかなかそうはいかんでしょう。こういう景気の悪いときは、仕入れはそう心配しなくても、大量仕入れをすれば安くなりますしね。いっぽうで、人も集めやすい。そういう意味では、いわゆる好況のときよりは不況と言われたときの方が、いろんな面で、うちとしては経営としてはやりやすいですな。お客さんの方も、少しでも安いものを買おうかというふうに、だんだんとお金にもシビアになってくれば、価格競争に強いわれわれの業態の方が、ある意味では有利になってくるでしょうね」

――西武の食品部門の人に聞いても、フランス料理の高級料理は苦しいそうです。牛丼、あるいはラーメン、それが一番強い、といっていますよね。今度西武の吉野家にぶつけて、お宅も、牛丼はじめるんですか。

中内「うちは、いま、カンザスで牧場をやっておるでしょう。牛一頭から、ヒレ、ロースとかいういいところだけじゃなしに、ばら肉もとれる。このばら肉のところを売る仕組みを、考えんとね」

――今度の『神戸らんぷ亭』というのは、そのばら肉を活かすわけですね。

中内「ええ。残ったばら肉を売る方法としては、やっぱり牛丼ぐらいしか……。脂身のあるばら肉でつくるしかないですからね。ですから、カンザス牛のばら肉を使って、牛丼を少しハイカラ風にやろうかなあと。牛一頭分あれば、そこはどうしても余ってきますから、それをうまく売ると、効率がよくなるんですね。たとえばマグロだったら、トロのところを高く売れば、ほかは全部安く売ってもいけるわけですな。だから、そんなところで、ロースだけじゃなしに、ばら肉をうまく売る仕組みを考えれば、ヒレ、ロース、全体の値段が下がりますから、必要に応じて……。もちろん、いま、お話がありましたように、フランス料理よりは、五〇〇円以下の大衆の食べ物にわれわれは力を入れていこうと」

――首都圏での牛丼店というのは、一店だけじゃなくて、展開していくんですか。

中内「まず、一〇〇店ぐらいはつくろうということで」

――じゃあ、大きいですすね。

中内「一〇〇店ぐらいないと、規模にならんですからね」

## 〝フォー・ザ・カスタマーズ〟が戦略の物差し

――ダイエーグループが、これだけの規模になったんですけれども、いま、副社長で、中内さんの長男の潤さんは、三十七歳ですよね。帝王学としては、どういうふうに教えてらっしゃるんですか。

中内「帝王学というのは、別にないですよ。それは、どの世界でも、おやじの背中を見て学ぶわけであってね。帝王学という学問があれば、わたしも、そういうことを習ってみたいと思うけど、そんなのはないですわな。ケース・バイ・ケースで、毎朝ここへ来て報告していますから、そのことについてわたしは指示を出して、もう少し考え方があるはずだとか、その方向でやった方がいいんじゃないかとか、そんなことについての意見は言いますがね。あとはもう、背中を見て覚えんとね。いわゆる『者』のつく世界は、そういうもんじゃないですか。芸者でも役者でも新聞記者でも、先輩の背中を見て育たんとね。役者は、自分の子供に踊りとかせりふを教えても、それはやっぱり背中を見させて、古い言葉で言うと、芸を盗ませるとかさせん限りは、いくら手をとり足をとって教えても、それはそう簡単にいかない。帝王学を習ったら、すぐ覚えられるというものじゃないね。『者』のつく仕事というのは、本人がやる気があって、そして背中を見て覚えるということしか、成長する方法がないでしょうなあ。つまり、社長にはなれても、経営者にはなれないというようなね」

――社長にはなれても、なかなか経営者にはなれない。

中内「そうそう。株を経営権を握れるほど買えば、強引にやれば、社長にはなれる。しかし、経営者にはなれんわな」

——中内さん自身、副社長の潤さんに、社長の座を譲る時期が、どんどん近づいてくるわけですよね。そのときに、たとえば、教え方として、昔ならこういうことは言わないけど、いまならちょっとこういうことを言うとか、最近になって、特に気をつけておっしゃること、あるいは教育方法というんで、特に変わったところってあるんですか。

中内「やっぱり、現場をよく見させることでしょうな。積極的に現場へ行って、現場の声を聞けということを強調しておる」

——そういうことでは、中内さんから見て、潤副社長のそういう姿勢は、満足ですか。

中内「普通よりは、よくやっているんじゃないですか。土曜日、日曜日は、ほとんど店を回っていますね。そういう点では、わたしも、三十代、四十代は、土曜日はしなかったけど、日曜日はほとんど、店へ行っていましたからね」

——日曜日は、店へ行ったんですか。

中内「うん。店へ行かんと、勘がなくなるんですな。相撲とか野球とか、スポーツでも、現場の空気を吸ってないと、勘がね。だから、一番困るのは、たとえば十日とか海外旅行へ行って帰ってきて、やっぱり初め一日か二日は、勘が戻らんわね。人間というのは、そういう動物的な勘がないとね」

——たとえば、どの部分が、あ、やっぱり親子だと。ご自分でもって、こことここはよく似ているなあということと、あ、これは、やっぱり世代がちがうから、こういうところはおれとちがうなあということの、似ているところ、ちがうところ、あるいは思った以上にいいところ、あるいは、おれから見るとここはまだ不満とか、そういう点について。

中内「それは、不満もたくさんあるけど、しかし、よく似とるわね」

——どういうところが、似ていますか。

中内「親馬鹿になるが、物の考え方とかいうことは、やはり思考のパターンというか、これは、やっぱりよく似とるわね」

——それは、教えたわけじゃないんですね。さっきおっしゃったように、ご自分の戦っている姿を見てきたということですね。

中内「そうですなあ。そういう点はなかなか教えても、教えられるもんじゃないです。似てないところは、彼は、非常に計数をまずやりますな」

——中内さんは、あんまり計数が先行しない。

中内「わたしは、やっぱりやってきたから、それはもう……」

——原始的勘みたいなものですね。

中内「そう、三十五年もやっておるからなあ。やはりそういう意味のベテランですと、勘が先に行くわけね。彼はそういう意味では、ある意味では勉強中、学習中だから、どうしても、データとか数字とかそういう分析的なことをするわね。それは一つのやり方のパターンでしょうな。わたしなんかは、先に結論を出して、結論を裏づけするためにいろんなデータを探してくる。彼は、データから結論を出してくるからね。ほとんど同じ結論には到達しますけど、その方法は、ちがいますわね」

――だけど、この面だけは特に言葉に出して、この面だけ強調して繰り返し言っておくということはあるんですか、経営の真髄みたいなこと。

中内「やっぱり、それはわれわれのフォー・ザ・カスタマーズという精神ですな。われわれがスーパーをはじめたときからの、まずお客の立場に立って考えるという。こうすれば儲かるとか、こうすれば楽にやれるということじゃなしに、こうすればお客さんに喜んでいただけるという、一番のゴールデンルールというか、その物差し、これだけは絶対にまちがわないように、物を考えるときはかならず、これはお客さんに喜んでもらえるかどうかということから考えると。ゴールデンルール、一番の物差しというのは、フォー・ザ・カスタマーズですな」

――それと、これだけグループが巨大になってくると、中内さんだったから統括できましたけど、若い彼は、大変ですね、これから。

中内「いや、そうでもないですよ。やっぱりそれは、竹下登《たけしたのぼる》さんじゃないけど、司司《つかさ》がね、しっかりやればいいことでね。それにコンピューターがこれだけ発達しましたから、数字は出てきますから。問題は、異常数値ですわね。どこかおかしいところがあれば、すぐ異常数値が出ますから。そういう意味では、コンピューターというもの自体が、経営のやり方を変えたでしょうね」

――そういう面では、昔とちがってそういう細かいデータがきちっと出るということは、規模が大きくなって、経営はしやすくなったということでもあるんですね。

中内「規模が大きくなったから、いわゆる計数管理というか、数値による管理というのは、これしかないですから、それはよくなる。文章を書いて報告を出すとか、なんとかするよりも、ウィークリーベースで、一週間ごとに全部PL（損益計算書）は出てくるわけですから、それがうまく機能しておるかどうかということは、それはもう数値でね。人間でいえば、体温とか脈拍とか血圧とかいうような数値が正常に出ておれば、健康体だなあというのと一緒だ。会社も、数値の指標を見ておれば、それは……」

――可能だということですね。あとは、そういうものを全部インプットしておいての決断の問題ということですね。

中内「そうですね。決断することもないでしょうね。決断という話をされますけど、情報が充分あれば、決断というのは、一生に一回あるかないかぐらいですね」

――その面では、きちっと、情報管理できるということですね。

中内「ノウハウというか、ノウフーというか、この事業は、誰が情報を持っているか聞いておけば、その人に聞いてみれば、だいたいの判断はできますわね」

――そういう面では、何年かあと、中内さんのあとをおやりになるさい、そういうことをしっかり見せておけば、こんなに巨大になったダイエーグループでも、統括できるということですね。

中内「あんまり、巨大でもないですよ。やっている仕事自体は、ものすごく簡単ですから。仕組みは、非常に簡単にしていますからね。キャッシュ&キャリーのセルフサービスでやっていますね。手形は切らないと。で、大衆相手の商売でね。だから、売り掛け、買い掛けはない、という現金主義ですからね」

――そういう意味では、楽なんですね。

中内「仕事のやり方自体は、非常にシンプルにしてもらっているからね。これが普通の会社みたいに、手形を切って、売り掛けあり、買い掛けありね。そうすると、それは掌握できませんわな。手形が何枚出ているか、そして借り掛けはいくらあるか、いっぽうで売り掛けでどこへ、いくら貸してあるか。全部現金ですから。だから、どこか悪くなると、すぐ金の回りが悪くなるんですから。だから、支払いができなくなるんですから。それは手形で回していけばね。いままでも、ずうっと銀行あたりから企業間信用を使ったらどうだということをよく言われますけれども」

――手形は、ないんですか。

中内「手形は、いっさい切っていませんからね。その代わり、売り掛けもないですがね。売り掛けの場合は、全部わたしの許可が要りますから、売り掛けについては、いちいち決済が上がってきますから」

——じゃあ、管理はやりやすいんですね。

中内「やりやすい仕組みに、してあるんです。簿記会計の中で一番簡単な、いわゆる現金主義です。要するに掛け算、割り算なしの、足し算、引き算だけですからね」

——それは、他の流通でも……。じゃなくて、ダイエーは、特にそういうことを徹底しているんですか。

中内「そうねえ、うちは物流の中で、一番最初にはじめたですから、そういう現金主義というか、そういう仕組みをつくってきましたからね」

## 社会の変化が〝夢〟を紡ぐ

——たとえば中内さんご自身が、これだけはまだやっておきたいというような、これだけはおれの夢なんだけれども、まだ到達していないというようなものはあるんですか。それは、もうだいたいおやりになったですか。

中内「これから先は、わからんわねえ。お客さんが変化をすれば、お客さんのニーズなり様子なりに応じて仕事をやっていこうという姿勢ですから、お客さんが変われば、われわれも変わっていくわけであって」

——だけど、ご自身がやろうと思ったことというのは、中内さんの中で何十パーセントぐらい……。

中内「社員がよくやってくれて、わたしがやりたかったことというのは、だいたいはやったね。戦後、戦地から帰ってきて、大学をつくりたいという夢を抱いた。それも、流通科学大学を。それで若い人に流通の基礎を知ってもらおうと。中国をはじめ発展途上国の若い人も、そういう意味では流通を勉強して帰ってもらおうと」

——かなり、海外からも来ているんですか。

中内「来ています。奨学金を出して、中国からもね。いま、二十人ぐらいは来ていますから」

——そういう面では、だいたいの夢は、ご自分としては九〇パーセントぐらいは、達成できた。

中内「それはわからんけれども、これから先はどう変わっていくかね。しかし、いままで考えたことはだいたい、社員がよくやってくれて、縁があってプロ野球のオーナーにもなったしね。これは、日本で十二人しかおらんから」

——そうですね。野球の方は、やっぱり優勝してみたいって、これは願望として……。

中内「それはありますわね。それは福岡のファンの方に、やはり優勝ということを味わってもらいたいと。年間一六七万七〇〇〇人応援に来ていただいてね」

――定着しましたね。
中内「だから、そういう意味で福岡でいうと、やっぱり優勝を福岡市民と一緒にということは考えますけどね」
――田淵幸一《たぶちこういち》監督はまず人気面で、ダイエーを高めましたね。これからいよいよ改めて強いチームに……。ということは、やっぱり西武と張り合うぐらいの気持ちがあるわけですね。
中内「そう。それを堤義明さんに言ったら、西武はいままで強いチームを考えているけど、今度は人気のあるチームを考えようと。ダイエーは人気のあるチームだから、今度は強いチームで、おたがいにパシフィックリーグを盛り上げんといかんなあということで、覚悟している」
――それは、中内さんがおっしゃったんですか、堤さんがおっしゃったんですか。
中内「それは、堤さんが……」
――そういう意味では、楽しみですね。これからまた着々と、おそらく基礎づくりをやってですね。
中内「ある意味では、非常に厳しいね。根本陸夫《ねもとりくお》監督というのは西武をつくり上げた。根本監督、それから坂井保之《さかいやすゆき》球団代表、ふたりともうちにスカウトしてきたわけでしょう」
――根本さんというのは、わたしも何度か会ってますけど、そういう面でうまい人ですよね。経営者的な発想を持っていますしね。
中内「そうだね。人づかいというのは、上手だな」

――やがて、基礎を固めていけば面白いですね。

中内「三年から六年ぐらいかかるでしょうけど、その間に」

――だいたい何年ぐらいが、優勝と……。

中内「六年ぐらい、かかるでしょうね。その代わり、一度の優勝でなしに、いつも優勝を争えるチームにしてもらわんと。一回だけ優勝してあとはまたということは、それはいいチームのあり方ではないと思うんですな」

――そういう意味では根本監督はちょうどいいですよね、基礎的に固められていって。

中内「わりに地味ですよね」

――地味だけど、固めますよね。

「うまくいって一六〇億、こけたら一四〇億」

中内は、銀座店のオープンよりひと足先に昭和五十九年（一九八四）一月十二日にオープンした『オ・プランタン難波』のオープン記者会見で、銀座店について、より具体的に語った。

「銀座の売上げは、プランタン社長の田辺君は、強気で年間二〇〇億円いうてますけど、わたしは、一四〇億から一五〇億くらいと思う。一五〇億プラスマイナス十億というのをはじめの目標にしたわけですわ。規模は大きいけど、A棟とB棟に分かれてますからね。B棟は、売上げにならないようなもの、ま、ソフトも売っていきますから、いままでのようなものとサービスを分けてですね、モノ中心に売上げがいくらというような考えは、だんだんできにくくなっているんじゃないかとね。カルチュアセンターとか、飲食店とかそういうものの売上げはいままでのようなものだけ売ってるような百貨店の売上げと、こういうふうな新しい形態のデパートメントストアを目指した場合の売上げというのは、それは何が売上げかわからなくなってくるし、われわれのショッピングセンターでもある会社は、テナントの売上げも入れて言ってますしね。われわれの会社は直営の店だけの売上げを言ってますし、また、売上げシーズンとかいろんな複雑な形態が入ってますしね。売上げの規模は変えにくいというのが現状でして、わたしは銀座の場合は、うまくいって一六〇億、こけたら一四〇億、その線で一五〇億プラスマイナス十億と踏んで、対応を考えておるわけです」

――つねづね、中内さんはデパートの場合、期間損益（年間売上げから、年間に投下された運転資金を引いた数字）を黒にもっていくのに、二年や三年じゃだめだと言っておられますね。

中内「まあ、七年はかかりますわね」

――一四〇億から一五〇億というかなり厳しい環境を加味したうえで、六、七年で期間損益が黒になるようもっていく、という見通しですね。

中内「そうですね。それは荒利との関係がありますね。だから荒利はどのくらいとれるかというのは、関係ない。売上げに荒利の率をかけてね、で、荒利をどれだけとっていけるかと、いわゆるものとサービスがですね、いままでのわれわれのコンセプトでは分けられない時代がきたわけですなあ。しかしきのうのその方の方針発表会でね、通産省の統計とか、そういうのの統計でね、ものとサービスを分けて書いとるわけですからね、そういう意味では第三次産業では、売上げゆうたって、何が売上げかわからへんわけですねえ。だからまたいっぽうでサービスを売っている。惣菜とかいうものは、サービス部分とものの部分でいえば、サービスの部分が多いですわね。加工してますからね、店内でね。ですからそういう意味で、いままでのものとサービスを分けて考えるんじゃなく、ものとサービスが一体となったですね、新しいくくりを考えんとね。いままでのくくり方で売上げとか荒利率をはじき出してみても、六十年以後は使えないんじゃないかと思いましてね」

## グループの黒字化、七年目がメド

――サービスの場合は、原材料と見ているわけですから、付加価値は高い。ということは、一四〇億円から一五〇億円という売上げだとしても、販売のサービス化というか、ソフト化を図れば損益的にはよくなると……。

中内「そうですね。競争手段というものは、いままでの考え方からいくとソフトの部分がね。その店の決め手になるでしょうね。さきほども田辺社長と話しとったんだけれども、たとえば二八五円のキリンビールをね、三〇〇円で飲ます居酒屋もあれば、八〇〇〇円とるクラブもあるわけでね。

その中で二八五円がものであって、あと引いたものがサービスであると簡単に分けられない。そういう雰囲気とか入れてね、第三次産業が成り立っているんでね、新しい第三次産業の時代というのがくるわけです。いままでわれわれのやっているのは、二・五次産業くらいでね。三次産業になると、なにもない、ただし情報だけ売っておると。コンピューター使ってね、プレイガイドのね、切符売ったり結婚式場どこがあいてますかとか、やってますかとか、何もいらんわけですよね、要するに。その場で情報売って、その中で結婚式の会場のお世話をしたり、また引出物を買っていただいたり、一人費用二万円でね、五十人やったら一〇〇万円で結婚式をうけおうというふうな形で、ロイヤルホテルならロイヤルホテルへいくら払うかというような形になるわけですから、いままでの商売とやり方が変わってきてますからね。サウンドをね、エレキをきかしてそれをテープにとってね、売るとか。それが売上げになるんですから」

――なかなか教えてもらえないんですが、プランタングループの累積赤字について。世にいろいろ説がありましてね。新聞社ごとに、三十億とも四十億とも、あるいは多いところでは百億近くというふうに言っておりますけれども、正確な現状と、累積赤字の解消の見通しについてお聞かせください。

中内「累積赤字といっても、グループの中で計算してますからね。だからいまのところ、プランタングループとしては、はっきりはしませんが、言われているように三十億から四十億くらいじゃないかと思いますけどね。関連の会社への先行投資も含めての話ですけど。しかし、七年目くらいには、全店を軌道に乗せたいと考えておるわけです」

――七年目ということは、いまから七年目ということですか。

中内「そうですね、七年くらいしてグループの黒字化を図りたいと考えています」

## “昭和六十年以降生き残り作戦”がスタート

この日、中内は、昭和五十九年度の『ダイエー基本方針』も語った。

「……現在は、小さな変化の時代ではない。大転換期です。いままでの固定観念を全部ぶち壊して、新しい発想をしなければいけない。いままでのダイエーの路線というのは、われわれにとっては、先見性があった。四〇〇〇万の資本金の会社が、グループあげて二兆数千億という売上げをあげるまでになった。十三人の従業員でスタートした会社が、正社員だけで一万五〇〇〇人、パートタイマーなどもいれますと三万人以上の大きな組織になった。高度成長の波にわれわれはうまくジャストミートしてきた。しかし、世界的な同時不況の進行、低成長、安定成長の時代に入った。この流れが、三十年から五十年つづくということを考えた場合、新しい時代に対する適応ということが必要です。いままでわれわれが拡張、膨張したのであれば、その体質を、筋肉質の贅肉のとれた体質にする必要がある。五十九年度から、構造変革をやろう。そして六十年以後に生き残れるような体質をつくろうということで、次の五つの基本方針を掲げました」

つまり、①人材の活性化②商品の活性化③店舗の活性化④資金の活性化⑤グループ企業の活性化、の五項目である。

## “銭の稼げる社員”づくりが先決

中内「やはり、われわれの一番大事なのは、人材だということです。いままでの固定観念、大企業病といいますか、これを捨てないといけない。国鉄と同じように、タイムカードを打っとったら、給料はもらえるんだということで、最近の社員は入ってきておる。また、古い社員の人にも、年功序列で、創業のときからいるんだからということで、給料をもらっているというんではなしに、本当の意味の能力に応じた、貢献度に応じた利益配分を図っていきたい。一人ひとりが、いくら稼ぐかということを挙証することで自分の稼いだ中の三分の一なり、五分の一なりを、自分の給料としてとる。プロ野球流でいう、“銭《ぜに》の稼げる社員”ということを自分で挙証してほしい。挙証できない人は、やめてくれ、と思っておるわけです。そういう意味では、地域の事業部を中心に考えていきたい。われわれは、大きな組織になりすぎた。地域事業本部というものを中心に、活性化を図っていきたい。ダイエー全体ということでなく、北海道、東北、関東、中部、近畿、中四国、九州、沖縄、ハワイというように、それぞれの事業本部ごとに、いくら稼ぐか、与えられた予算の中でかならず目標の売上げを達成してほしい」

――〝銭の稼げる社員〟をつくるために、何か制度みたいなものをつくっていますか。

中内「地域限定社員ということで、社員を移動させないということですね。地域で採用して、いままでならば、全国のダイエーどこへでも辞令一本で飛んで行く。そういうことはしない」

――何人ぐらい、そのような社員をとるんですか。

中内「それは地域、地域の実情にもよります。本人の希望にもより、まず採用のときにですね、本人の希望を聞いて、長男である人は動かない。九州の人で、九州から離れたくない、という人は、九州で勤務するという限定勤務地制度というのをしこうと思う」

――いつから？

中内「いままでもやっておりましたんですが、もうひとつ明確じゃなかった。今度から、採用のときにそういう地域に分けて採用します。地域事業本部を中心としましてね。どうしても、女性の場合は地域限定が多いんじゃないかな」

――その場合、給与面ではちがうのですか。

中内「地域ごとの給与になる予定です」

## 本部芸者論で大転換

中内「販売や仕入れなどに関し、実験をおこなう店舗であるマザーストアをつくっていく。そこで、いろいろな実験をおこなっていく。そして、在庫の生産性ということで、在庫の圧縮を図りたい。デッドストックが増えると、商品回転数が落ちていく。鮮度が悪くなっていく。すべての商品は、腐る。生鮮食料品だけじゃなく、すべての商品は、仕入れた段階から腐っていく。このことを、もっとみんなが気をつけて、腐った商品を売場から、これをどんどん除去していこう」

——いま話された商品の活性化ともかかわりのある、店舗の活性化についてはどのようなお考えをお持ちで……。

中内「既存店の店舗年齢が、非常に古くなっている。それを改装して、すべて幼稚園の年齢、つまり、五、六歳まで引き下げるということで活性化を図りたい。それぞれの店の特性を生かす。立地が変化したにもかかわらず、前と同じ商売をしているということで、そういう意味で店舗年齢の改善を目的として、それぞれの立地の変化というものを的確に把握し考えなおそう、というわけです」

——既存店の回収ということは、何店ぐらいメドになさっていますか。

中内「いままでの中央集権的なやり方をやめましてね。地域事業本部長が、これだけの金を出してもろうたら、リターン・オン・インベストメントがある。つまり、投下資本利益率がある、ということを中心としてですね、地域事業本部長の立案をもって来てくれと、これだけ金がいるんであれば、本部は銀行と同じで金は都合してくるということを考えたい。いままでのような上意下達型ではない。現場で考えて、うちの店はこれだけ投資してもらったら、これだけ売上げが上がる、利益が上がる、と言うのであれば、どんどん投資しよう。うちの店はこの先、投資しても先はないですよ、と言えば、合理化を進めて行く。それぞれの店の店長の意見を聞いてやろうと。いままでは、本部が考えて本部が予算を決めて、この店をやろうとね。それじゃ、もうだめだと、完全に店長の責任制にしようということを考えているわけです」

——しかし、業績の悪い店の店長は、うちはもうだめです、なんて言わないでしょう。逆にこれこれの金があればいけます、と調子よく言うんじゃないですか。

中内「そやったら、店長変えた方がいいですわ（笑）」

——そういう現場からの声を積みあげていって、本部としては、何店くらい活性化を図ろうと。

中内「それをいま、店長に聞いとるわけですから、毎年六月くらいに活性化を図ろう、といま本部の方は考えとるわけです。まあ、既存店への投資六十億くらいは考えてるわけです」

——それは自己診断、それとも本部の方で診断するんですか？

中内「それは、医者と患者の関係みたいなものですね。やっぱり店長の方でこうしたいと言う。しかし、病院つくるわけにはいかんですからな。店長の方から訴えて来て、うちの店はこういう点で競争に負けとるから、だから、魚の売場を改装したいとか、肉の売場をもっと大きくしたいとか、店長の方から言うてこんことには、本部の方からこうやりゃあいいでしょうと言うよりは、店長の方から手を挙げさす。手を挙げた店長に対して、本部の方から金と人と物とを出そうということです。第一線の店長の立案でやろうと、いままでのわれわれの大企業病の原因というのは、全部本部が考えて、店がやるということにあった。これからは、店が考えて店がやると。要するに、本部は芸者と一緒で、お座敷がかかったら行くということにしようということです。本部芸者論で、芸者の置屋のおやじが、わたしや、と店長にゆうとるわけです」

——ダイエーの場合、全般的に中央集権型ができてるんですけれども、可能ですか。

中内「だからこそ、大転換期ということでね、いままでとちがって変革をね、いままでのようななまやさしいことじゃなしにね、大転換ということでね、わたしもお呼びがなかったら、開店にも行きませんよ、と」

——そこまでいくと、大変シビアですね。

中内「そうですね、考え方の転換を図らんとね、店舗自体も、店舗を持っとるということは意味がなくなるかもしれませんなあ。新しく、情報、通信、映像などをコンピューター化しよう、というＩＮＳネット（ＮＴＴが提供するデジタルネットワーク網サービス）とか、ＣＡＴＶ（有線テレビ）とかいうニューメディアの時代に入り、いっぽうこれからのニーズはどんどん変わってくるやろうしね」

## 資金対策で浮かび上がったデベロッパー会社づくり

中内「グループとして、資金を調達しよう。いままでのように、安易に借入金を増やすということは絶対にしない。借入金に依存せずに、いろんな資金を活性化することによって、資金を捻出していく。いままでわれわれが持っております不動産部門に関しては、デベロッパー会社をつくることによって、この資産を活用していく。ダイエー自体が日本でも大きな方の不動産会社に値するほどの不動産を持っておるわけですが、その不動産を活用していく。それを資金の活性化に結びつけていくということを考えておるわけです」

――資金問題は、非常に重要なポイントだと思うんですが、いまから借金を返してゆくということですか。こないだのアラモアナでの買収残四〇〇億を、昨年の上期に支払われましたね。今年の計画としてそういうことはあるんですか。

中内「最低で二〇〇億くらいは確実に返せると思っております」

――それは、どこから出てきた数字ですか？　もう贅肉をしぼった……。

中内「ええ、まあ不動産もですね、不良地の不動産の処分とかね、当社はいろんな資産がありますからね。いっぺん資産の掃除をしたいと考えとるわけです」

――均等返済ですか。

中内「いやあ、それはまだ考えておりません。在庫の削減をね、二三〇億円くらい削減すると、すぐできますから」

――不動産の活用ということで、デベロッパー会社をつくるというお話ですが、具体的にどんな会社をおつくりになるんですか。

中内「いま研究している人が、デベロッパー会社をつくりましてね。いまわれわれの持っている不動産を売却しますと、不動産売却税で、もろに税金にもってかれますから、そのへんの計算は、どういうふうに節税効果を考えるかということですな、そのへんについて検討してるわけですな」

――節税をかなり重視した会社の作り方というか。

中内「節税というよりも、資本流出を食いとめんとね。ま、利益はでるけれども、税金でもってかれるというのは、将来への発展性を阻害しますから。そういう意味でね、流出を少くして、デベロッパー会社としてグループ全体のね、不動産を管理しませんとね。たとえばコンビニエンスストアとか、レストランとか、ディスカウントストア、スーパーマーケット、デパートメントストアとかいろんな店舗を持っていますので、オーナーさん、地主さんの方もね、どこへゆうていってええかわからんということですな。だからそういう意味で、デベロッパー会社をつくらんとですな。三井グループには、三井不動産。三菱地所が三菱グループ全体の不動産を管理する。また、そこへ情報を提供する、そうしないと地主さん大家さんの方の苦情がきますし、ショッピングセンターの運用ということにつきましても、これもやはり有効に使っていくことについては、デベロッパー的な会社、発想が必要なわけですからね、ショッピングセンターの中の商品販売というのは、一部にしかならないわけです。シアーズ・ローバックは、四本柱でやっているわけですよ。小売部門、不動産部門、証券販売部門、保険部門と四本の柱がある。われわれも同じように、小売部門は一部門であってね。ファイナンス会社、それと不動産の会社と、まああとは情報サービスの会社、この四本の柱を考えてます」

——いまお話の三菱グループの三菱地所は、三菱系企業の事業所ですね。管理するだけじゃなくて、かなり所有して貸してますね。そうするとダイエーの店舗も、管理委託されるんじゃなく持つということですね。

中内「ええ、しかもデベロッパー会社をつくってですね、ダイエーに貸す場合もあるし、貸さない場合もある」

——いままでのダイエーの店舗は、デベロッパー会社へいくわけですか。

中内「そこは節税の関係もありますわね。利益を出しゃあ全部税金でとられるわけですから、そのへんはいま研究しているわけですね」

——たとえば、そのデベロッパー会社にダイエーから店舗を売却するかたちにすればですね。さきほど言われた借金外資金は調達できますわね。その可能性はありますか。

中内「その研究をしてるわけですからね、税金を払わずしてうまく出資ができるかどうかですね……」

## 広がる事業の夢に意欲満々

中内「商品供給体系というものを整備して、フランチャイズ、提携、情報サービス会社、これらのグループの戦力をもっと高めていく。そして、子会社の中の高効率会社であるスター会社というものを育成していく。新しいことをどんどんやっていく活気のある、エクセレントカンパニーともいうべき会社をつくっていきたい。新しいビジネスを開発していくということで、高収益のニュービジネスプランの開発をしていきたい。情報化社会に密接な関係のある無店舗販売システム、いわゆるノン・ストアとか、カルチャーとか、また、ファイナンスとか、レジャー産業とか、住まいについての提案だとか、専門店のより大型の店とか、人材派遣業とか、いろんなことをおこなっていきたいと考えております。机上案じゃなしに、本当に五十九年度からは実行していく。六十年代に対する準備を、五十九年度からはじめます」

たしかに、中内㓛率いるダイエーには、難問が山積みしている。冬の時代を乗りきるには、中内切をもってしても、容易ではない。

しかし、業績は、昭和五十八年（一九八三）の九月を底として、十月、十一月と上昇し、上向きかけている。ダイエーの話によると、あくまでも予想の段階だが、昭和五十八年度の決算は、当初の予定の、

売上げ　一兆二六〇〇億円

経常利益　一五〇億円

を達成できそうだという。

一月の売上げが一〇三億二〇〇〇万円、二月が一〇四億から一〇五億円の売上げ予想である。したがって、通年では可能であるという。

流通革命の旗手として四分の一世紀を戦いつづけてきた中内は、戦争、飢餓、闇市……と何度も修羅場を潜《くぐ》り抜けてきた。へこたれんぞ……という気は、人一倍強い。

『オ・プランタン銀座店』をはじめ、中内の限りなき挑戦がつづく。

## 福岡ダイエーホークスの誕生

昭和六十三年（一九八八）九月、ダイエーは、南海電気鉄道からプロ野球「南海ホークス」の経営権を二十億三〇〇〇万円で譲り受けることを決定した。新球団名は「福岡ダイエーホークス」。オー

ナー中内㓛の誕生であった。ただし、オーナーは次男の中内正《ただし》を据えた。

株式会社竹中工務店は、大阪府大阪市中央区本町四丁目に本社を置く大手総合建設会社である。清水建設、大林組、鹿島建設、大成建設とともにスーパーゼネコン五社の一つであり、また同じ大阪に本社を置く奥村組、銭高組、鴻池組と並ぶ在阪ゼネコンの一社でもある。

これまでに施工した建築物は、札幌、東京、ナゴヤ、大阪、福岡の五大ドーム球場をはじめ、全国有名美術館や商業施設、さらには病院、オフィスビルなど多岐にわたり、施工実績の多さでは国内随一を誇る。

福岡ドームはホークスの当時の親会社ダイエーによる建設であり（施設の所有は現在のホークスタウンの前身である株式会社福岡ダイエー・リアル・エステート）、当初は当時のダイエーの中内㓛会長の発案で、高層リゾートホテル（旧シーホークホテル&リゾート：のちにＪＡＬリゾートシーホークホテル福岡を経て、現在はヒルトン福岡シーホーク）を間に挟んで当ドームと、同じスペック・形状のアミューズメントドーム（屋内型遊園地）を併設するツインドーム構想が計画されていた。しかしダイエーの経営環境悪化から思うように進まず、結局アミューズメントドームの建設は見送りとなった。代わりに総合商業施設ホークスタウンが完成。運営会社も「株式会社ツインドームシティ」から「株式会社ホークスタウン」（現在のものとは別会社）と社名を変更した。設計、建設ともに竹中工務店、前田建設工業共同企業体であった。

福岡ドームの建設計画を進めているダイエーグループの開発会社、福岡ダイエー・リアル・エステートの増資、十億円全額を引き受けたペーパーカンパニーのダイエー都市計画について、ダイエー側は、平成二年（一九九〇）十一月二十九日、体制が整い次第、代表者の交代もあり得るとして、現在の代表者の名前だけでもと説明、改めて実態のない会社であることを認めた。

河合弘之《かわいひろゆき》はこのダイエー都市計画の顧問弁護士の任にあった。全国紙の取材に対して、こう答えている。

「資金の調達はダイエー側に任されており、仮にペーパーカンパニーだとしても問題はない」

当時の報道を振り返ると、いずれも「ツインドーム」と表記している。当初、現在の福岡ドームが「ツイン」の計画だったからだ。途中で計画を縮小し、現在の姿に落ち着いた。なぜツインドームだったのか。バブル景気のなせる業としかいいようがない。一つは野球場として使い、もう一つは商業用施設として使うことを想定していた。

河合がこのツインドーム計画の過程で思い出すのは、現地の責任者である田畑進《たばたすすむ》による横領事件である。しかも、田畑はこう告白した。

「横領を隠蔽するために、桑原敬一《くわはらけいいち》福岡市長に金を送りました」

時系列を追って振り返る。

ある日、突然、田畑が中内切に切り出した。

「社長、お話があります。じつは、桑原市長にお金を五〇〇〇万持っていってしまいました」

金を持参したのは、ツインドーム建設に際して桑原市長に便宜を図ってもらうためだ。賄賂である。現福岡ドームの建設工事はすでにはじまっていた。二割はすんでいる段階での話だ。

福岡の桑原市長といえば、平成元年（一九八九）に福岡ダイエーホークスを招聘し、十年ぶりに福岡の地にプロ野球チームを復活させた。現在の福岡での野球人気に影響を与えた。

その他、平成七年（一九九五）にプロサッカークラブである福岡ブルックスを招聘。また、同年にユニバーシアード福岡大会を開催するなど、スポーツ振興にも貢献した。

中内は、ビックリして訊いた。

「おまえ、そんな金、どうしたんだ」

田畑が打ち明けた。

「N社から、借りました」

N社は福岡の鉄骨組の下請けである。いわゆるパイプ屋である。大手建設会社の下請けなどを行う規模の小さい会社であったが、なんとかしてドームの仕事がほしいと考えたらしい。下請けでいいから仕事をくれ、と言ってきたらしい。

が、建設会社から五〇〇〇万円を受け取り、それを桑原市長に渡したことが発覚すれば、大スキャンダルである。しかも、相談なしにいきなりの事後報告である。

田畑は言った。

「N社に、仕事をまわしてください。よろしくお願いします」

そこで、中内から河合に電話が入った。

そのとき、河合は新宿で酒を飲んでいる最中であった。当時、まだ携帯電話は普及しておらず、ポケベルが鳴ったので見てみると、中内からだった。

店の電話から連絡してみると、中内が言った。

「すぐに来てほしい」

河合はすぐに広尾のマンションに行った。すでに真夜中になっていた。そのマンションに、社長の部屋があった。深夜などの打ち合わせに使っていた。

中内は青ざめていた。その傍らには、田畑がションボリとした様子で立っていた。そのほかにも、中内のブレーンと言われている取り巻きが数名いた。みな一様に沈痛な面持ちをしていた。

中内は、河合に事情を説明して、訊いた。

「河合さん、どうする。どうしたらいい」

河合は言った。

「現場の主任者である田畑さんが下請け希望者から金をもらって桑原市長に出した。これ、贈収賄そのものです。これは、ばれたらえらいことになる。それを社長が容認したということになったら、社長、終わりですよ」

田畑がN社から金を受け取ったことは刑事事件にはならない。が、問題は田畑がその金を桑原市長に渡したことである。

河合は、激しい口調で言った。

「いますぐに、この田畑を告訴して警察に突き出しなさい」

すると、中内の取り巻きたちが反対した。

「河合さん、そんなこと言わんと、穏便にしましょうや。この田畑が桑原市長に金をやったということを告訴して、それが公になったら、大騒ぎになる。このドーム計画、潰れちゃうじゃないですか」

その中の一人が、したり顔で言った。

「河合さんはお若いからすぐそういうふうにおっしゃるけど、まあ、わたしにお任せください」

が、河合は言い張った。

「中内さん、絶対にダメです。こんなこと、もしばれたら大変です。仮にばれないとしても、今度は、N社に弱みを握られますよ。この田畑を、絶対に告訴すべきだ」

河合は、より具体的に語った。

「中内さんは、『うちのバカ社員がこういう不届きなことをしました』、そう言って公にすれば、どんなに騒ぎになっても中内さんや会社自体に傷が付かない。そうしないとダメだ。桑原市長も、もらってるんだから。桑原市長は血祭りにあげるしか仕方ない。もらった人と渡した人をバーンとやって、自分は生き残るしかないんだ」

するると、中内が押し黙って考えつづけた。

福岡ドームの建設は一大事業である。中内の絶頂、上り坂のときである。

三分ほど経ち、中内が口を開いた。

「河合さんの言う通りにする」

中内の言葉を聞いて、取り巻き連中も諦めたらしい。河合に言った。

「河合さん、頼む」

河合は頷いた。

「わかった」

贈収賄は真の意味で一大スキャンダルである。中内がドームを建設するうえで首長に賄賂し、首長が便宜を図っていたとなれば、中内の経営者生命は尽きる。

もともとツインドーム建設に当たっては、なにかときな臭い噂が立っていた。ドームの建設予定地・福岡市百道《ももち》地区はもとは海水浴場だった。昭和末期に埋め立てがおこなわれ、福岡におけるウォーターフロント開発の象徴となった。

この土地の買収をめぐって、こんな風説が飛び交ったことがある。

「中内ダイエーは百道を格安で落とした。桑原に鼻薬を嗅がせたにちがいない」

河合の知る限りそうした事実はない。ただ、こうした噂はなかば公然とささやかれていた。そんな時期だけに、田畑の事件が表沙汰になれば、天地がひっくり返りかねない事態だった。

ましてや、中内がそれを黙認したり、指示していたりすれば、刑事事件に問われる。あとからその事実を知り、容認したうえで隠蔽を図っていたとしても、社会的責任は重大だ。追及のいかんによっては、ドームの工事自体中途で潰えてもおかしくはない。損失は数百億円に上る。それほどの局面だった。

河合は、すぐに自分の事務所に戻った。

徹夜で告訴状を書きあげた。

そして朝一番に、中内のところへ持って行った。

ところが、中内社長が戸惑った表情をしている。

「ちょっと、待ってくれ」

様子が変であった。

河合は、訊いた。

「どうしたんですか」

中内社長が答えた。

「田畑が、『じつは桑原市長に金を渡していない』と打ち明けたんだ」

田畑もそこにいた。真相はこうだ。田畑がN社から仕事の相談を受け、金を受け取ったことまでは本当だった。が、それを桑原市長には渡さず、自分のポケットに入れてしまった。田畑はそこで悪知恵を働かせ、「桑原市長に渡したことにしよう」と思いつく。「金を市長に渡した」と聞いた中内は、きっと怖じ気づいて「それは秘密にしろ」と言い、秘密を握られているN社に仕事を与えるにちがいない。そうすれば、自分が金をせしめたことが露見することはない。田畑はそう計算したのだった。

事情を知った中内は激怒して、田畑を怒鳴りつけた。

「馬鹿野郎！　おまえみたいな奴は、飛び降りて死ね！」

中内は怒りにまかせて部屋の窓をガッと開けた。

田畑は、泣きながら床に土下座して謝った。

「勘弁してください」

河合は訊いた。

「N社からもらった金は、どうした」

田畑が答えた。

「もらったお金は、わたしが全部使っちゃいました。すみません」

中内本人が「まあまあ」と言って割って入った。

「いや、河合さんのおかげで真相がわかったんだ。もし、彼らの言う通りに秘密にしていたら、大変なことになっていた。それを未然に防げただけでも、よかったよ」

もし、取り巻き連中の言う通りにしていたら、事が発覚したときに中内社長も無事ではいられなかったし、まったく関係のない桑原市長にまで迷惑がおよぶところだった。N社に弱みを握られて泥沼にはまった可能性もある。一部とはいえ技術力のない会社にドームの建設を任せていたら、ドーム倒壊の恐れまであった。福岡ドームは本当に難しい工事だった。

結局、田畑は詐欺で逮捕された。N社から実際に仕事を出してやれる見通しもないのに、五〇〇〇万円をだまし取った。詐欺で有罪。あとで起訴されて刑務所に入った。

N社は、裁判を起こし主張した。

「田畑が、『おれに金を五〇〇〇万円くれれば、仕事を出してやる』と言った。従業員が業務について不法行為をしたんだから、使用者責任だ。だから五〇〇〇万円を返せ。それから、仕事をいったんくれると言ったんだから、その得べかりし利益も払え」

その裁判は河合が担当し、応訴した。

河合は、N社にあきれ返っていた。

〈あんな汚いことを仕掛けた社に、そんなことを言う権利はない。あくまで田畑の正当業務じゃな

いんだ。賄賂をもらって仕事を出すなんてことは、まったく業務の外観を備えていない。しかも、重過失がある〉

結局、一審も二審も、判決勝ち。N社に五〇〇〇万円は返ってこず、田畑が散財してしまってお しまい。N社は踏んだり蹴ったり。しかし、自業自得であった。

何事もなく、ドームは竣工にこぎ着けた。

それまでの平和台球場に代わって、この球場が福岡ダイエーホークスの本拠地となる。

こけら落としの福岡ダイエーホークスのダイエー対オリックスの試合当日である平成五年(一九九三)四月二日、河合も招待を受けた。

満場を埋めた大観衆を前に中内㓛の次男である正がホークスのオーナーとしてあいさつする。中内にとっては頂点といっていい花舞台だった。

ピッチャーマウンドに中内正が立つ。デーゲームにもかかわらず、天井が閉まってドーム内部は暗転する。その後、光が差してきた。劇的な演出である。中内はその正を見て目を細めた。

〈よかった……〉

河合は、心からそう思えた。

「河合さん、ありがとう。あんたのおかげだ」

中内は河合のことを「河合さん」と呼んだり、「先生」と呼んだりした。河合にとっても鮮烈な記憶の一つである。

河合は思った。

〈やっぱり、中内さんは立派な人だった〉

平成六年(一九九四)十月、中内のたっての頼みでかって巨人の選手で世界記録となるレギュラーシーズン通算ホームラン八六八本を記録した王貞治が新監督に就任した。

平成十一年(一九九九)九月二十五日、王監督は中内オーナーとの約束をはたし、ホークスはリーグ初優勝をはたす。

中内は「福岡ダイエーホークス」を持つ喜びについて、『私の履歴書』で語っている。

《今年の初夢はパリーグ二連覇だった。それが正夢になった。一回限りの優勝に比べれば、連覇は十倍も二十倍も難しい。だが、王監督のもとで、たくましくなった選手たちが、自分たちの野球に徹し、競り合いを制して、本当に価値のある勝利をつかんだ。

「やればできる」という若鷹軍団のエネルギーが、全国のダイエーグループにも波及していく。最後の最後まで勝負を捨てない「粘り強さ」と、個人ではなく全員で闘う「チームプレイの精神」、このふたつがあれば勝てるということを、ダイエーの社員も学んだ。

福岡ダイエーホークスにならい、全社一丸となって商品や売り場にダイエーらしい革新を再び起こし、二十一世紀には「顧客満足の創造」において「日本一の企業」を目指していく。私も、聞か

れたら答える「コーチ」として、彼らを支え続ける。》

ダイエー時代には三回もリーグ優勝。日本一にも二回もなっている。なお、平成十七年（二〇〇五）一月には孫正義率いるソフトバンクに譲渡し、「福岡ソフトバンクホークス」となる。

一九九〇年代後半にはバブル崩壊により地価の下落がはじまり、地価上昇を前提として店舗展開をしていたダイエーの経営に翳《かげ》りが見えはじめた。

また、店舗の立地が時代に合わなくなり、展開していたアメリカ型ディスカウントストアの「ハイパーマート」の経営に失敗。

また、当時の消費者の意識が「価格」から「品質」に変わり、さらには家電量販店や衣料品店などの専門店が拡大し多店舗化をはじめていったことなどから、業績は低迷。当時の世間からは「ダイエーに行けば何でも売っている。でも、ほしいものは何も売っていない」と揶揄されるようになった。中内自身も晩年、「消費者が見えんようになった」と嘆くこともあった。

## 阪神淡路大震災の発生

平成七年（一九九五）一月十七日、阪神淡路大震災が発生。犠牲者六四三二人、ダイエーの関係者も一一九人が亡くなった。

中内は、この大震災での悲劇について、『私の履歴書』で打ち明けている。

《私は自分の仕事がライフラインの一つに当たると自負してきたが、時々刻々と変化する被災者の要望に迅速に対応し、生活を最低限維持するための必需品を安定供給できたとは言い難い。そのことへの憤りが死者への鎮魂とあいまって心の奥底に渦巻く。

あの日、東京の自宅で午前五時半に起床。商売柄テレビの天気予報を見る。五時五十分ごろ、「近畿地方に地震発生。大阪震度5」というニュース速報が流れた。関西は当社発祥の地だ。「被災者はいないか」「店は大丈夫か」と気がはやり、すぐさま家を出る。

六時三十分、オフィス到着。

七時、中内潤副社長を責任者として災害対策本部を設置。

大阪や姫路からは連絡が入る。だが、神戸からは報告なし。

「もしもし」「もしもし」。掛けても掛けても店への電話はつながらない。「神戸はどうなってるんや」。不安が高まってくるのを抑えきれなかった。

情報が入ってくるのを待ってはいられない。東京で、今できることをすぐやるしかない。

八時、物流と情報ルートの確保を決断。それを押さえねば、テレビで見たロサンゼルス地震の時のような混乱が起きると直感的に思った。トラック、タンクローリー、ヘリコプター、フェリーなど陸海空の輸送手段確保に走る。カップラーメン、おにぎり、水などの緊急物資を調達し、輸送手段が整い次第、全国から神戸に送り込む。

一方でNECから移動式の衛星通信機材を借り、技術者と共に神戸に向かわせる。

十一時、東京と福岡から三百六十人の応援部隊が出発。みな着の身着のままでバスに乗り込む。先遣隊として営業担当の川一男《かわかずお》専務がヘリコプターで東京を出発。リスクマネジメント上、私と中内潤副社長は東京に残る。

矢継ぎ早に決断を下しながらふとテレビに目をやる。高速道路の橋げたは倒壊し、住宅やビルもぺしゃんこ。何本もの大きな火柱が上がる。想像以上の被害に、私は戦慄した。幼いころ父から「大正時代、米騒動で大商社の鈴木商店は焼き打ちされた。暴徒と化した民衆は恐ろしい」という話をよく聞いた。歴史上の事実が突如、現実味を帯びる。

現地に入って自分が指揮しなければと思うが、東京にいて、それもかなわない。まさに隔靴掻痒《かっかそうよう》の感。

人々の不安を取り除くことだけを考え、「店に灯をともせ」「早く店を開けろ」と専務に指示。電気の通じている店は灯をつけ、店は開けられなくても店頭や駐車場で営業した。

私は三日後に現地入りした。全国展開の起点となった三宮店の無残にひしゃげた姿が私を迎える。荘然自失……。

五十年前の敗戦時の神戸の焼け跡が脳裏に浮かぶ。この危機を乗り切れるのは、戦争を体験した自分しかいない。「おれがしっかりせねば」と全身が熱くなる。もう一度、最初から出直しだ。

現地での記者会見で、「ダイエーは商品を無料で配らないのか」という質問を受け、あぜんとした。商人が無料で商品を配ることなど、できるはずがない。生活必需品を適正価格で安定供給し続けることが私の使命だ。私は商人として、神戸を中心とした被災地の人々に「ダイエーが店を開けたら安心だ」と言われるように最大限の努力を続けた。》

## 執務室の壁面に「臥薪嘗胆」

阪神淡路大震災の被害総額はダイエーだけでも四〇〇億円にのぼり、平成七年（一九九五）二月期決算の最終損益は二五六億円という上場以来初の大赤字となった。

業績回復を最優先に掲げ、赤字店舗の閉鎖、社員三〇〇〇人のグループ会社への出向を決定。新規出店は建設費などを省いて安さをアピールする「ハイパーマート」に絞った。同時に、既存店でもコスト削減を徹底した。ところが、それが裏目に出たという。

中内は、『私の履歴書』で語っている。

《通路はコンクリートむき出しで殺風景。売り場には販売員がいない。サービスも、品揃えも悪い。その結果、震災から一年半後の平成八年八月の中間決算では、経常利益が予想の半分以下の六十億円にとどまった。決算発表の席上、私は「ここ数年、ローコスト・マス・マーチャンダイジング・システムを重視してやってきたが、消費者のニーズやウォンツから見ると、三歩半も前に出過ぎていた」と反省の弁を述べた。

私は営業力強化に乗り出した。出向社員五百人を売り場に戻し、店舗改装費も増額。仕入れを本部主導から店主導に大転換し、お客さまの声をすぐに営業に反映できる仕組みづくりに努めた。だが、平成九年二月期の経常利益はわずか五億円。消費税率のアップや雇用不安による消費低迷が追い打ちをかける。翌年にはついに二百五十八億円の赤字に転落した。

地元に密着した品揃えや店舗運営を迅速に行うため、平成十年一月には総合スーパー部門を七地域に分割し、権限委譲を進めた。

満身創痍のダイエーを立て直すため、味の素の社長、副会長を歴任し、当社顧問に就任した鳥羽董《とばただす》さんを財務担当の副社長に任命し、中内潤副社長に営業を任せ、三人でトップマネジメントを担う体制に改めた。組織風土の革新も必要だった。社員は「中内さんが言うんだから」と私を頼りすぎ、異なる意見を言いにくいのではないか。そう考え、平成十一年一月二十日朝、目覚めと同時に、「社長職を譲る」ことを決断した。

午前八時、鳥羽さんにそれを伝える。鳥羽さんが「ちょっと待ってください。もう少し話し合って」と言い終わるのを待たずに銀行など金融機関へのあいさつ回りに連れ出した。

その日は店長会議の日だった。会場の裏にある一室に取締役を集め、社長人事を決議。

その後、私は店長に向けて総括を述べ、会長専任を発表した。

そして営業力強化のために、経験豊富なダイエーオーエムシー社長の佐々木博茂《ささきひろしげ》さんを副社長に就けた。潤副社長は持ち株会社の社長として、グループ会社の再編問題に当たった。

この体制で「再生三カ年計画」を推進し、有利子負債の削減に努め、さらに小売り以外の事業を縮小したり、優良子会社の上場にも取り組んだ。本体でも赤字店舗の追加閉鎖や創業以来初となる希望退職者の募集、定期採用の見送りを決定、人心一新のために本社を移転した。営業力の強化を目指し、プロジェクトチームも組織した。そして現在、この計画のさらなる深耕をはかっている。

私は、執務室の壁面に「臥薪嘗胆」と大書きした。》

## 代表取締役の退任

中内㓛は、経営悪化の責任を取り、「時代が変わった」としてダイエーの代表取締役を退任。

平成十三年（二〇〇二）一月三十日、神戸市内のホテルでダイエーの臨時株主総会が開かれた。

創業者である中内㓛にとって、経営者として最後の舞台となった。

紺のスーツ姿の中内は、午前九時二十分過ぎ、会場のホテルに姿を現した。最後の総会になることについて、記者から心境を問われたが、「あとの会見で話しますから」と一言。これまでの冗舌は消えていた。

株主総会では、議長の佐々木博茂社長代行の横に座り、終始うつむきかげん。

時折、手にした書類に目を落としていた。

株主から「中内さんから一言ほしい」との声が出た。が、議長は中内に回答を求めず、肉声は聞けなかった。ただ、「長年、ご苦労さまでした」とねぎらう株主に対しては、壇上でゆっくりと頷いていた。

二時間三十六分と長時間に渡って大荒れとなった。

総会終了後、中内は、取締役退任のあいさつに立った。

「二十一世紀のダイエーのファウンダー（創業者）になり、株主の視点、お客様の視点からダイエーを見守っていきたい。フェニックスプラン（再建計画）はかならず達成できる」

最後に「上場以来、お世話になり、ありがとうございました」と頭を下げ、壇上を降りた。が、株主から声があがった。

「議長、中内さんがあんまり寂し過ぎる！　拍手で送ってあげたい」

中内は再登壇した。

中内に対して満場の拍手が鳴りやまなかった。

壇上に戻った中内は、もう一度、深々と頭を下げた。

中内は、平成十四年（二〇〇二）にはプランタン銀座の最高顧問職、リクルートの名誉会長も辞し、実業家としての活動を終えた。

中内は、自身が私財を投じて設立した流通科学大学を運営する学校法人中内学園の学園長として教育活動に専念。平成十二年（二〇〇〇）に流通科学大学は、職員がダイエーからの出向から大学籍になった。

新神戸オリエンタルシティも平成十六年（二〇〇四）に売却され、ダイエーの手から離れた。

## 個人資産の相続税対策

河合弘之は、ダイエーの顧問弁護士として中内㓛の相続税対策も担当した。中内は最盛期には約二〇〇〇億円の資産を抱えていた。相続となれば、大半は持って行かれる。当時の最高税率はおよそ七割というところだった。

「株を二〇パーセント持っていて、初めてオーナーと呼べるんだ」

中内は、常々そう口にしていた。

「東急の五島昇は、自社権を五パーセントも持っていない。〇・数パーセントというところだろう。だから、息子の五島哲《てつ》は、ないがしろにされた」

中内は持ち株をさらに増強していった。日本経済もダイエーも右肩上がりの時代である。借入金で増資を重ねる。株の購入価格は中内のポケットマネーでまかなえるほどの些少な額ではない。初めのうちは銀行から借り入れ、個人名義で買っていた。買った株は、担保として銀行に入る。当時は一億円で買った株でもまたたく間に値が上がった。五億円、十億円になるのもそう遠い話ではない。資産が二〇〇〇億円になるのも無理はない話だ。

中内の資産の大半はダイエー株だった。それに加え、東京の田園調布や兵庫県芦屋市の六麓荘《ろくろくそう》といった高級住宅地に豪邸を所有していた。

さすがに二〇〇〇億円ともなれば、相続税対策を考えざるを得ない。そこで依頼を受けたのが、河合が中内の顧問弁護士になるきっかけだった。

河合は杉山賢一《すぎやまけんいち》税理士と組んで、考えに考えた。思いついた妙案は、ダイエーの株をすべて子会社に持たせ、その子会社・Aの株をさらに孫会社・Bに持たせる。中内は孫会社の株を所有しているという形にした。つまり、中内は「持ち株会社の持ち株会社」を持っているにすぎないわけだ。だが、ダイエーを実質支配できる権限は確保できる。中内が所有する孫会社Bは、子会社Aの経営権を牛耳る。ダイエーは、その子会社Aの意のままになるしかない。

相続の面ではどうなったのか。中内がダイエー株を直接所有している契約取引の形を取る限り、時価で評価される。ところが、A・B両社を介する資本取引に変えるだけで当時の税法では株の評価額は、とたんに下がる。相続税は、百分の一程度にまで抑えられた。

「河合さんよくやってくれた、さすがや」

中内は手放しで河合を絶賛した。税理士と河合は二億円近い報酬を得ている。

これに味を占めた中内は、不動産でも同様の処理を依頼してきた。中内の持つ土地建物は、すべて子会社A社に売却。A社の株を孫会社B社が所有し、B社の株を中内が押さえる。直接所有から間接所有に切り替えた。不動産の評価額は株と同じように下がり、税金は同じく百分の一にまで圧縮できた。

これには後日談がある。河合と組んだ税理士の杉山は、この「ダイエー方式」をほかの資産家の相続にも次々と適用。大々的に広めていった。

あるとき、杉山の顧客が死去した際、税務署が目を剥いた。

「何だ、これは⁉」

問題化してしまった。これを機に税法は改正され、ダイエー方式はまかりならぬとなった。中内の相続税圧縮からわずか七～八年しかたっていないころの話だ。杉山が黙っていれば、あるいは現在でも同じ手法が通用したかもしれない。

## 〝所有する経営〟に殉ずる

改正法では「有価証券保有特定会社」「不動産所有特定会社」という概念が設けられた。バランスシートや損益計算で七〇パーセント以上証券や不動産を持っている会社は間接評価をしない。つまり、直接所有と同じ状態だと考えて課税されてしまう。この改正法は皮肉なことに、中内の遺産相続にも適用された。絶頂期に二〇〇〇億円だった資産は、最終的に四十分の一の五十億円にまで落ちこんだ。借入金の方がずっと巨額となってしまった。

中内からA社が株を買う際、資金は銀行から来ている。とはいえ、事実上、中内に金を貸すに等しい。株確保を目的とした借り入れに関して、中内はすべて連帯保証している。その株はバブル崩壊後、すべて値下がりした。個人保証債務だけがずっしりと中内にのしかかった。

結果として、中内はすべての財産を失った。通常、一部上場企業の経営者が連帯保証を求められることはない。仮に会社がつぶれても、個人資産を投げ出す必要もない。だが、中内の事例だけはちがっていた。

「株を二〇パーセント持っていなければオーナーではない」

そういう信念が中内からすべてをむしり取っていった。信念に基づき、ひたすら株の取得に励んだ結果が無一文だったのだから。

個人で取得するにせよ、所有する持ち株会社で取得するにせよ、個人負債をともなう。

中内は、とうとう連帯保証債務を追及され、こときれた。

〈中内さんは、観念に殉死したんだ〉

河合はいまでもそう考えている。「オーナー社長はかくあるべき」との強固な信念。悪く言えば、思い込み。そんなものに中内は縛られ、追い込まれていった。

〈そこは、旧型の経営者というしかない〉

企業はいったん上場してしまえば、社会のものとなる。個人の手は離れるのが当然だ。だが、中内は上場をはたしながらも、個人的なオーナーシップを失いたくなかった。そのためには、二〇パーセントの個人株主である必要がある。

その状態を維持するために、中内は膨大なコストを払った。ただ、それはダイエー株が高値を保っている限りは顕在化することがなかった。

ところが、ひとたびダイエーの経営が隘路《あいろ》に迷い込むやいなや破綻した。

「ダイエーの〝所有する経営〟は、誤りだった」

いまとなって、そんなことを声高に言いつのる者もいる。仮に中内の手法がまちがっていたとしても、本来ならば個人財産を失う必要はなかった。だが、中内は自らのオーナー観に殉じる道を選んだのだ。

河合は、晩年の中内と最後までつきあった。落魄《らくはく》したといっていい状況になっても、それは変わることがなかった。

逝去の一ヵ月ほど前、中内は、河合の事務所を訪れた。中内はしみじみと述懐した。

「あーあ、わしの個人財産も全部なくなってしまった。子供にもっと残してやりたかったんだけどな」

河合は、言葉を返した。

「中内さん、それはそうじゃないですよ。中内さんは、もはや歴史上の人物です。日本の流通を変えたのは、中内さんでしょう。道を歩けば、『あ、中内さんだ、サインしてください』と言われる。声をかけられたりするじゃないですか。イトーヨーカ堂の伊藤雅俊さんやイオンの岡田卓也さんが、そういうふうにサインを求められますか。そうじゃない。歩いていて『あ、中内さんだ』と言われるような流通業の経営者は中内さんしかいません。歴史上の人物としてみんなから愛されている以上、変な財産隠しなんかしたりしたら、みんなガッカリしますよ。そごうの水島廣雄《みずしまひろお》さんみたいに強制執行妨害罪で逮捕されたりしたら、みんな『あーあ、中内さんだってああいうことするんだ』と落胆します。そういうことはやめましょうよ」

中内は、黙って河合の言うことに耳を傾けていた。

「うん、わかった。河合さんの言う通りにする」

中内は財産を粉飾することなくこの世を去っていった。遺族はあまり恵まれなかった。中内家はもはやダイエー株をまったく所有していない。売ったときには、庶民レベルからいえば多少の金にはなったかもしれない。中内正は株をめぐって脱税で摘発された。

〈それでも中内は稀代の経営者であった〉

河合はそう確信している。濃密な人生を送った異才の革命家。憐憫《れんびん》さえ感じる。

河合は、中内の晩年がみじめなものになったのには、二つの理由があると分析している。

一つは、ダイエーの経営が傾いたこと。

もう一つは、個人負債で根こそぎ持っていかれたことだ。

「所有する経営」自体を批判するのはまちがっている。それでうまくいっている企業も多くあるからだ。重厚長大産業など大半がそうだといってもいい。

「後継者の育成に失敗した」

そういう指摘もある。だが、河合にいわせれば、それ以前の問題だ。大きかったのは流通の変化に追いつけなかったこと。成功体験からもう一つ抜け出すにはいたらなかった。中内の経験則の先の先を業界が目指そうとしているとき、それをとらえるべき鋭敏なアンテナは中内の手になかった。

ワンマンであることも、悪くはない。ファーストリテイリングの柳井正など、超ワンマンを地でいく。ワンマンであろうとなかろうと、問題は経営判断が正しいかどうかだ。

ワンマンでやることなすこと正しくなければ、目も当てられない。仮に中内の感受性が鈍らないままなら、長男の潤に承継させて事もなしだった。

〈ダイエーは、創業三十年、四十年というところ。まだできて間もない会社だった。オーナーシップがあってもいいし、世襲でも構わない。求心力さえきちんと働いていれば、であった……〉

## 資産管理会社の特別清算で個人資産を失う

平成十六年（二〇〇四）十二月、中内家の資産管理会社三社（マルナカ興産など）の特別清算を開始。芦屋と田園調布にあった邸宅や、所持する全株式を売却処分し、私財からダイエー関連資産を一掃したことで、名実ともにダイエーと決別した。

中内は一九六〇年代に住友銀行から融資を受けた際、借り入れを個人保証にしていたため、グループで三兆円ほどにのぼる負債のすべてを個人で負う羽目になり、株式や不動産などすべての個人財産をゼロにしなければならない事態に陥ってしまった。しかし、当時三井住友銀行頭取だった西川善文《にしかわよしふみ》は、すべてを取りあげるのはさすがに無慈悲として、マンションの一室を特別に残した。

## 「偉大なる企業家」の死去

中内は、平成十七年（二〇〇五）八月二十六日、流通科学大学を視察後、神戸市内の病院で定期健診中に脳梗塞で倒れた。療養中の九月十九日午前九時三十分、転院先の神戸市中央区の神戸市立中央市民病院において死去。八十三歳であった。

本葬儀は、流通科学大学の学園葬としておこなわれ、林文子《はやしふみこ》ダイエー会長ら当時のダイエー経営陣は参列したが、ダイエー本社としては、産業再生機構入りし経営再建中であることもあり、社葬をおこなわなかった。

しかし、日本の流通業に多大な貢献を残した中内に対し、社葬もお別れの会も行われないのはあまりに忍びないとして、イトーヨーカ堂創業者の伊藤雅俊、イオン創業者の岡田卓也、日本におけるスーパーマーケットの育ての親でもあった渥美俊一、自身も立ち上げに携わった日本チェーンストア協会など、中内とともに戦後における流通業界の黎明期を築いた小売・流通業関係者らが発起人となって、「お別れ会」が開かれることになった。

「お別れ会」は、平成十七年十二月五日、東京都千代田区のホテルニューオータニで執り行われた。会場には安倍晋三《あべしんぞう》官房長官や、二階俊博《にかいとしひろ》経済産業大臣、小池百合子《こいけゆりこ》環境大臣、小沢一郎《おざわいちろう》、冬柴鐵三《ふゆしばてつぞう》、神崎武法《かんざきたけのり》ら政財界から約二〇〇〇人が献花に訪れ、生前の故人を偲んだ。

日本チェーンストア協会の佐々木孝治《ささきこうじ》会長(ユニー社長)は、中内の功績を並べ、「偉大なる企業家、情熱と紳士の精神あふれる先導者、永遠の師であり、好敵手だった。本当にお疲れ様でした」と追悼の意を捧げた。

逝去七日後の九月二十七日には、ダイエーホークスの後身である福岡ソフトバンクホークスと、対戦相手であった東北楽天ゴールデンイーグルスの選手・関係者が福岡ドームでのプレー前にファン・観戦者とともに感謝と哀悼の意を込め、一分間の黙祷をおこなった。

当日の試合ではホークスが勝利した。なお、中内の死去に関して福岡ドームの電光掲示板には「ありがとう‼　中内㓛さん　福岡はあなたを忘れません　安らかにおやすみください」と追悼文が表示された。

### 中内㓛との別れ「ワシは、エコノミークラスなんや」

平成十六年（二〇〇四）の秋、中内㓛と羽田空港の福岡行きの便の出発ロビーで偶然に出会った。全盛期の華やかなころに何度か飲み、エネルギッシュに語った彼の雰囲気からすると、さすがに年齢だけでなく、勢いを失った寂しさすら漂っていた。

「一二〇歳まで生きて、『シアーズ・ローバック』を追い抜いてみせるんや……」

わたしにそう語っていたときのことを改めて思い出し、懐かしさから、つい声をかけた。

「今日は、どういう御用で」

「『福岡ダイエーホークス』の優勝祝いに行くのや」

この年『福岡ダイエーホークス』の成績は複雑であった。王貞治の監督就任から九年間で三度の優勝をはたすなど、チームは絶頂期にあった。しかし、日本一を達成した二〇〇三年のシーズンオフに主力打者の小久保裕紀《こくぼひろき》が無償トレードで巨人へ、村松有人《むらまつありひと》が天然芝でのプレーを希望してオリックスへ移籍するなど戦力が低下気味となった。それでもシーズンでは七月を除くすべての月で勝ち越し、勝率一位でレギュラーシーズンを終えた。

ところが、パ・リーグではこの年から、レギュラーシーズンの上位三チームによりシーズン優勝チームを決めるプレーオフが導入された。二位とのゲーム差が四・五の一位でシーズンを終えたダイエーであったが、セカンドステージで二位の西武と対戦。しかし、シーズンで一位と二位のゲーム差が五以上であれば一位チームに与えられるアドバンテージの一勝を逃したことも災いして二勝三敗で敗退。日本シリーズへの出場は、かなわなかった。

中内は、福岡ダイエーホークスのシーズンを終えての祝賀パーティーに招かれてのことらしい。ただし、このときはまだ発表されていなかったが、『福岡ダイエーホークス』とダイエーの名が刻まれるのはこのシーズンが最後になるのであった。

翌平成十七年（二〇〇五）の一月には、親会社のダイエーが、ソフトバンクに球団を売却することを発表する。『福岡ダイエーホークス』は十六年間の歴史に幕を降ろすことになるのだ。『福岡ソフトバンクホークス』が誕生するわけである。

中内は、当然、すでにそのことを知っていたはずである。祝賀会に招かれているとはいえ、喜びに加え、寂しさもひとしおであったろう。

わたしのことを聞かれ、政治家に頼まれて後援会に講演に行くことを話した。

しばらくのよもやま話が終わり、いよいよ出発となった。もっと話をしたかったので、席が隣りであったらありがたいと思い、座席位置について聞いた。

中内は寂しそうに言った。

「あんた、講演を頼まれて行くのやから、ファーストクラスやろ。ワシは、エコノミークラスなんや。ダイエーが産業再生機構入りの経営再建中やのに、贅沢に座っとると袋叩きにあうがな……」

搭乗口に入り、中内と「ではまた……」と声を掛けて別れたのが、この世での最後であった……。

# 第六章

# 怒涛の海外展開と社長の交代

## 請われて台湾へ進出

ダイソーは、平成十二年（二〇〇〇）一月、「'99ベンチャー・オブ・ザ・イヤー（株式未公開部門）」を受賞した。三月には資本金九億円に増資。

平成十三年（二〇〇一）六月、さらに資本金二十七億円に増資した。

渡辺有和は、四国担当のあと、中国地方の店舗開発も担当することになった。そして同じころ、台湾出店に向けたプロジェクトが動き出す。平成十三年、出店は八月の予定だった。

ダイソーは当初、海外への展開を想定していなかったという。社長本人も昔から、会社を大きくすることに関しての興味はないと語っていた。ただ潰れなければいい、と。そんなダイソーが台湾への出店にいたるには、台湾出身の実業家で直木賞作家の邱永漢《きゅうえいかん》の存在があった。

邱が自ら「台湾で一〇〇円ショップをやりたい」と猛アピールして売り込んできたのだ。

「海外で成功するはずがない」

そう言って、矢野社長は何度もこの話を断った。

この春にも、邱永漢が矢野社長を訪ねてきた。

邱永漢は日本統治時代の大正十三年（一九二四）三月二十八日、台湾の台南市《たいなん》に生まれた。昭和十七年（一九四二）に内地（日本国内）へ渡った。翌年に東京帝国大学経済学部に入学。卒業後は台湾に戻って華南銀行に就職。が、台湾独立運動に関係して中国国民党政府から逮捕状が出たため香港に亡命。このとき、物資欠乏の日本に郵便小包で商品を送る事業を初めて成功した。それをきっかけに、「お金儲けの神様」といわれる事業家にまで登りつめた。また、日本で作家デビューし、昭和三十年（一九五五）には小説『香港』で直木賞を受賞している。

ところが、邱永漢は海外進出する静岡県を拠点とする小売業者、ヤオハンと組んで失敗。平成九年（一九九七）にヤオハンは倒産し、邱永漢も八十三億円もの損失を出した。銀行から融資を受けて台湾北部の桃園市に建てたデパートの不動産価格が値下がりしてしまったのだ。このヤオハンの置き土産を、今後どう活用していくか。邱は頭を悩ませた。

本体のデパートは台湾の三越に買ってもらった。その向かいの建物は、商業団地としての認可を受けていたため、デパートと相乗効果のある利用法を考えた。邱は二階をアウトレットに使い、一階をレストラン街、そして、地下はひとつの店が二坪でもできる個人経営の小さな店の集合体を考えた。そのための設計図もつくった。

しかし、アウトレットを自分で経営するには人材もいないし、日本のファッション・メーカーに出店を促すだけでも大変な仕事になってしまう。一〇〇万円でもスタートできる小さな店に対して何軒かの申し込みはあったものの、一五〇店舗のスペースを埋めるには無理があり、話を先に進めることはできなかった。そして、知恵をしぼった末に辿りついた新しいビジネスが、ダイソーの台湾への誘致であった。

当時、日本に一〇〇円ショップは三〇〇〇店ほどあり、そのうち半分を超える一六〇〇店をダイソーが占めていた。それを知った邱は、矢野と話をしてみたいと思ったのだ。

邱永漢は、矢野から今日にいたるまでの苦労話を聞いた。邱がビジネスの話の中でもっとも面白いと思ったのは、戦前からあった均一ストアという発想を、矢野が一過性のものではなく、商売のひとつのスタイルとして確立したことであった。しかも商品は四万アイテムもあり、お客に飽きられないために、毎月七〇〇も新商品を追加している。

一品一〇〇円の商品を年間一五〇〇億円も売るということは、ひとつの商品のワン・オーダーが五〇万個、一〇〇万個になる計算だ。単品のオーダーでは、世界最大のスーパーマーケットチェーン「ウォルマート」よりも量が多く、そこに常識を破る安い値段の秘訣がある。顧客のニーズを徹底的に追求する姿と、工業社会に育った矢野だからこそ展開できたコスト・ダウン攻勢が、他の格安ショップとは一線を画していた。

## 邱永漢と合弁で出店

邱は、矢野に台湾進出を熱心に勧めた。

「わたしの故郷の台湾でも、ダイソーはきっと人気を博するにちがいありません。社長、台湾に進出して出店してみませんか」

矢野は言った。

「これまでにも、広島まで来て『台湾で店を開かせてくれませんか』と申し込んできた人が五十人もいました」

しかし、台湾のことなら誰よりも邱が知っている。邱は、何度も広島本社に足を運び、矢野を執拗に口説いた。

折しも台湾が日本に次いで空前の大不況に落ちた矢先で、店閉まいをする商店やレストランはあっても、新しく店開きをする動きは皆無だった。

邱は言った。

「いまは台湾も日本と同じように産業界の選手交替の時期です。ダイソーは、デフレになればなるほどかえって繁盛する商売にまちがいありません」

ついに邱永漢に口説き落とされた矢野は、言った。

「それならば合弁事業で、運営は邱先生のところでお願いします」

海外初進出である。矢野は、邱にすべて任せる決心をした。

矢野は五億円出資して出店することにした。

やがて、大創産業と邱永漢グループの共同出資による、商品価格が一律五十台湾元の「五十元ショップ」をオープンさせることが決まった。五十元は日本よりも高価格となるが、販売価格としても購入価格としてもシンプルに計算できる。アジアの中でも一番日本に生活レベルが近い台湾では、消費者がイージーに使える金額である。

場所は、台北市と桃園市にそれぞれ一店舗ずつ同時オープン。台湾大創百貨の社長には、上海ヤオハンの総経理をしていた山田善右《やまだぜんゆう》に就任してもらうこととなった。

平成十三年（二〇〇一）の初夏、矢野社長が、大原貴光《おおはらたかみつ》に言った。

「大原くん、台湾の納品を担当してくれないか」

大創産業の常務海外事業部長であった大原貴光は、昭和四十五年（一九七〇）一月二十一日、広島県佐伯郡五日市町（現広島市佐伯区五日市町）に生まれた。大原は明治学院大学へ入学。平成七年（一九九五）八月、大原は、同期から四ヵ月以上遅れて大創産業で働きはじめた。入社前にバイク事故で足を怪我したためであった。

「え、でも、自分はまったく経験ないんですが……」

「うちでは海外で展開をすることも可能性としてあるけぇ、そのときの勉強だと思ってやりなさい」

大原は思った。

〈海外出店か。社長は、そんなことを考えておられるのか〉

それから大原は、海外事業部への異動を命じられ、台湾進出の手伝いをすることになった。入社して七年目のことである。

## 大創台北南西店は三〇〇円ショップ

台北市の『大創台北南西店』と、桃園市の『台湾大創桃園店』の二店同時オープンを明日にひかえた平成十三年（二〇〇一）八月二十二日、台北店でオープニング記者招待会が開かれた。通常なら五、六人も来ればいいところに、八十九人もの新聞、雑誌、テレビ記者が集まり、押すな押すなの大盛況となった。

台湾大創百貨の会長に就任した邱永漢が、まず挨拶した。

「デフレの時期に繁盛する商売がある。ダイソーはたまたまそのうちのひとつですから、そのサンプルとしてお見せするのです」

つづいて大創産業の矢野社長が抱負を語った。

「台湾では優秀なスタッフに恵まれてスタートでき、非常に感謝している。台湾大創が台湾のみなさんに受け入れられることを祈って、謙虚に努力していきたい」

顧客のメインターゲットは二十代と三十代の女性。約二〇〇坪（約六六〇平方メートル）の店舗内には、日本から輸入した日用品や食器、文房具、台所用品など一万種類をベースに、毎月数百種類の商品を新たに加えて新鮮味を維持していく。

また、郊外店となる『台湾大創桃園店』は、ショッピングセンター二階の約一〇〇〇坪（約三三〇〇平方メートル）に、ダイソーの台湾総本部とモデル・ショップを設置した。

四ヵ月後の年末までに台北北部で店舗数を五店に増やし、二～三年後をめどに直営とフランチャイズチェーンを合わせて二〇〇店を展開する目標を立てた。

ダイソーオープンのニュースは、テレビや新聞が派手に報道したため、台湾中に知れわたった。翌八月二十三日は早朝から店先に行列ができ、開店を三十分早めるほどの混雑となった。

渡辺は、当時の上司の大原と二人、オープニングセレモニーに出席するため、台湾入りしていた。しかし、急遽《きゅうきょ》、助っ人として店頭に立つほどの盛況ぶりであった。渡辺は、そのまま一週間、滞在を延長して押し寄せた客の対応に追われた。

このとき、現地の経営陣は倉庫での作業を嫌った。

「ワシもやるけぇ、前掛けをして、一緒に倉庫で作業しよう」

矢野がそう呼びかけても、倉庫にこない。

経営上の数字にしか興味がなく、倉庫での作業そのものに興味を持たなかった。

矢野の持論として、一〇〇円ショップの仕事は倉庫での作業がもっとも大切だ。倉庫で社員たちとともに商品の搬入をおこない、それによって商品を覚えていく。

矢野が語る。

「現場が嫌いで、帳簿が好きなだけでは、一〇〇円ショップの経営はできません」

こういう調子であったから、この台湾一号店は、その後なかなかうまくいかなかった。たしかに大変な数のお客は来た。しかしその多くは、邱永漢のテレビ番組を見て、物珍しさで来た客だ。店の中を見るだけで、何も買わないで帰る客も多かった。

商品の価格は当時、五十元。台湾の平均所得からすると、三〇〇円か四〇〇円程度の実感だ。決して安くはない。

現地法人にはダイソーの人間はいないまま、ヤオハンの山田主導であった。広い事務所に多数のスタッフを抱え、商売というよりは「経営」に関心がある様子だったという。

その後、邱永漢が経営から手を引き、ダイソー直営に移って、店舗の収益は向上した。それでも、当初の赤字が解消されるまでに七年もかかった。

令和五年（二〇二三）十二月現在は台湾に九十二店舗のダイソーを展開している。

## NHKの特集番組の衝撃

ダイソーと矢野社長は、平成十三年（二〇〇一）三月三十日にNHKのBS1でも『一〇〇円の男 ～流通の革命児・矢野博文～』として特集された。

ナレーション。

「どん底から這いあがり矢野がつくりあげたのは、一〇〇円ショップの巨大チェーン。全国におよそ二〇〇〇店を展開しています。『この会社はいつ潰れるかわからない』が、口癖だった矢野はいまや時の人。不況の中で爆発的な成長をつづける矢野のもとには、いま、大手スーパーや百貨店の経営者たち、たくさんの人々が押し寄せています。どうやって成功の秘訣を掴んだのか、本当は何を考えているのか、その実像は謎に包まれています。一〇〇円を武器に流通の革命児となった男の素顔を追いました」

番組では、平成十二年（二〇〇〇）に、東京都の多摩地域南部にあるダイエー町田店のあとに、「ザ・ダイソーギガ町田店」が入居したニュースを紹介する。

ナレーション。

「去年、世の中を驚かせるできごとが起こりました。大手スーパーダイエーの主力店舗が丸ごと一〇〇円ショップになってしまったのです。

一階から五階まで、ビル全体の二〇〇〇坪に並べられた商品は、すべて一〇〇円。およそ六万種類にものぼります。土鍋、子ども服、老眼鏡、そして辞書。これまでの一〇〇円均一商品の常識を覆すものばかり。すぐに飽きられるのでは、という声を集め、一年近くが経ったいまでも、一月に十七万人の客が押し寄せ、八十五万個もの商品が飛ぶように売れていきます。

このビルの持ち主でもあったダイエーは、撤退後に入ってくれる企業を探しました。しかし、ダイエーでさえだめだった場所に入ろうという百貨店やスーパーはありませんでした。そこにダイソーが乗り込んできたのです」

ダイエーの幹部が語る。

「最近、客単価が落ちてますから、もう唯一、客数を伸ばさないことには、どうすることもできないってことですね。あのー、どのテナントさんにも言えるわけですが、特に独自でね、集客できるテナントといえば、大創産業しかないのかなと。ほかにあれだけの商品を揃えてるってことに、やっぱりすごいものがあるなというふうに思います」

ナレーションがダイソー本社を紹介していく。

「山あいの盆地にある、人口十二万人の町、東広島市。町はずれの工業団地にある倉庫を改造した建物、これが一〇〇円ショップ最大手、年商二〇〇〇億円を誇る大創産業の本社です。一歩足を踏み入れると、いらっしゃいませの嵐。本社事務所は、まるで店舗のように声が飛び交います。いたるところに、一〇〇円商品の山、山、山。その商品に埋もれるようにして、一〇〇人あまりの社員が働いています。全国およそ二〇〇〇店。一万人近いパート社員がここで管理されています。

社長の矢野の一日は、朝八時半の掃除からはじまります。商品を入れるトレイの整理や、事務所の机の移動など、一日中、社内を動きまわっています。社長室だと案内されたのは、階段の下、普通なら、物置に使われるようなスペースに社長の机が置かれていました。しかし、矢野がここに腰を落ち着かせることは、週に一度もありません」

矢野が語る。

「小売業は座っていられんですよね。尻に火が点いていますから」

ナレーションが間に入る。

「矢野は、ちょっと話しはじめると、決まって会社が潰れる話になります」

矢野がつづける。

「いわゆるまあ、船で心地よくおりている、でも本当は先に滝がある。大きな滝つぼがある。そこへ落ちる運命にあるわけですね。企業っていうのは。そのスーって行ってる、ほんの一分先に滝があるかもわからんですよ、十分先か、一年先か、まあ、こんなもんでしょう」

ナレーションが矢野の出身地とその生涯について、紹介する。

七〇〇万円の借金を背負って夜逃げした話など紹介後、ナレーションがつづく。

「口ベタで駆け引きも苦手、そうした矢野がたどり着いたのが、一〇〇円均一でした。当時、一〇〇円均一はスーパーなどの軒先を借りながら転々と移動する商売。石油ショックで同業者が廃業していく中、矢野はその日食べていければいいと、この商売にしがみついていました。

そんな矢野の耳に客の一言が突き刺さりました。

『安もの買いの銭失い』プライドを失いかけていた矢野が、この言葉に本気で腹を立てました」

矢野が語る。

「元気がよかったら、行っておばさん殴ってやろうと思いましたけどね。売る方にしても買う方にしても、安もの買いの銭失いって一番嫌な言葉ですよね。それがある日こう、ずっしり来て、一〇〇円でもいい物売りたいなと」

ナレーションがつづける。

「翌日から矢野は一〇〇円ギリギリの原価で、商品を仕入れはじめました。すると、客が群りはじめました。矢野は次々と勝利の方程式を身につけていきました。そのひとつが選ぶ楽しさで売ること。ダイソーに並ぶバケツは六十五種類を超え、はさみは八十五種類にものぼります。よりどりみどりで選べる楽しさを提供しているのです。

いまも毎日平均二十種類、月に七〇〇種類もの新製品が売り出されています。いま矢野が力を入れているのは、CDです。すでに二十八タイトル三五〇万枚を売上げました。これをさらに一〇〇タイトルに拡大します。CDは入れる曲さえ変えれば、無限に種類をふやせます。一枚買ったとしても、また次に買ってもらえる商品です。際限なき商品開発は、客の飽きとの闘いなのです」

矢野が振り返る。

「あのそごうでも、ダイエーでもああなっていくんだから。あれだけすごい人材と、すごい資本とすごいマーケットとすごいものをずらっと揃えてても、お客様に拒否されたらああなっていくんですから。われわれ専門店というものは、こう小さな部分をやるわけですから、飽きられるスピードは大変速いですよね」

ナレーションが入る。

「もうひとつ矢野が得た勝利の方程式は、大量発注です。大創産業からメーカーへの発注は、十万個一〇〇万個といった膨大な単位でおこなわれます。この数の力によって安く仕入れるのです。世界でも類を見ないと言われる大量発注。それは、導入する企業の側にとっても、大きな魅力です」

ナレーションが語る。

「長引く不況の中、過剰な設備と人員を抱える企業にとって、多少利幅が薄くても大量の商品を生産できるメリットは大きいのです。矢野はこうした企業の圧倒的な支持をとりつけながら、一〇〇円ショップの拡大をつづけてきました。そんな矢野が素顔を見せる瞬間はあるのか。矢野は週に一度、親しい人々を誘って、酒を飲みます」

矢野が語る。

「こういうときはネクタイをつけないんですよ。そうすると緊張しないから」

　ナレーションが語る。

「大手銀行の支店長、地元スーパーの役員、かつて雲のうえだと思っていた人々がいまでは気の置けない仲間になりました。酒が進むと矢野からはいつものように、会社が潰れる話がはじまります」

　矢野が語る。

「一〇〇円ショップっていうものは、うえが決まってるわけですから、ずーとこういう列島改造論とか、石油ショックとか、インフレとか、そして、運賃、商品、人件費もなく……」

**目がクッと変わるとき**

　ナレーション。

「友人たちによると、矢野には時折見せるもうひとつの顔があるようです」

　友人のひとりが語る。

「面白いなと思うのは、自分では、全然わかっていないだろうと思うんだけど、感じてないと思うんだけど、ものすごいいろんなことがね、瞬時に変わりますよね。ぼくはこの人のね、目がクッと変わったときをね、見たことがある。全然本人、意識していませんよ。仕入れのときですよ。仕入れのときの矢野社長の目はクッと……」

ナレーション。

「矢野の目が変わる仕入れ交渉とは、どんなものなのか。ダイソーには、一日三十件から四十件の商談が持ち込まれます。社長自らすべての商談に顔を出します。和やかな矢野の表情が突然変わる瞬間がある。それは、持ち込まれた商品に売り手の甘えが見えたときです」

矢野と取引先とのやりとり。

「ちょっと擦れてしまって」

「だから擦れるということは、熱を発する。熱がおきるわけ。あなた、擦れが有るのと無いのがあったら、無いのを買うよね」

ナレーション。

「はるばる韓国から見本を運んできたこの業者との商談は、途中で打ち切りとなりました。矢野の指摘は商品の質にとどまりません。相手の商売に取り組む姿勢におよぶこともしばしばです」

矢野が、相手に語る。

「つくる側の論理だけでつくっている。昔の量販店の論理、効率よく売ろう、それで売れるということではないよ。うちのためにやりよるんじゃないよ。自分たちの、お宅のために、そこがわからない人は。ええものをつくるというのは、自分のためにつくるんじゃない、そこをよう勘違いしたらいかん」

ナレーションが語る。

「その言葉は矢野が自分自身に対して発する言葉のようでした。現在、ダイソーの出店ペースが月に三十店以上。増えつづける取引先は、二〇〇〇社。すべての相手の顔を覚えています。矢野はいつのころからか、人と会うと、まずその人の顔をじっと見る癖がつきました。矢野はこう言います」

矢野が語る。

「顔には、人間としての年輪がある」

ナレーション。

「この日は川崎市から薬局の経営者がたずねてきました。一〇〇円ショップに衣替えすることで、生き残りを図ろうというのです。いつものようにしばらく顔を見つめていた矢野は、突然、『直営店を見学していってはどうか』と言い出しました」

「すいません、新幹線の切符ちょっと見せてください」

ナレーション。

「この経営者には、予約した新幹線の出発時刻が迫っていました。矢野は飛行機の切符の手配をはじめました。一見、奇妙に見える行動には、自信の裏づけがあります。判断材料は顔。顔が気に入れば、とことん、矢野はつきあいます。矢野は、人を見る基準は真面目に頑張れるかどうか。この一点で人と接するのです。

先月二十五日、ダイソーの社員同士の結婚式がありました。社長として、主賓の席に座りながら、矢野は居心地の悪さを感じています。客としての立場にありながら、結婚式場に迷惑がかかるのが気になって、ついついゴミを拾ってしまう矢野。いつの間にかなってしまった大企業の経営者。矢野は社員の一生を背負う責任を痛感するようになりました」

このダイソーの社員同士の結婚式というのは、大原貴光夫婦の結婚式である。

矢野が語る。

「こういう結婚式をして、お子さんができて、お孫さんができて、そのとき願わくば、大創産業というものが生きとれば、子どもさんやお孫さんに威張れる、そのことを願うのみですね」

ナレーションが入る。

「現在、大創産業が抱える在庫の額は三〇〇億円。まわりつづける歯車が止まった瞬間に会社は破綻します。不況のあだ花と揶揄されながら、ダイソーはあえて、危ない橋を渡りつづけています。誰でもやれる一〇〇円ショップ。しかし誰もなしえなかった、一〇〇円ショップの巨大チェーン。矢野の顔には誰も踏み込んだことのない世界を走る充実感が見えました」

矢野が語る。

「たとえば、一生自分は病気にならんって思ってる人が、暴飲暴食したり、体を無茶したりしますよね。でも、やはり、どっか弱点がある人は気をつけますよね。将来、心配をいまからして、潰れるかなって。ある意味では幸せですよね」

ナレーションが語る。

「一〇〇円の男、矢野博丈、もう潰れるんじゃないか、今日もそうつぶやきながら、矢野は商品のあいだを駆けまわっているのです」

地元のもみじ銀行の森本弘道《もりもとひろみち》特別顧問は、思いつづけていたという。

「ダイソーは、担保もたくさんあるわけないけん、いずれ潰れる。ところが、潰れるどころか、いまのように巨大になってしまった」

## シンガポールに進出、「二ドルショップ」で大成功

ダイソーは、平成十三年（二〇〇一）九月に、台湾につづき韓国に本格出店した。

平成十四年（二〇〇二）三月には、シンガポールに出店した。

東南アジアへの進出のきっかけは、シンガポールの隣国インドネシアにあるマタハリ社との縁だった。インドネシアの主要都市や各地で百貨店を経営するマタハリ社の当時の社長と矢野

は仲がよかった。その縁で、シンガポールにあるアウトレットモールＩＭＭに出店しないか、という話が持ちあがった。かつてＩＭＭには、イズミやヤオハンが出資していたこともあり、日本企業と関係があった。

矢野は、マタハリ社の要請を受けて、ＩＭＭに視察に行った。

三階建ての大きな建物であったが、二階や三階には客があまりいなかった。

結局、ダイソーは、ＩＭＭの三階に出店することにした。

出店するにあたって、マタハリの社長に頼まれた。

「うちの子どもを、社長にしてくれないか」

社長の子どもは、クリスチャンで好人物であった。矢野は了承した。

だが、話を詰めていくと、聞いていた話とはちがった。資本金は一〇〇〇万円の予定だったが、出資金として、二億円か三億円出してほしいということだった。

「いいですよ」

矢野は断ることにした。

「それなら話にならない。うちは降りますよ」

マタハリ社にそう伝えた。

すると、入る予定だったショッピングセンターのＩＭＭがダイソーの撤退に激怒し、「ダイソーを訴える」という話が矢野の耳に入ってきた。

矢野はその話を聞き、決断した。

「そういうことなら、出してあげればいいんじゃないか」

訴えられても別に構わなかった。だが、それならば、ということで出店することにしたのだった。こうして、平成十四年三月、シンガポールＩＭＭ店が営業を開始した。

売り場の広さが八五〇坪もある大型店だった。

この店が、当たった。いざオープンすると、連日お客であふれ商品はバカ売れだった。

のちに聞いてみると、ダイソーが出店するからということで、ＩＭＭ側はいくつかの有力なテナントの新規誘致に成功していた。

ダイソーが撤退するという話になったときの裁判沙汰も、「ダイソーを訴える」という話ではなく、「他のテナントからＩＭＭ側が訴えられる」という話だった。

他のテナントとの相乗効果もあり、シンガポールＩＭＭ店は飛ぶように商品が売れた。

シンガポールでは、商品の単価は二ドル。日本円にして、「約一六一円」である。

「二ドルショップ」として親しまれている。元々、現地には、「一九九ショップ」が四十店舗ほどあったが、ダイソーの進出により、一年半あまりで潰れた。

シンガポールでは「二ドル」はそれほど安くはない。だが、飛ぶように売れた。

一日の売上げが八五〇万円ほどあった。

IMM店の好調は、矢野は、やはり現地のスタッフたちの頑張りだと指摘する。

シンガポールIMM店が成功したのは、日本から派遣された富岡淳《とみおかじゅん》と大原貴光の頑張りが大きい、いやすべてだと。矢野は指摘する。

また、ふたりと現地の幹部のスタッフのコミュニケーションがとてもうまくいったこともある。

それに加えて、シンガポールの公企業のキャピタランドとも親交を結んだのが成功理由のひとつだ。キャピタランドは、中核事業として不動産開発、不動産金融サービス、ホテル運営をおこなっている。また、数社の上場企業をグループ企業として保有しており、代表的な企業は、不動産投資信託のキャピタモール・トラスト、キャピタコマーシャル・トラスト、アスコット・レジデンス・トラスト、キャピタリテール・チャイナ・トラスト、オーストラランドなどがある。

矢野は、振り返って思う。

〈いま考えると、あのときIMMから「訴える」と言われなかったら、出店しなかっただろうな。やむをえず出店したら、成功したんだから、結果オーライといったところだろう〉

台湾での売上げの伸び悩みは、初めての海外進出で様子がわからなかったため、邱永漢にすべてを委託していたせいである。そのため管理側と現場側に大きな乖離《かいり》があり、それが売上減の原因となった。その反省から、シンガポールでは売り場に対しても、これまでお客様目線で培ってきた日本のダイソーのノウハウを活かすことになった。

シンガポールでは、令和五年（二〇二三）十二月現在四十八店舗があり、総売上は、年間八十億円ほどある。上場も目指せるほど好調である。シンガポールの成功を機に、各国の企業から「うちもダイソーをオープンさせたい」という問い合わせが殺到。アジア、アメリカ、中南米、中東まで次々と店舗を拡大していった。

なお、ダイソーは、平成十四年度の「財界経営者賞」を受賞した。

渡辺有和にとって、平成十五年（二〇〇三）六月にタイに初進出したときのことも印象的だった。福田千城《ふくだちしろ》という、大学を卒業してすぐタイに渡り、現地でレストランチェーンを経営している人物が連絡してきた。

「バンコクで一〇〇円ショップをやりたい」

渡辺と矢野社長とで面会することにした。

バンコク中心街のサイアムスクエアという区画に、一号店を出店した。

しかし、開店当初はあまり売上げも伸びなかった。

六十バーツ、日本円で一三〇円程度の値付けだった。反応はよかった。日本産の人気は高く、客足も伸びたが、売上げに結び付くのには時間がかかったのだ。

タイは民需も盛んで、消耗品などは現地のものの方が安い。そこで商品数を絞って、狭い店で展開するようにしたら、業績も上向いてきた。

令和五年十二月現在は、九十二店舗を超えている。

## カナダ店は二カナダドルで成功

海外展開を当初から手伝ってきた大原貴光は、やがて常務海外事業部長に就任。海外事業の責任者となった。その大原が、特に印象に残っている国は、カナダと、中国であった。

カナダのバンクーバー店は直営店ではなく、中国返還と同時にカナダに移住した香港の銀行家がフランチャイズで出店することになった。

場所は、中国系移民人口が密集しているリッチモンドにある大型ショッピングモール「アバディーン・センター」の一、二階の二フロア七〇〇坪（約二三〇〇平方メートル）である。

ショッピングモール自体が新設されたばかりで、他の店舗がほとんど入っていないスカスカの状態であった。価格は二カナダドルで、日本より二～三割高い。大原は、オープン前日に矢野社長とともに、一ドル均一の地元の店を視察した。すると店のつくりは悪く、チープな商品ばかりが並んでいることがわかった。

「しかし、われわれの商品は、値段が倍だからな……」

二ドルでは高すぎるのではないか。そんな不安が胸をよぎった。

平成十五年（二〇〇三）十二月、オープン当日を迎えた。大原の不安は、一瞬で吹き飛んだ。どこから人が湧いて出るのかと思うほど、開店前からすさまじい数の客が集まっていた。

大原は、現地の担当者に話をした。

「社長が来られたとき、商品がカラッポの店舗はお見せできない。四十フィートコンテナの半分くらいの量の商品は、取り置いてください」

現地の担当者も、まさかこれほど客が来るとは思っていなかったようである。何週間かはもつだろうと踏んでいた四十フィートコンテナ三本分の商品が、わずか一週間で無くなってしまった。大原たちは、毎日夜中の三時くらいまでかけて、せっせと品出しをしなければならなかった。

大原は海外に出て、初めて実感した。

〈やはり、単に安いから売れるわけではない。品質のよい商品を揃えて、お客さんに喜ばれるお店づくりをすれば、海外でも受け入れてもらえるんだ〉

日本では「一〇〇円」という価格の区切りのよさもあって圧倒的な強さがあった。しかし、二ドルという価格でも、納得してもらえたのである。

カナダには、令和五年（二〇二三）十二月現在も四店舗である。

## ドバイは二〇〇円ショップで大成功

あるとき、会社に電話があった。中東のドバイで仕事をしている長岡からであった。

「ぜひ中東で出店したい。明日行くから」

渡辺有和は、それまでの経験から「話を急ぐクライアント」にあまりいい印象を持っていなかった。しかし、矢野社長に報告したところ、「まあ、会ってみよう」ということになった。

来訪した長岡は、髭をたくわえたいかにも怪しい風体だったという。これはあとでわかったことだが、アラブ圏では髭を生やしていない男性は「同性愛者」と見られることが多いのだそうだ。長岡も、現地の事情に合わせていたにすぎない。

長岡は計画を語った。

「現地に、宝石などの売買を手広くやっている『DAMAS』という会社がある。ここと組んでやりたい」

その会社の名前を聞いたとき、渡辺らはみんな思った。

〈DAMAS（ダマス）か。やっぱり『騙す』のかな……〉

矢野社長は言った。

「とにかく、一度自分の目で見てこい」

渡辺は、UAE（アラブ首長国連邦）の地を踏んだ。

件《くだん》のDAMASは空港にも入っているようなしっかりした企業だった。

しかし、そこは資金を提供するだけで、実際の運営は「LALS（ラルズ）グループ」という会社と組んでやるのだという。このLALSはインド系の会社で、地元ではショッピングセンターの経営などを手掛けている会社だった。

ダイソーが資金を出すのではないから、多少は気が楽だった。

平成十六年（二〇〇四）三月に出店したUAE一号店は、三〇〇坪ほど。かなりの大型店だ。

当時ダイソーは、たとえ海外出店であろうと、日本と同じ品揃えで臨む、というのが基本姿勢だった。そのため、ドバイに「漢字練習帳」のようなものまで持ち込んだ。

問題になったのは、宗教的タブーだ。イスラム教は、神を造形してはいけない。仏教の仏像やキリスト教のマリア像のようなものは、教義に反する罪なのだ。その影響で、一般に人間の写真や肖像も忌避する傾向がある。さらに女性の肌の露出もNGだ。

ダイソーの商品に、関節を保持するサポーターがあったが、パッケージに女性が素足にサポーターを装着している画像があった。これがまずNGだった。

また、食品でも問題があった。イスラム教は原則禁酒なので、日本ならお菓子にでも使われている「味醂」は、アルコール原料なので使えないのだ。

じつに様々な問題をはらみつつ、ドバイ一号店は船出する。商品価格は一律六ディルハム。日本円にして約二〇〇円ほどだ。店は当たった。現地で雇用した日本人女性三人が、常駐スタッフとして働いた。ダイソー本社からはスタッフの派遣はなかったが、インド人経営者が非常に優れていた。なにより数字に強かった。

また、上意下達がスムーズで、これは伝統的な身分制度の影響かもしれない。その反動で、現場の意見が上に届かないという弊害もあったという。

じつはＬＡＬＳグループの社長のジャヤント・ガンワニ（Jayant Ganwani）が親日家で、親戚が日本に住んでいた。そのせいもあって、ドバイでの営業はじつに順調だった。ＵＡＥだけで五十店舗が営業している。

平成十六年七月には、中東のクウェートへも出店した。現在（令和五年〈二〇二三〉十二月現在。以下同）クウェートには、九店舗もある。

さらにこの年十二月には、カタールへも出店した。現在、カタールには、十四店舗ある。

この年十二月にインドネシアに出店。現在は十四店舗ある。

平成十七年（二〇〇五）十二月にはオマーンへも出店した。現在、オマーンには三店舗ある。

この年八月、マカオへ出店。地元の不動産業の社長が地の利を生かして、現在十四店舗を経営している。

この年十月には、アメリカのシアトルへ出店。

この年十二月には、ニューカレドニアに出店した。市長夫人が趣味で経営するようなかたちで出店したが、いまはもう店がない。

## ニュージーランドで異例の出店、大成功

平成十八年（二〇〇六）三月に出店した南西太平洋のオセアニアのポリネシアに位置する立憲君主国家であるニュージーランドでの店舗展開は、ちょっと特殊だった。企業ではなく、個人がやりたいと言ってきたのだ。その人物、藤野俊廣《ふじのとしひろ》は北海道に土地を持っていたのだが、その私財を売り払ってでもニュージーランドで一〇〇円ショップを経営したいと言ってきた。熱意は感じたが、しかし危険でもあった。旅行代理店に勤めていて、土地勘はあったのだろう。しかし、小売業はまったくの素人だった。

渡辺有和は、この案件は、何度も断った。

「絶対うまくいかないから、やめた方がいい」

矢野社長からも口を酸っぱくして言われていたことだが、断る方が親切だという場合もある。

矢野社長は、渡辺らスタッフに言ってきた。

「自分の親兄弟が出店したいと言ってきたらどうする？　そういう態度でフランチャイズ希望者に接しろ。うまくいきそうになければ、はっきり言ってやれ」

しかし藤野はあきらめず、ついには「ダイソーの名前を使わない」という念書を書いてまで、食い下がった。これにはダイソー側も折れるしかなかった。商品はダイソーの商品を入れて、名前は藤野の考えた店舗名で、ニュージーランド初の一〇〇円ショップは開店した。

ところが、これが大当たりした。三日目には売れるものがない、という状況にまでなった。それから船便で仕入れると、一ヵ月はかかる。それでは間に合わない。

藤野からの要請を受けて、渡辺は社長に相談した。矢野社長は即座に「飛行機で送れ」と指示を出した。船便と空輸とでは、輸送料が十倍はちがうだろうか。しかし、ダイソーは藤野に賭けた。

その決断が功を奏したのか、いま、ニュージーランドの一〇〇円ショップは大いににぎわっている。オープンから数年経ち、正規にダイソーの名を名乗ることも決まり、それを機にさらに売上げが伸びた。いま、藤野は、現地で結婚して子どもをもうけ、公私ともに多忙な日々を送っている。そして年に一回、日本に帰って来るたびに、東広島のダイソー本社を訪れることを忘れないという。

平成十八年十二月、アメリカのサンフランシスコへ出店した。

平成十九年（二〇〇七）十一月、東ヨーロッパのルーマニアへ出店した。

この年十二月、アフリカのモーリシャスに出店した。

のち平成二十年（二〇〇八）三月にはサウジアラビアへも出店。現在十七店舗ある。

この年五月、ベトナムへ出店した。現在十七店舗ある。

つづいて六月にはマレーシアへ出店した。現在六十八店舗ある。

この年十二月にはレバノンにも出店。

平成二十一年（二〇〇九）一月にはヨルダンへ出店。

現在は、中東全域で九十四もの店舗が営業中である。

現地とダイソー本社の間に入って奔走してくれた長岡は、残念なことにその後亡くなり、いまのUAEダイソーの盛業ぶりを知らない。

渡辺有和の海外展開は、平成二十一年四月に出店したフィリピンでの仕事が最後になる。フィリピンでは、現在九十四店舗を運営している。

三菱商事から「ダイソーと組んで事業展開したい」という申し出があり、フィリピンの華僑《かきょう》系財閥を紹介された。

ここでは当初、「ダイソー」という商標が使えなかった。なんと、偽ものの「ダイソー」がすでに現地で開業していたのだ。香港資本で、本家と同じ一〇〇円ショップを展開している。

もちろん裁判に持ち込んだが、なんと本家であるダイソー側が敗訴してしまったのだ。しかし、そこは人のつながりがモノをいう国柄なので、ダイソー側の華僑系の財閥と裁判所のトップが「話」をして判決がひっくり返った。それまでに三年もかかった。そのあいだは、ちがう名前で営業していたのだ。現在は、華僑系の財閥の力もあって順調に拡大している。

## 東京でライバル店との競争に

渡辺有和は、日本でも中国、四国の開発に取り組んでいたが、平成二十二年（二〇一〇）に関東の開発担当がやめてしまったので、欠員ができた。矢野社長から「明日から関東もやれ」と言われ、渡辺の担当エリアはさらに広がった。

しまいには中部、北海道もやることになり、さすがにそれはひとりではこなせないということで、エリア開発部という部署で全国を担当している。

東京への進出は、渡辺有和の中で第二の転機となった。それまでは一〇〇円ショップといえばダイソーしかなく、本社の中だけで仕事は進められた。しかし、東京に来るとものごとのスピードがまったくちがった。

広島本社での商談は、一日に一、二件だ。しかし東京では、五、六社との商談は当たり前で、さらに物件を見てまわることになる。毎日が駆け足ですぎていくのだが、同時に多くの人と出会う機会にも恵まれた。また、同業他社の出現も刺激になった。これまでなら、ダイソーは「一〇〇円ショップ」という若い業界で、黙っていても集客できた。

しかし、さらに若い「キャンドゥ」の登場は驚きだった。キャンドゥは、平成五年（一九九三）に設立された。平成十六年（二〇〇四）には、東京証券取引所市場第一部に上場。業界第三位である。

また、「セリア」は、それまでのダイソーにはない「女性にもウケる店舗デザイン」という切り口で攻めてきた。セリアは、昭和六十二年（一九八七）に前身である株式会社山洋エージェンシーを設立。岐阜県大垣市を拠点に全国展開している。

セリアは、平成二十一年（二〇〇九）三月期決算で売上げがキャンドゥを追い抜いた。ブランドプロミスは「Color the days 日常を彩る。」。

これは、「お客様の心に触れ、お客様の日常を彩るコトやモノとの出会いを、とことん真面目に追求すること」を約束するものとしている。

コンセプトは「一〇〇円ショップらしくない一〇〇円ショップ」としている。商品の取り扱い数を絞り込んで、付加価値の高い商品・実用性の高い商品を選定し、一〇〇円ショップにありがちな安価な粗悪品のイメージの払拭を図っている。落ち着きのある内装を基調とすることで、雑多な店内の雰囲気を払拭。ゆったりとした雰囲気の店内で、質の高い一〇〇円商品を買いものできることを最大の特色としている。またIT化に積極的な姿勢であり、一〇〇円ショップ業界では比較的早くにPOSシステムが導入されている。

一〇〇円ショップ最大手の「ダイソー」や長らく業界二位だった「キャンドゥ」が、二〇〇円・五〇〇円など一〇〇円以上の商品の販売を展開している中、セリアは税抜き一〇〇円商品のみの販売である。「店内どれでも一〇〇円」の一〇〇円ショップの原理を徹底的に維持し、一〇〇円ショップの主力購買層である女性に特化した経営路線をつづける。

実際、各地のショッピングセンターで「うちはおしゃれなイメージだから、ダイソーよりもセリアさんで」というデベロッパーがいる。これは脅威だった。それ以来、ダイソーも店内デザインを女性向けにつくるようになった。

ただ、ダイソーには圧倒的な商品点数という絶対的な武器がある。東京の錦糸町駅前には、旧そごうのワンフロアを独占する都内最大級のダイソーがある。ここは、売り場面積一〇〇〇坪、商品点数五万点というとんでもないメガショップだ。

こういう業態は、競合他社にはできない。

## 代理店方式も展開

石川政史は、本社で労務関係や雑貨関係の担当もした。労務関係は、給料関連のことだ。ダイソーの給与面については、人材確保のため、他社と同水準にしていた。

ダイソーの社風ではあるが、本当に朝早くから夜遅くまでスタッフはよく働く。なにより、矢野社長からしてよく働くから、社員も自然とよく仕事をするようになっていく。

仕事好きの矢野社長が率いる会社だから、当然、ダイソーのメンバーの労働時間も長い。働かない人間はいつの間にかやめていった。

矢野社長は、そもそも仕事以外に興味がない。たとえば、ゴルフをプレイするが、仕事に関係のないゴルフはほとんどしない。お客さんと一緒にゴルフ場に行き、お客さんを楽しませるためのゴルフはするが、自分が楽しむためのゴルフはしない。

以前、とあるメーカーの人間が、石川に教えてくれたが、矢野社長は「仕事以外では、足が一歩前に出ない」と言っていたらしい。まさに、矢野社長はそういう人なのだ。

ダイソーの草創期は、アットホームな雰囲気の会社で、社員の定着率もよかった。しかし、扱う商品が増え、会社の規模が成長するに従い、仕事の厳しさもあって、従業員はなかなか定着しなくなった。社長も、ついピリピリするようになり、石川も社長の前に出るときは緊張した。石川は、自身のことを、あまり気がまわらないタイプだと考えている。そこの部分について、社長に怒られることもあった。また、納品先が倒産して、矢野社長からも叱責を受け、自らの考えの甘さに気づかされたこともあった。

石川は、広島本社に戻ってからは、体調を崩したこともあり、一時期、役員を外れたりしながら、店舗開発の仕事を手がけていった。それから代理店とのつきあいなどを担当した。

催事を一緒におこなっていたころから、店舗展開をおこなうようになった代理店もある。商売人である彼らは、人間関係も含めて、ダイソーの最近のサラリーマン社員とは相容れないような部分もある。石川は、催事コーナーで一〇〇円商品を販売していたころからのつきあいを活かして、彼らとの関係構築、維持を担当している。

代理店には、ダイソーから商品を卸している。代理店のひとつとして、たとえば、「洋服の青山」で有名な青山商事株式会社は、「ダイソー&アオヤマ１００ＹＥＮ　ＰＬＡＺＡ」という名称で、一〇〇円ショップを一一九店舗も展開している。

洋服の青山が新たな大型店舗を出すとき、それまでの旧店舗が不要となる場合がある。しかし、青山のような店の物件の場合、店舗は二十年ほどの長期契約をしている。一般的には、そうした店舗は転貸するのだが、青山の場合、一〇〇円ショップを開いたりする。

また、青山は、洋服を販売するだけでなく、女性集客用に店舗の一部に一〇〇円均一コーナーを設けることもある。

さらに、愛媛県松山市に本社を置く靴販売をメインとした株式会社つるやでも、四十店舗あるうちの二、三店舗では、ダイソーの店を運営している。

また、山陰地域では、株式会社みどり商事が代理店として店舗運営をおこなっている。加えて、長野の有限会社大創笹澤という社名の企業がダイソーの店舗を営業している。

有限会社大創笹澤は、もともと催事をおこなっており、石川も一緒に催事に出かけたことがある。当時は、名古屋で営業をしていた。現在も、長野県で二十～三十店舗を運営している。中には、ダイソーの代理店として契約はするが、運営はダイソー側が担当している店舗もある。代理店が運営している店も、ダイソーの店としてカウントしている。

最近だと、大阪のコーナン商事株式会社が運営するホームセンター・コーナンが、ダイソーの代理店として二十店舗ほどを展開している。ホームセンターの中の一角にダイソーコーナーを設けているが、それでも一店舗当たり、二〇〇～三〇〇坪をダイソーのために使っているので、広大だ。

代理店企業に対する担当は、エリアごとに担当者を置いている。催事場で販売していた時代からつきあいのある代理店に対しては、石川が直接話をするケースもある。

矢野社長は、古くから関係のある代理店に関しては忖度《そんたく》することもあるし、石川も経験を活かして相手の状況に即した対応を心がけている。

## 中国進出の教訓

平成二十二年（二〇一〇）五月、ダイソーは、オーストラリアに出店。令和五年（二〇二三）十二月現在三十九店舗ある。

平成二十三年（二〇一一）九月には、中南米のメキシコへ出店。

平成二十四年（二〇一二）三月にはミャンマーへ出店。

大創産業常務海外事業部長であった大原貴光が印象的だと思った国は、カナダのほかに、中国がある。平成二十四年六月、中国南部の中心都市・広東《カントン》省の広州で、試験的にフランチャイズ店をオープンすることになった。大原は直営店を提言したが、折り合いがつかず商品供給という形となった。店舗は『中華広場』と呼ばれる古くからのショッピングセンター内にあり、集客力のある場所である。価格は十元、約一六〇円と高かったが、オープニングセレモニーや販促もおこなって当初から好評であった。

やがて、大創産業と日ごろつきあいのあった日系の開発事業者が、「上海《シャンハイ》の銀座」と呼ばれるロケーション抜群の淮海中路《ワイハイジョンルー》にある一〇〇坪の物件を紹介してくれた。その日系企業が仲介してくれたおかげで、非常によい条件で物件を借りられることになった。

平成二十四年十二月二十二日、上海に二号店をオープンした。しかし、このときはセレモニーや販促はひかえることにした。

この年の九月十一日、尖閣諸島が国有化されたことをきっかけに中国で反日デモが起こった。一部のデモ参加者が暴徒化し、日系関連の商店や工場を破壊・略奪・放火する事件が起きたばかりだった。しかし、来客数は非常に多く、日系企業だからといって敬遠されたり、営業妨害を受けたりすることもなかった。店内の盛況な様子は、半年経ってもまったく変わらなかった。常務海外事業部長の大原は、確信をもった。

〈よし、これで中国も進出成功だ〉

ところが思わぬ事態が待っていた。上海店が入っている建物のオーナーが「ほかのところに貸すから契約を打ち切る」と言ってきたのだ。

結局、五年間の契約は破棄され、二年で閉店することになってしまった。

大原ら海外事業部のスタッフは他の物件を探してまわり、上海郊外に三号店、四号店をオープンさせた。郊外を選んだ理由は、現地で「別荘」と呼ばれる一戸建てが建ち並ぶ新興住宅街なら、大型のプラスチック製品などの生活用品が街中よりも売れるだろうと踏んだのだ。

しかし、ことごとく期待は外れてしまった。中国では、平成二十三年三月十一日に起こった福島第一原発事故を受け、東京都を含めた一都九県を原発汚染地域として規制をかけていた。

食品だけでなく、日本から輸入するすべての商品を対象に放射能検査をかけ、放射能測定検査証明書を提出するよう要請されていた。

台湾も産地に対して非常に神経質であった。台湾の場合は「国が管理すれば大丈夫」という安心感を得られないため、福島第一原発事故以降は、科学的証明に安心安全を委ねるしかないというのが基本的な考え方である。

しかし、台湾が指定する原発汚染地域は福島や福島近隣の県に限られているが、中国は一都九県。しかも指定した原発汚染地域での製造はもちろん、トラックで通過することすら許されない。中国政府は「不通行証明書」を提出することまで求めてきた。毎年何百万人もの中国人が観光やビジネスで日本を訪れ、原産地も気にせずに「原発汚染地域」で飲み食いし、ホテルに宿泊し、長期滞在している。それなのに、輸入品は荷物が東京を通過しただけでアウトだというのだから、アンバランスにもほどがあった。

もちろん、そうした規制には政治的、経済的な意味合いがあり、矢野社長も進出前からそうした中国の実情は理解していた。だからこそ、ことさら安心・安全をモットーとして前面に打ち出し、汚染検査や中国語ラベルの貼付《ちょうふ》などすべて中国政府の要請通りおこない、「お客様にまちがいないものを提供していこう」という考え方の中で業務を進めた。そうした努力の甲斐もあってか、上海の銀座といわれる淮海中路に出した二号店の売上げが好調だったため、様々な規制もクリアできると読んだのである。ところが、三号店、四号店では売上げが伸びない。世界最大級の人口を持ち、高所得者層も相当数いる最高のマーケットであるはずの中国で、なぜ商品が売れないのか。大原は頭を抱えた。

「いったい、何が原因なんだ」

日本で原発事故が起こり、中国政府がいくら厳しく規制をかけても、「中国製より日本製の方が安心」という中国人の認識は揺るがなかった。中国で日本旅行が人気なのは、単に近いという理由でなく、憧れといった部分もある。それでもダイソーの売上げが伸び悩んだのは、いったいなぜなのか。たどり着いた答えは、やはりロケーションであった。上海の銀座といわれる場所に店があったから売れた。郊外だから売れない。大原は、そのことにまったく気づくことができなかった。

大原は思った。

〈原点に戻らなくてはダメだ。結局、街中でしか売れないのは、中国のお客さんに喜んでいただける品揃えができていないということなんだ〉

大原は、これまで単に日本から輸入するだけで「商品を磨いていく」意識が充分ではなかったことを反省した。商品を磨いてゆけば、宣伝活動などしなくてもお客さんは店まで足を運んでくれる。そうした道筋は、矢野社長がつくりあげたものである。

大原は、代理店への指導を改めて見直すことにした。日本のマニュアルをそのまま中国語に翻訳するのでは意味がない。中国の現場に即したマニュアルをつくり直し、現状に合わせた指導を徹底しておこなった。

大原は、そのほかにも商品選びや陳列の仕方など、中国独自のニーズを探りつづけた。中国向けの特別商品をつくったわけではない。根気よく分析をつづけた結果、四年目にしてお菓子、ジュースなどの日本製食品の人気が高いことなどが、ようやくわかってきた。

海外展開には、文化や言葉の壁、人材探しなど様々なハードルがあり、ついそちらに目が行きがちである。しかし、最後には初心に戻ってよりよいもの、もっと喜んでもらえる商品づくり、店舗づくりに力を注がなければならない。そして売上げが好調なシンガポールなどでも、いつどうなるかわからない。大原は、世界中にちらばるすべての店のサービス向上に真摯に取り組まねばならない、と痛感した。

〈海外では、日本とちがう点をついつい言い訳にしてしまう。気をつけよう〉

大原にとって、中国は大きな教訓を与えてくれた国であった。

出店の問い合わせも多数あり、令和五年（二〇二三）十二月現在は上海に直営店、フランチャイズ合わせて二十八店。しかし、中国のダイソーはいまだに苦戦を強いられている。

海外全体を管理する立場にいる大原から見て、中国がもっとも厳しく、苦しい国であった。

なお、香港には八十二店もある。

ダイソーでは、治安が悪いブラジルにも平成二十四年（二〇一二）十二月に出店した。ブラジルでは、ガードマンを雇うのが普通で、事件もしょっちゅう起こっている。

以前、電話局から店に電話があった。

「明日、検査に行くから待っていてくれ」

翌日、現地スタッフが待機していたら、あらわれたのは、なんと電話局の制服を着た強盗たちであった。ブラジルでは、そんなことが日常茶飯事である。

なお、ブラジルには、令和五年（二〇二三）十二月現在（以下同）一五三店舗ある。

平成二十六年（二〇一四）六月には、カンボジアへ出店。現在、六店舗ある。

平成二十八年（二〇一六）十二月、モンゴルへ出店。現在、十三店舗ある。

海外でのビジネスは、日本国内のビジネスのやり方とはちがうという認識が徹底的にないといけない。販売する商品は、日本国内と基本的には同じ商品だ。ただ、各国の事情に合わせて部分的に変更を加える商品もある。

たとえば、スリッパのサイズなどはその国の国民の足のサイズに合わせて調整している。

矢野によると、商品の売上げも、各国によって、ちがいがあり、そのちがいが面白い。

たとえば、クウェートでは、年中暑いこともあり、あまりスーツを着ない。そのため、ネクタイをする文化がほとんどない。だからダイソーのネクタイも売れないように思っていた。だが、そういう状況だからこそ、どのお店でもネクタイをあまり扱っていない。そのために、ダイソーのネクタイが飛ぶように売れたのだ。クウェートには、現在九店舗ある。

各国によって、様々な事情があり、何がヒット商品になるかは販売してみないとわからない。そのことに商売の妙味も感じるが、対策としては、品揃えを充実させながら、その国においてどの商品が売れるのかをじっくり見極めていかないといけない。

## アメリカは一・五ドル商品で進出

最近ではアメリカも好調だ。アメリカでは、一・五ドルの商品、一二一店舗経営している。だが、アメリカでも最初は順調ではなかった。

平成十七年（二〇〇五）十月にアメリカのシアトルに初進出したものの、最初の三年間は、経営状態は芳しくなく、矢野はいつも、「もう、止めて帰れ」と言っていた。

やはり、軌道に乗るまでの時間が必要であった。いまでは、本社のアメリカ移転を考えるほど好調だ。

矢野は語る。

「じつはいま、中国かアメリカに本社を変えようかと話しています」

そのメリットは何か。アメリカは人口も増えていて、経済も拡大傾向にある。そのマーケットはとても魅力的で、ダイソーの進出余地も多い。

また、中国には工場がある。日本の高度成長期のように、労働者たちがよく働き、よく生産する。工場を成功させるには、給料が安いだけではなく、なにより従業員たちに働く意思、意欲が必要だ。

中国の労働者たちは、日本の高度成長期の若者たちのように熱心に働く。

ダイソーは、中近東にも出店している。しかし、それらは、直営ではなくフランチャイズにしている。やはり、東南アジアとは異なり、中近東、アラブ圏の人たちとビジネスをするのは、文化のちがいもあり、大変だ。

幸い、ダイソーでは、よいパートナーにめぐり合ったこともあり、順調にいっている。

中東の国々の中で面白いのは、オマーンだ。オマーンでは、お店や工場で四人にひとりはオマーン人を雇わないと営業が許可されない仕組みになっている。そのため、オマーン人たちは、総じて態度が偉そうだ。

「俺がいないと、この会社は潰れるぞ」

そういう姿勢をあからさまにして、ほとんど働かない。

オマーン人の雇用を優遇し、一定保障する政策なのだろうが、それを採用することにより、結果的に彼らの就業意欲、労働意欲を奪ってしまっているのだ。雇用政策は本当に難しい。やはり、それぞれにお国柄があり、各国にあった商売のやり方があるという。オマーンには令和五年（二〇二三）十二月現在三店舗ある。

中でもやりやすく好調なのは、東南アジアだ。従業員もよく働き、意思疎通がしやすい。

## 「どのような国でもうちの商品を受け入れられる」

令和四年（二〇二二）二月現在、大創産業は海外二十六の国と地域に、約二二九六店舗を構え、文字通り「世界のダイソー」に成長した。

進出済みの国と地域は、北米がアメリカとカナダ、中南米がブラジルとメキシコ。アジアが台湾、中国、タイ、マレーシア、フィリピン、シンガポール、韓国、香港、マカオ、カンボジア、ベトナム、ミャンマー、インドネシア。オセアニアがオーストラリアとニュージーランド。中東がアラブ首長国連邦、クウェート、カタール、バーレーン、サウジアラビア、オマーン。

アメリカは一二一店舗を展開しており、平成二十九年（二〇一七）五月にヒューストン店をオープンさせた。アメリカは広く、進出済みなのはワシントン、カリフォルニア、シアトル、サンフランシスコ、ロサンゼルス、ダラスの六州のみ。まだまだ未出店の場所がいくらでもある状況である。

イスラム教圏は六ヵ国で九十四店舗ほど展開しているが、すべてフランチャイズである。やはり文化のちがいが大きいこともあり、管理が難しい国の部類に入る。海外事業部のスタッフたちは現場を直接視察し、相手も日本に招くようにしている。そうして相互コミュニケーションを密にすることが欠かせない。どの国や地域でも言えることだが、せっかく築いた信頼関係も、コミュニケーションを怠るとあっという間に崩れていく。日本のダイソーは常に進化しつづけている。同様に、現地の人たちにも進化してもらわなければならない。そこがもっとも重要なポイントである。

大創産業常務海外事業部長の大原貴光は、海外事業部の責任者として、出店要望のある国や企業の調査をおこなっている。本来であれば、新規開拓ができそうな国や地域のマーケティングも積極的におこなうべきなのだが、いまのところ問い合わせに対応するだけで手一杯の状況である。

ロシアからは、出店の話を何度ももらっている。南アフリカからも、すでに十年以上前から出店の話を二度受けている。最終的には合意できずに実現しなかったが、今後実現の可能性は充分ある。そのほかの発展途上国や、日本から遠くあまり馴染みのない国への出店の可能性も、もちろんある。世界を相手にすると、ゴールがまったく見えないほど可能性は限りなくつづいていく。

大原は思う。

〈どのような国でも、うちの商品はかならず受け入れられる。矢野社長や自分の代ですべての国に旗を立てるのではない。大創産業という会社を永遠に継続させるために、海外進出はこれからも積極的におこなっていくべきだ〉

## 十倍働いて、十倍売る

大創産業は、近年、設備投資、特にＲＤＣ（リージョナル・ディストリビューション・センター）、地域配送センター造りには積極的だ。

平成二十四年（二〇一二）六月には埼玉ＲＤＣが稼働。七月には、大阪ＲＤＣが稼働。平成二十五年（二〇一三）の三月には、一万二五〇〇坪の新潟ＲＤＣが稼働、六月には一万五〇〇〇坪の九州ＲＤＣが稼働。平成二十六年（二〇一四）には、二月に一万四〇〇〇坪の北海道ＲＤＣが稼働。三月には、二万一〇〇〇坪の千葉ＲＤＣが稼働。十月には、二万二〇〇〇坪の名古屋ＲＤＣと一万五〇〇〇坪の広島ＲＤＣが稼働。自動倉庫の総面積は日本最大級の十五万坪に達する。日本各地に八ヵ所のＲＤＣを合計五〇〇億円かけて建設していた。

これらのＲＤＣは、ダイソーにとって重要な流通拠点である。

矢野が語る。

「ワシなら絶対に造りませんでしたが、いまは役員たちが中心となってやってくれていますので、彼らの意見を参考に決めました。自分では、もったいないからと思ってしまい、つい、この土地はこれだけ使って、あとは売れるように残しておこうと言ってしまうんですよ」

ＲＤＣの建設により、ダイソーでは、物流事情がすごく楽になり、コストダウンにもなった。

これまでは、本社のある広島県東広島市から、東京や北海道にまで商品をトラックにより送り出していた。途中、商品を収納する倉庫がなかったからである。

しかし、埼玉県久喜《くき》市と千葉県習志野《ならしの》市に土地を一万坪ずつ購入し、二万坪の倉庫を造ったことにより状況が改善された。現在も、そこから商品を発送している。

本社近くの一万五〇〇〇坪の広島ＲＤＣには、コンテナが一日に二〇〇本も入るという。倉庫を見学して、驚いた。クレーンが自動で商品をピッキング。ソーター（仕分装置）のベルトコンベアに自動的に商品を載せる。同時に一五〇店舗から二〇〇店舗の仕分けが可能である。

そのベルトコンベアにはたくさんの商品がコンピューターによって分類され、積まれ、流れつづけている。一分間に八十メートルというスピードで流れるという。

その商品は、コンピューターで決められた場所に来ると、なんと右に左にベルトコンベアから落とされていく。コンピューターによって、ダイソー一店舗ずつに、商品が分けられて落とされているのだ。ある店舗に十七商品が必要となると、その十七商品が、右側の一区画に落とされる。落とされるところに作業員が待っていて、段ボールでなく、世界初の高機能なバーコードというべきRFID機能つきの電子ペーパーを採用したコンテナに素早く積み込む。そのコンテナに詰め込まれた商品は、RDCに待つトラックに積み込まれ、RFID機能により、配送されていく。

送るのは、日本だけでなく、台湾にもインドネシアにもコンテナで船で送られていく。

海外でも倉庫の建設に積極的だ。

近年発展の著しい中国では、一万坪の上海倉庫、四〇〇〇坪の広州南沙倉庫、一八〇〇坪の洋山倉庫、四五〇〇坪のアモイ倉庫と五つのRDCを有している。

それに加えて、平成二十七年（二〇一五）九月に、一万坪ほどの土地にRDCを建設した。中国に倉庫があるために直接仕入れられるので、仕入れ価格が日本円で七～八円ほど安くなり、コストダウンができるようになった。さらに、台湾の台中に三〇〇〇坪の倉庫がある。タイにも五〇〇〇坪のタイ倉庫がある。なお、タイには、プラスチック製品、シリコン製品を製造する二万坪の工場がある。

現在は、コンピューターがあるために、商品を動かすのも、かつてと比較してだいぶスムーズになった。これまでは、中国で仕入れた製品をいったん日本に輸入してから、各国に向けて輸出していた。しかし、いまでは、ベトナムや中国の工場から、日本を経由せずに、直接、アメリカや、オーストラリア、シンガポールなどに卸すことができるようになった。

矢野自身は、コンピューターが操作できない。そこは割り切って、優秀な社員たちに任せている。矢野本人も、そのあたりは辛いところがあるが、口を挟めば挟むほど、うまくいかないことはわかっている。

これまで矢野はよく言っていた。

「任せるということは、放り投げることだ」

社長の矢野がすべての業務を管理し、目を行き届かせていたから言えた言葉でもある。

しかし、いまは、時代の最先端にいる若い人たちに任せる時代になった。

やはり、小売業にとって大事なのは、人材だ。ダイソーは一個一〇〇円で商品を販売する商売だ。商品をたくさん売って、ようやく利益を生み出すことができる。だから、一個一〇〇円の商売の十倍ぐらい働くつもりでないといけない。矢野自身、その気持ちでこれまで働いてきた。

海外に進出した場合も、ダイソーの社員が現地スタッフの先頭に立って働かないと成功はしない。上から命令するだけでは、形だけはやるが、本当に売りたいという気持ちで働いてはくれない。売値が一〇〇円だから、十倍働いて、十倍売らないといけないという恵まれない環境がそれだけ働く力を生み出し、優秀な社員たちを養成してくれたのである。

銀行から出向してきた社員は、ダイソーに来て、みな驚く。

それは少人数で利益をあげているからだ。

「これだけ少人数で利益を出す会社は、見たことないですよ」

矢野はよくそう言われた。

## 「われながら、これがよく一〇〇円で売れるなあと驚く」

開業以来、ダイソーの客層の変化はあるのだろうか。矢野によると、やはり三十代、四十代の主婦がメインだという。そしてその客層の変化はこれまであまりない。

ダイソーが伸長したことにより、日本の小売業界にも様々な影響があった。

作家で経済評論家の堺屋太一《さかいやたいち》が、かつて言っていた。

「昔は四月に引っ越し需要があったから、百貨店はその需要により潤った。が、いまは、ダイソーさんでみんなすませるから、引っ越し需要景気がなくなりましたね」

実際、四月はダイソーの商品はよく売れる。新居で必要なものをみなダイソーで揃えるようになったからだろう。百貨店で揃えるよりも、おそらく五分の一、十分の一の費用ですむ。

ダイソーは、商品開発に力を入れ、様々な商品を一〇〇円で提供している。

なかには、社長の矢野自身が「よくこの商品を一〇〇円で売ることができるな」と驚くこともある。生産者に申し訳ないような気がすることもあるほどだ。

矢野が語る。

「これを一〇〇円で売っているのか、と、お客様が驚いてくれるような商品を売ることができたから、いまがあるわけです。いつも我ながら、これがよく一〇〇円で売れるなあ、と驚いています」

昔から矢野がよく社員たちに言っていたのは、一〇〇円で売ると五〇円儲かる商品と、一円しか儲からない商品があったら、どちらを重要視するか、という視点だ。

矢野は、いつも一円しか儲からない商品をたくさん売るように伝えてきた。

一円しか儲からなくても、お客さんが喜ぶ商品は、ほうっておいても、飛ぶように売れる。結局、一円しか儲からない商品の方が、より多くの利益をもたらしてくれる。「お客様第一主義」という言葉がかつて流行ったが、「お客様第一主義」はそんなに難しい話でもないのだ。

## 尽きることがない驚きのアイデア商品

矢野社長は、本社二階の社員の開発室とも呼ぶべき広いスペースを案内しながら、わたしに語った。

「円安になって、正直会社が潰れるかと肝を冷やしました。なにしろ一〇〇円の商品の原価が四十円も上がった。正月は、社員に『みなさん、ダイソーは潰れます。ごめんなさい』と土下座しようと思った。ところが、見てください、こんな小さいものが売れ出したんです」

矢野社長は、美しい千代紙でつくった箱を手に取った。

「紙ですから、なにしろ原価は安い。昔だったらとても商品にならん。紙は、輸入せんでもいくらでもある」

千代紙を使った美しい扇子や折り鶴などがずらりと並んでいる。まるで和紙屋に入り込んだかのようである。

一〇〇円のネクタイもある。

矢野社長が語る。

「黒い色のネクタイもあります。急に通夜に行くことになったとき、ダイソーに入れば、一〇〇円で買えます」

矢野社長が、次のテーブルのグループのところに行き、竹の小箱を手にすると、床にわざと落として見せた。

「壊れないんですか」

「コンクリートに投げつけんかぎり、壊れません。じつは、これ、竹じゃないんですよ」

「え⁉」

担当社員が説明した。

「メラミンという粉で竹のようにつくるんです。竹だとコンクリートの上に落とすと割れる可能性がありますが、メラミンだと割れません。エコにもなります」

別のテーブルには、海賊ハットがある。

その担当者が説明する。

「今年の十月三十一日におこなわれるハロウィン用のものです」

その担当者は、テーブルの下から袋を引き出し、ゴソゴソとやっていたが、なんと漫画によく出てくる縞模様の囚人服を取り出したではないか。それを素早く着てみせた。

さらに、先の尖った囚人帽もかぶってみせた。

担当者は、別の袋の中から、なんと、囚人の両足の足枷《あしかせ》となる鎖も取り出した。

「これも、商品です」

そうして、両足に足枷をはめて、そのあたりをジャラジャラと音をたてて楽しそうに歩いてみせる。

「これ、いくらですか」

「セットで五〇〇〇円です」

矢野社長が一瞬その場から立ち去った。どこへ消えたのか。再び戻って来るや、わたしの首に刀を振りかざし、襲いかかってきた。なんと、その刃は血がついたように真っ赤になっていた。

矢野社長は、にこやかに言う。

「これも商品です」

「いくらですか」

「一〇〇円です」

「ハロウィンも盛りあがりますね」

「これ、プレゼントします」

「血のついた刀ですから、飛行場で問題になりませんかね」

「大丈夫です」

なんと、矢野社長は、いまひとつ、刃物の柄と血塗られた刃の先のついたアイテムを手にし、わたしの頭にまるで大きなカチューシャを差すように差した。担当者がすかさず鏡を持ってくる。鏡をのぞくと、わたしの頭の右側に刀が突き刺さり、左側の頭を突き抜け、刃の先が血塗られて出ているではないか。

わたしは、つい笑った。

「よくできてますね」

矢野社長が言った。

「これも、プレゼントします」

わたしは、この取材のあと、東京に帰ると、いきつけのクラブにこの刀を頭に突き刺し、ドアを開けるなり、「テロリストにやられたァ」とよろけながら入り、客を驚かせたものだ。

さて、開発室の別のテーブルの上には、ゴムの小さなワニがある。

「これ、なんですか」

担当者が答える。

「消しゴムですよ」

「へーえ、わたしの知っている消しゴムは、なんの変哲もない四角いものでしたけどね」

担当者は、嬉しそうに言った。

「サルもネコもあり、すごく売れるんです」

隣のテーブルでは紙粘土を扱っている。

担当社員が、紙粘土をわたしに手渡して言う。

「触ってみてください」

触ってみた。

担当者が訊く。

「どうです？　粘土のようにベタつきもないし、粘土特有の匂いもないでしょう」

わたしは、小学生のころ粘土細工が好きだったので、紙粘土でつい人間の笑い顔をつくってみた。たしかにベタつきもないし、独特の粘土の匂いもない。

すると、担当者が「いいできですねぇ」と言うや、その笑顔の紙粘土を手に取り、わざと床に落とした。

「あっ」

わたしが驚くや、担当者がニヤリとしてその紙粘土を拾いあげた。

「ごらんなさい。まったく壊れていないでしょう。粘土だと、床に落とすと壊れます」

しかも、紙粘土は、赤、青、黄、黒と四色もあった。それを混ぜれば、色どりあざやかな工作ができる。

次のテーブルには、自転車の空気入れがある。

「自転車の空気入れまで、売ってるんですか」

「一〇〇円で売ってますよ」

「一〇〇円で自転車の空気入れが買えると、ありがたいですね」

矢野社長は、正月のテレビの上に置けるような小さな門松があるテーブルに向かい、訊く。

「なんぼや」

「二〇〇円です」

「なんとか工夫して、一〇〇円にするよう努力しろ」

矢野社長は、広いスペースの開発室をこのようにチェックしながら、楽しそうに案内してみせる。

ダイソーの驚きのアイデア商品は、きりがない。日用品として欠かせないはさみは、ダイソーでは左利き用、先の丸い子ども向け、刃の曲がったものなど、用途に合わせて多数が用意されている。その数は、八十五種類におよぶ。

日本を代表する伝統工芸品でもある美濃焼《みのやき》、有田焼《ありたやき》の器も、ダイソーでは一〇〇円から提供している。メイド・イン・ジャパンのたしかな品質は、海外の客にも好評である。

コンパクトに収納できるコップもある。シリコン素材で軽くやわらかいので、持ち運びにも便利。アウトドアにもぴったりである。食洗機にも対応しているので、衛生的にも安心という。

洗剤を入れるディスペンサーつきキッチンブラシのプッシュウォッシュ。片手で押せば洗剤が適量出てくる仕組みで、使うときに手を止めて洗剤を足す面倒がない。襟袖ブラシやタイルブラシとしても利用できる。

手についた魚の生臭さやたまねぎのニオイなどをステンレスの荷電《かでん》現象を利用して吸い取り、水で消し去るステンレスソープ。半永久的に使えるアイデア商品といえる。

外出先などで荷物掛けがなくて困ったときにバッグフックをカバンにひとつ入れておけば簡単に荷物掛けを用意することができる。折りたたみ式も登場し、デザインも充実。女性に人気という。

ダイソーの商品を、数字から見てみよう。ネクタイは、一年間で約二〇〇万本が海外からダイソーに仕入れている。なんと三秒間に一本売れている計算になる。

電池は、年間に約一億四七五〇万本も売れる。一秒間に約五本売れている。電池販売量は、国内ダントツである。

スリッパは、月一〇〇万足販売している。二・五秒間に一足売れている。

つけまつげも、年間約二四〇〇万個も売れている。一・三秒間に一組売れている。

ダイソーの取り扱い商品は約七万アイテム、そのうち雑貨の自社開発商品は、約九九パーセントである。毎月新商品は、約三〇〇から五〇〇アイテム以上である。

矢野によると、新しく発売される商品の種類の豊富さ、そしてそれを店頭に並べるスピード、独自商品の企画力、開発力こそがダイソーのなによりの生命線であるという。

続々と新しい商品を店頭に並べることができれば、こまめに来店してくれる顧客に飽きられる可能性は減る。むしろ来るたびに「何か新しい商品はないかな」と買い物を楽しんでもらえる。

矢野は強調する。

「商品のスピードの進化が勝つか、お客さんが飽きてしまうのが先か。その勝負に勝たなければいけません。お客さんが来店するたびに『この商品が一〇〇円で買えるんだ』とその都度驚いてもらえるか、満足してもらえるかが大事なことだと思っています」

矢野は、自分はリーダー向きだとは思わなかった。だから、現場に溶け込むことを心掛けてきた。

〈ワシは、笑われたい〉

人に笑ってもらいたいという欲望が強い。そのため、ユーモアのある言葉をよく発する。笑われたいという欲望は、父親の姿をみて抱いたものだ。

医者であった父親の基は、厳格であったが、一面よく冗談を言う人だった。

「先生、面白いことを言いますね……」

そう言って、患者が笑っている姿が、幼い矢野の心に焼きついていた。

矢野社長は、平成二十九年（二〇一七）夏に、わたしも出席した広島県呉市でおこなわれたもみじ銀行のセミナーに出席したときも、その懇親《こんしん》パーティーで例によっていたずら心を発揮《はっき》していた。

出席者のひとりを捕まえるや、自分の背広のポケットから手のひらにおさまるくらいの小さく銀色に光るピストルを取り出し、相手に向ける。

「おい、手を上げろ！」

それから、今度はそのピストルを相手に手渡す。

「さぁ、ワシを撃ってくれ」

相手は、ピストルを矢野社長に向けるや、引き金を引いた。

一瞬、ピストルの先が赤い火のように光る。

「あッ！」

相手が驚いて思わず声をあげ、顔を歪めた。

引き金を引いたとたん、引き金に電気がピリピリっと走り、指に痛みさえともなう仕掛けになっているのだ。

矢野社長がニヤリ。

「悪いことしちゃいけん、というわけです。これもウチの商品で、一〇〇円です」

あらためて、そのような仕掛けまであるピストルが一〇〇円とは、と驚かされた。

矢野社長の茶目っ気は、それだけではおさまらない。

テーブルの上に、寿司や刺身や果物やオードブルが並んでいる。矢野社長は、ピストルの引き金を引いた相手に、サービス心たっぷりに声をかける。

「テーブルの向こうにあるイチゴ、取りましょう」

イチゴを取るには、テーブルの向こう側にまで歩いて行き、イチゴを取って皿に載せ、運んでもどらなくてはいけない。はたして、天下のダイソーの社長が、そこまでサービスに徹することができるのか。すると、矢野社長は、またニヤリ。胸のポケットに手をやると、なんとそこにスプーンが差し込んであるではないか。矢野社長はそのスプーンを取り出すと、スプーンの先をグーッと引っ張った。あれあれ、スプーンの柄がどこまでも伸びるではないか。

矢野社長は、長く伸びたスプーンで、テーブルの向こうのイチゴをひょいとすくい取った。そのイチゴを引き寄せ、眼の前の皿に載せて見せた。

矢野社長は、さきほどピストルの引き金を引いた彼に、声をはずませて言った。

「どうぞ召しあがれ」

そばにいたわたしは、矢野社長に訊いた。

「それも、一〇〇円で売ってるんですか」

矢野社長は、顔をほころばせて答えた。

「いえ、まだ開発中で、商品として店には出しておりません。おそらく、一〇〇円では無理でしょう」

茶目っ気たっぷりの矢野社長率いるダイソーの開発能力は、はてしないのだ……。

## 九八〇円したものを一〇〇円で売る

ダイソーでは、商品の持ち込みもある。他企業の品と比べて優位性のあるものかどうかを見極めるための目は、結局、大量の商品を見ることでしか養われない。妥協をしたくないから、業者に対してはどうしても厳しくなる。

栗森健二によると昔は、アイデア商品として九八〇円くらいで販売していた毛玉取り機が、いまでは一〇〇円だ。以前は、中間業者が中抜きをしていたのではないかと思う。また、機械化が進むことで大量生産が可能となり、商品も安くなっていった。

昔は、四〇〇円くらいした蒸し器がいまは一〇〇円で買える。いまも昔も、ダイソーではおたまが人気商品だが、ものの質は、圧倒的に向上した。

大手メーカーの商品をつくっているような工場が、同じ機械や材料を使って同質のものを安く卸すから仕入れしてくれないかという売り込みもあるようになった。

栗森は、工具、ワイヤー関連の仕入れを担当していた。一〇〇円で販売しているので、通常のものより少し小さめだが、電気小物や電池を使うような懐中電灯や電球などの品も扱っている。近年は、一〇〇円ではないが、世の中の電力エコの流れもあり、ＬＥＤ電球市場の普及にともないＬＥＤ電球を三〇〇円から四〇〇円で販売した。小さめのＬＥＤライト、ミニランタンやキーホルダーなどは一〇〇円だ。

そうした商品も、大量仕入れするからこそ安くできる。しかし、昔ほどではない。以前は三倍、五倍買うからといって値下げ交渉をしたが、いまはそこまで下がらなくなった。というのも、「十万個購入する」と口約束だけして、「まずは、一万個だけ送ってくれ」と言い、実際には十万個買わないような業者がいるらしく、仕入れ先も販売相手に対して警戒心を持っているのだ。工場オーナーにダイソーをしっかり説明して理解してもらい、バイヤーの熱意が伝わると、おもいきった価格、品質で提案ができる。いまはまだ、普通サイズのLED電球の商品は、一〇〇円で販売できるようなものをつくることができない。

お客様に喜んでもらえるよい商品を、安く提供できる努力をしている。

年間六億円ほどは、売れなかった在庫の商品を捨てている。

売り場に売れない商品がたまると、困る。その場合は廃棄している。やはり、ダイソーでは商品の開発力が必要になってくる。

石川政史は、国内の代理店対応や店舗開発を専門にしていた。海外店舗スタート時には、少し外国の店舗へも出かけていたが、のちには海外専門スタッフが、担当していた。ダイソーは、海外二十六の国と地域に展開。約二二九六店舗が営業中だ。

スタッフの渡辺有和は、開発部内では石川の部下で、関東地域を担当した。店舗開発とメンテナンス面もひとつの組織として取り組んでいた。

開発会議は、二週間に一度のペースで実施。出店するかどうかの判断は、矢野社長に仰いで決定していた。

ダイソーは、地方は、人口減少傾向にあるが、都心部への出店数増加には、まだ可能性があると考えている。郊外の方が、出店しやすかったということもあり、うまく店舗数を伸ばすことができた。今後は、街中にダイソーの店舗を増やしていきたいという。

石川は六十三歳になった。今後は、スタッフの仕事がスムーズにおこなえるようサポートをしていきたいと考えている。石川は、ダイソーが、まさかこれほどの企業に育つとは考えてもいなかった。トラックのハンドルを握らずに一日が終わるとは思ってもいなかった。

昔は、毎日トラックで催事先へ出かけ、帰ってきて、荷物を補充していたのだ。一〇〇円ショップというものができるとは想像もしていなかった。過去の名刺には、「総合催事商社」と書き入れていた。一〇〇円均一だけでいけるとは思っていなかったので、アイデア市を開いたり、竹の細工を売ったり、ディスカウント商品を販売してみたり、いろいろなことに挑戦した。一〇〇円のアイテムをこれほど増やせるとは思わなかった。

ひとつの催事場で一週間販売して、次のところへ出向くから新たな客が来て、商品が売れると思っていた。店舗型の一〇〇円ショップが成立することが信じられなかった。いろいろなメニューを増やして、場所を変えて展開していく商売だと思っていたのだ。それが、一〇〇円の商品だけに絞って、これだけ巨大になるとは……。やはり、商品の質を向上させたことが勝因だろう。結果として、ダイソーが一〇〇円ショップを展開したことにより、ダイエーやニチイ、ジャスコなどの家庭用品売り場は、縮小していった。たとえば、茶碗にしても、昔はダイエーなどの家庭用品コーナーで購入していた客が、いまではダイソーで買ったりしている。そうでなければ、百貨店などでより質のよいものを選ぶのだろう。大型スーパーで売られているような、中間の品質のものを選択する客がいなくなってしまった。

さらに、専門店が増え、好みの多様化が広がった。文房具屋も商店街もGMS（総合スーパー）も商売が厳しい時代になってしまった。

長年つづく円安について、矢野はどう捉えているのか。

ダイソーでは、原材料を含めて輸入が多いために、円安は最悪だ。

ただ、ずっとインフレに苦しめられていた時代があった。そのときは物価が上がるたびに、「原価が上がって、運賃が上がって、人件費を払って、倒産するかもしれない」と危惧をしていた。

矢野は常に言っていた。

「質素にしておこう。いまよくても、インフレが来たら一発で倒産だから」

そうやってインフレを凌いでいた苦しい体験が現在の経営に役に立っている。

今後、どこまでこの円安に耐えられるかはわからない。

しかし、やはり客の目は肥えている。ダイソーとしては、そのニーズに合わせて、よい商品をつくっていくしかない。たとえば、テレビなどの電化製品ならば、コストダウンをする材料がある。だが、ダイソーが扱う一〇〇円の商品は、輸送費と人件費をのぞくと、原価と材料費しか残らない。極限まで切り詰めて安くしているのだから、円安に合わせた対応をすることはさらに厳しい。円安は日本国内でのビジネスを難しいものにさせるが、海外でビジネスを展開するうえでは、チャンスにもなる。

そういう面では、海外進出をしていたことで、結果としてバランスがとれている。

## 長期的経営計画をつくらない

矢野は、従業員の教育などにはあまり熱心ではなかった。自分が一番率先して働く姿を見せることこそが、もっとも教育だと思っていた。会社の朝礼も、創業して以来、ずっとやっていない。週に一回、午後一時から五分間だけおこなう昼礼があるくらいだ。長期的な経営計画もつくったことがない。そういったものは、ダイソーの利用客が決めることだと矢野は思っていた。客の支持を得ることができれば、売上げも伸びる。経営計画を策定しても、支持されなければ意味がない。むしろ、経営計画を無理に達成するために、売上げのよくない店を出店したら、それこそ損失を招くだけだ。

経理については、銀行から出向《しゅっこう》している社員に任せているところもあった。みずほ銀行から四名、もみじ銀行から五名の出向を受け入れていた。

経営計画は持たないダイソーだが、商品の開発には力を入れていた。

矢野は言う。

「こんな商品が一〇〇円で買えるんだ！　とお客さんに思われないと、成り立たない。結果的に一〇〇円均一ということが、商品開発やコストダウンを進めてくれたわけです」

一〇〇円で売るという条件が、結果的に商品開発を推進する原動力になったわけである。

成長をつづけるダイソーだが、これほどのスケールになりながら、社是・社訓といったものがない。会社の理念も、特別に定めていない。そういうものはなくても、社員はみんながよく働く。矢野は、自嘲気味に語る。

「もし、大上段に構えて社是などを定めてしまったら、ワシは、照れてしまって話せませんよ（笑）」

いまでも未上場だし、予算目標やノルマをつくらないできている。

「社長業というのは、口を細かく挟みすぎてもいけない」

ダイソーが軌道に乗り、拡大しつづけているなかで、矢野はいつもそう言っている。

昔は、一から一〇〇まで全部口を挟んでいた。しかし、いまは、ほとんど挟まない。どちらかといえば逃げているくらいだ。

自分が第一線で働けなくなると、矢野は思うようになった。

「この部下には、負けるな」

「よくうちの会社で勤めてくれているな、ありがたいな」

そう感謝するようになった。

矢野は最後は、あまり経営にはタッチしなかった。

矢野が例によってユーモラスに語る。

「細かいことにはもうタッチしないのです。女の子にならタッチしますが（笑）」

採用試験の面接試験もおこなわなくなっている。

ゲストが本社を訪れる日は、かならず本社の玄関前に大きな、まるで選挙のポスターのような貼紙が貼り出される。

「××御来社」

ゲストの人は、気恥ずかしそうに玄関に入って行く。

## いつも「矢野節」を連発

矢野社長は、サービス精神旺盛である。いついかなるときも、まわりの人を笑わせようと「矢野節」を連発する。矢野社長とわたしと女性を含めた社員とで本社近くのお好み焼き店に昼食に行ったときも、矢野節を連発。

「じつは、Y子さんは、独身で恋愛中なのに、なぜかパンツを穿《は》いていないんですよ。『恋は儚《はかな》い』といいますからね」

矢野社長が、Y子に念を押した。

「な、そうだよな」

Y子が答えた。

「社長、ハイでいいんですか」

「ハイ」

「では、ハイ」

「『美人薄命《はくめい》』とも言いますからね」

矢野社長は、さらにつづけた。

「ウチの女性にも十人くらいパンツを穿いてないのがいる。なんできみたちは穿かんのか、と訊くと、彼女たち言うんです。『わたしたち〝派遣《はけん》〟です』」

矢野社長がカタールに行ったときの話も出た。

「カタールのドーハに女房と行ったときのことです。向かう飛行機の中で、運よく若い女子大生と仲よくなった。ドーハで彼女に電話して、かつてサッカーの国際試合がおこなわれたサッカー場アルアリ・スタジアムのそばにあるレストランで楽しい食事をした。いざ精算して店を出ようとするや、そこになんと、女房が入ってきた。『あなた、何をしてるの』と大喧嘩になった。『ドーハン（同伴）の悲劇』です」

矢野社長がインドに行ったときの話をしている。例によって、矢野節で言う。

「こないだインドに行ったらですね。空港の中に蛇使いがおるんですよ。その蛇使いが笛を吹いたら、壺の中からコブラがふーと出てくる。蛇使いが、出てきたコブラにタバコの煙をふーと吹きかけると、コブラがパクパクと吸うんですよ。まさに『ヘビースモーカー』です」

わたしが矢野社長に、ドジョウも田んぼで冬眠をするというテレビ番組を見た話をすると、矢野社長、例によって一言。

「その番組の批判が多かったんですよ。ドジョウが、じつは餌の代わりに農薬を食べて『ドジョウ（土壌）汚染』」

矢野社長が、カゴメの社長であった伊藤正嗣《いとうまさつぐ》とゴルフに興じていたときのことだ。そのとき、矢野社長は、いつものサービス精神を発揮し、伊藤社長に、カゴメの販売しているケチャップを投げる真似をしながら叫んだ。

「ケチャップを投げるぞォ、カゴメェ！」

ところが、みんなが笑うと思って放った言葉であったが、誰も笑わない。むしろシラけてしまった。矢野社長は、みんなに訊いた。

「何で笑わんの？」

「カゴめ、というのは広島の方言で、関東では、しゃがめと言うんです」

矢野社長のユーモア弾も、ときに失敗することもあるらしい。

ダイソーでも商品に、ディズニーのキャラクターを使いはじめたとき、矢野社長が例によって矢野節を披露する。

「女の子に近寄って抱っこする仕草をすると、女の子に、コラッ！ と怒られましてね。『ドナルド、ダッコ』」

矢野社長は、客にはとにかく気をつかう。飲酒しながらでも、相手のグラスの残量をチェックする。客に楽しんでもらおうという気持ちが強いのだ。社長は、社員相手にでも冗談を連発するが、やはりスタッフは緊張感を持ってその言葉を聞く。

ある日、石川政史が矢野社長とゴルフに行ったときのこと。たまたまグリーンのカップ横でボールが止まった。すると、矢野社長は、胸ポケットから、パター型のマドラーを取り出した。その小さなパターを使って、カップにボールを入れた。

石川は思った。

〈ボールが、カップの横で止まるというアクシデントがないと利用することもないのに、パター型のマドラーをよく準備してきていたな〉

矢野は、ゴルフはあまりうまくないという。

かつて、矢野が資金繰りに困ったとき、保証人になってもらったのは、次兄の幡二だった。

幡二は、医者でゴルフはシングルの腕前だ。その次兄が戒めるように矢野によく言っていた。

「おまえ、四十歳までにゴルフをはじめたら、二度と保証人にはならないからな」

不思議に思った矢野は訊いた。

「どうして?」

次兄は答えた。

「ゴルフは面白い。一度ハマりだすと、止められないぐらい面白い。仕事より面白いから、仕事が伸びなくなるんだ」

次兄の教えもあり、矢野は、ゴルフをやらなかった。四十歳になったときも、仕事が多忙すぎてゴルフどころではなかった。五十歳をすぎてようやくはじめたものの、年に一回ほどしかできないため、上達はあまりしなかった。

矢野は冗談めかして言う。

「神様に『有名人にならせてください、お金持ちにならせてください』といろいろお願いしたらだいたい皆かなえてくれました。このあいだ、『シングルにならせてください』とお願いしたら、これだけはかなえてくれない」

矢野が、一番幸せだなと思う瞬間はいつか。

矢野は、笑いながら答える。

「銀座のクラブに行って、気をつかわないですむ連中と楽しく飲むこと。まさか、自分のお金で銀座に行けるとは夢にも思いませんでしたから。それまでは、億に一個も想像していませんでした」

昔は、自分より年上の経営者に同行し、驕《おご》ってもらう場合が多かった。しかし、いまは矢野自身のおカネで銀座に繰り出すようになった。それが一番嬉しいという。

矢野は、人に気をつかう人生を歩んできた。それが社長として多くの社員を抱えるうえで、よかったのか、悪かったのか、わからないという。

でも、そのおかげで、みんなに可愛がられるようになった。

矢野は、父親に感謝している。

〈ええ性格に生んで、育ててくれました。体力も充分あった。本当にありがたい〉

病気をせず、ここまでやってきた。

商売をしていくうえで、矢野は、「儲けたい」「会社を大きくしたい」と思ったことはない。

ただ、見栄っ張りなところがある。それが、ダイソーのオリジナル商品の誕生となった。

## 人間は「素頭」「眼力」「運」

平成二十九年（二〇一七）三月三十日、ダイソーの入社式がおこなわれた。

矢野博丈社長は、集まった四十三人の新入社員たちを前に、訓辞をおこなった。

「みなさん、いよいよ今日から社会人です。今日から合宿になります。本当に長いあいだの学生時代を経て、おめでとうございます。今日は、みなさんに社会人として必要な三つのことを伝えたいと思っています」

まず第一に、感謝力を挙げた。

「人に感謝する力のことです。みなさんが赤ちゃんとして生まれて、ずっとお父さんやお母さんに育てられて、そのあいだのご両親の苦労は、山より大きいほどのものなんです。この中の何割かの人は、自分ひとりで大きくなったと思っているかもしれませんが、本当に親のおかげなんです。人生に大切なことは感謝する力です。その感謝力を常に持ちつづけてください。長年生きていると、やはり感謝力のある人が、最後には幸せな生活をされているような気がします。だから、まず両親に感謝してください。みなさんは、まず一回目のお給料は、お父さん、お母さんに、御礼をして、かならずよいプレゼントやよい食事を贈ってあげてください。本当に人生において、感謝する力は、すごいものなんです。野球の練習でも、練習が終わったあとに、『あー、疲れた。明日もうダルいなあ』と言う場合と、『ありがとうございました』と言うのでは、全然ちがいます。『あー、ダルいなあ』と思ったら、そこでその練習はほとんどゼロに戻りますが、『ありがとうございました』と言うことの積み重ねによって、野球選手は強くなっていくんです。だから、感謝力を絶対忘れないようにお願いします」

それからふたつ目に必要なことを語った。

「今日からみなさんは社会人です。社会人にはこれまでのような試験はありません。ですが、いまから自分を鍛える勉強が必要になります。学校では試験があるから勉強しますが、社会人になってからも、勉強はあるんです。それを忘れないでください。野球選手は、プロ野球選手になるのが目的ではなく、選手になってから、頑張って活躍するのが目的なんです。だから、切磋琢磨《せっさたくま》して強くなって活躍する。そのためには、勉強と努力が必要です。今日から、さらに勉強するということを、忘れないようにしてください。社会人と学生との差もいろいろあります。学生時代の勉強は、記憶力の戦いです。ですが、社会人はいわゆる工夫力の戦いです。どう工夫して仕事をするのか。会社でいえばそれは企画力でもあります。人生においての工夫する力、わたしは、それを『素頭』と呼んでいます。それともうひとつ重要なのが、眼の力、眼力です。『眼力』と『素頭』を鍛えてください。これはある人から聞いた話なのですが、昔、たくさんの新入社員が採用されていたバブル期の入社試験で、課題として、ダイレクトメールを三十ヵ所に送る作業をしてもらうという試験があったそうです。受験する学生たちの前に、封筒と、それに封入するチラシ二枚と、送り先の住所を渡す。すると、あまり気の利かない『素頭』の弱い人は、一社ずつ住所を書いて、チラシを入れて、切手を貼って作業をする。いっぽう、『素頭』のよい子は、封筒に宛名だけを先に書いて、チラシを二枚ずつ入れる作業を一気にやって、切手もまとめて順番に貼って閉める。前者と後者では作業時間が倍以上ちがうそうです。この工夫力は、実社会で必要ですから、どう工夫したらうまくいくのかということをよく考えてください」

さらに三つ目に必要なことを語った。

「三つ目は、『運』です。実社会では、運がないと、なかなか難しいです。人生でもそうですが、運がよい会社と運の悪い会社がありまして、ダイソーは運がいい会社です。わたしみたいな経営者が社長でも、ドンドン大きくなり、みなさんの努力のおかげで大きな会社になりました。みなさんも、運をつけないといけません。運をつけるにはどうするかというと、やはり笑顔のよい人、そして前向きになって働く人、そして、人生では、ちょっとした隙間やムダにも愛されるように努力しないといけません。自分のままでいようとしても、運はよくなりません。運は、よいことの積み重ねですから、運という定義はないんです。広辞苑を読んでも、運がよいとか運が悪いとかは決められていません。ですが、明治の文豪の幸田露伴《こうだろはん》は、自著の『努力論』の中の幸福三説で、惜福《せきふく》ということについて、こう書いているそうです。運というのは簡単なんだ、と。明治時代に、あるふたりの兄弟がいました。その時代ですから、みんな貧乏で寒い服装をしていますが、ふたりの兄弟が寒い服装をしているのを見かねたお母さんが一念発起《いちねんほっき》をして、一年かかって服をふたりにつくります。ある日、お兄ちゃんと弟に、お母さんが『長いあいだ、寒い思いをさせて汚い服でごめんなさいね。お母さん、頑張ってつくったから、今日からこれを着てちょうだい』と。そう言って、その兄弟ふたりに渡したそうなんです。それをもらって、お兄ちゃんの方は、大喜びして、いま着ているボロボロの服をゴミ箱に捨てて、新しい服を着て友だちに見せびらかしに行ってしまいます。いっぽうの弟は、『お母さん、ありがとうございます』と言って、新しい服を箪笥《たんす》にしまいこみ、古い服のままで、『今日も手伝わせてください』と言って、水汲みやらなにやらお母さんの手伝いをするんです。お母さんから、『今日はいいのよ、遊びに行きなさい』と言われても、『いや、お手伝いさせてください』と言い、仕事を手伝い、そして終わったあとに、『遊びに行きます』と言い出かけていきました。

お母さんにしてみたら、お兄ちゃんの方がかわいいかもしれません。ですが、幸福の神様というものがいるならば、弟がかわいいに決まっています。こうしたことの積み重ねが運なんです。運というものは、先祖や両親からもらったもので、生まれたときから持っているものも半分あります。ですが、あとの半分は、毎日のよいことや、日々の努力の積み重ねによって、運が開けてきます。人間ですから、やはり、よい運を身につけていかないといけません。だから、思考に気をつけなさい、それはいつか言葉になるから。言葉に気をつけなさい、それはいつか行動になるから。行動に気をつけなさい、それはいつか習慣になるから。習慣に気をつけなさい、それはいつか性格になるから。性格に気をつけなさい、それはいつか運命になりますから。だから、運というのは考え方なんです。自分の心の置きどころによって、運は開けたり開けなかったりしますから、とにかくみなさん、どうぞよい運をご自身の人生に吹き込んでください。毎日の積み重ねをいかに積み重ねるかですから。自分でやろうとするのは、とてもいいことですが、人間は先輩たちからいろいろ教えてもらって、次の世代に、子孫に伝えていく力を持っています。だから、先輩たちからもよく習ってください。先輩にも、親切な人も、忙しい人も、いろいろいますが、よくお願いして、頑張って聞き出す力も必要です。そして、そのためには、『お、こいつかわいいな、見どころあるな』と思われなくてはなりません」

矢野は、自分について語った。

「じつは、わたしは先月二十二日に一時体調を崩しまして、入社式にこんなラフな格好で出ていますが、人間はいつか病気になる運命にあります。病気をしてみると、病院に多くの人がお世話になっていることに気づきます。広島の西条にはイズミという大きなスーパーがありますが、わたしが入院した病院の駐車場の方が車が多いんです。いかに病人が多いかということです。みなさん方が健康だということは、それだけで感謝の対象なんです。ここまで元気に育ててくださった両親に感謝しなくてはいけません。入院すると、元気であることはありがたいことだとわかります。わたしのように暴飲暴食をして、ふしだらな人生を送ると、病気になります。みなさん、将来を恐れて、よい人生を送ってください。今日がスタートです、今日からがスタートです。試験はありませんが、みんながあなたのことを見ています、会社は、上司や仲間たちがあなたがどういう人間なのか、日々見ているわけです。ひとつ、感謝の気持ち。ふたつ、素頭を鍛え、常にものごとを考える。三つ、運をつくる。人間をつくる、人間を鍛える、自分をよい性格に鍛えることを頑張ってください。人間は、かならず病気になるんですから、まず健康なことに感謝できないとわたしみたいになります。わたしは人より元気だと自慢していましたが、それは両親のおかげなんです。明日から一緒に頑張りましょう」

## 実の息子が入社、新しい風が

矢野自身、自分の息子たちに、「なにがなんでもワシのあとを継いで社長になれ」とは言わなかった。やはり、二代目は、本当の意味でハングリーな経営者にはなれない。

矢野は語っていた。

「北極で育った人間と、豊かなところで育った人間はちがう」

が、じつにタイミングよく、平成二十七年（二〇一五）四月、かつてダイソーの苦難時代、大学生ながら仕事を手伝っていたことのある次男の靖二がダイソーに副社長として入社してきたのだ。矢野には、息子に自分の会社を継いでもらおうという意志はなかった。むしろ、〈入れたくない〉という気持ちの方が強いくらいだった。

しかし、矢野の心境に変化が起きる。

〈ユニクロの柳井（正）さんも、初めは「世襲はしない」と言っていたが、最終的に子どもを会社に入れた。ワシも息子を会社に入れてもいいんかな〉

入社の前日まで、矢野は葛藤《かっとう》した。

〈みんなで夜中まで働いて、いろんな苦労してつくって来た会社に、ワシの息子がポッと入ってきたら、みんな反発するじゃろうなぁ。ワシがもし社員なら、絶対、反発するけえのォ〉

ダイソー社内から反感を買ってしまい、うまくいっていたことがうまくいかなくなることを気に病んだ。ところが、矢野の心配は、取り越し苦労だった。反発など起きず、むしろ、靖二は矢野が思っていた以上の人気者になっていたことが驚きだった。

〈総スカンくうかと思ったら、意外と人望あるんじゃのう〉

矢野が思っていた以上に働いてくれることも、ありがたかった。

社員たちも、いつまでも矢野がトップにいるわけにはいかないということに気づいてくれたのであろう。タイミング的にも、よかったのかもしれない。

## 十六年間スーパーイズミで働いて

靖二は、大学を卒業するや、スーパーのイズミに入社した。入社後、「安芸《あき》の小京都」と呼ばれる竹原《たけはら》市に配属となった。練り製品、パン、アイス、牛乳という、あまり日持ちのしない、いわゆる日配《にっぱい》と呼ばれる食品の担当となった。

定番の管理、特売の管理、発注の管理が主な仕事だった。

日配の仕事は、ダイソーで長いこととしていた仕事と陸続きで、靖二としてはしやすかった。ただし、ダイソーとちがい食品には賞味期限や消費期限がある。消費者としては、より新しい食品を求めてくる。賞味期限が近いものには手を伸ばさない。そこで、期限切れの近い商品は、二〇パーセントとか三〇パーセント、ときには五〇パーセントの値引きをする。消費者の購買意欲をかき立てる手立てが、イズミにはあった。

靖二は、その後、五日市店に転勤したあと、仕入れを専門とするバイヤーとなった。かまぼこをはじめとする練り製品や、佃煮、餃子、ピザなどのデイリー惣菜、さらには、果物や羊羹などの水分の多い「水物」と呼ばれる食品、麺、お節料理も担当した。

靖二にとって印象深いのは、平成十二年（二〇〇〇）六月に起きた、戦後最大といわれる集団食中毒事件であった。一万四七八〇人もの食中毒認定者を出した原因は、乳製品の大手・雪印乳業にあった。乳製品の原料・脱脂粉乳を生産していた北海道広尾《ひろお》郡大樹《たいき》町の工場の脱脂粉乳《だっしふんにゅう》が、停電の影響で、四時間にもわたって二十度以上に温められた。そのあいだ、脱脂粉乳の中では、病原性黄色ブドウ球菌が増殖、毒素が発生した。それがそのまま乳製品の原料として使われてしまったのだった。雪印乳業は、グループ各社の工場での生産を停止した。それとともに、全国の小売店から、雪印製品をすべて回収した。

そのとき、靖二は、チーズも担当していた。乳製品の五五パーセントをシェアする雪印製品が、売り場からいっせいに消えたのである。乳製品は、足りなくなった。それは、どこの小売店も同じで、乳製品の争奪戦がはじまった。

靖二は、卸問屋に、明治乳業のトラックがいつ品卸にくるかを調べあげ、その時間に卸問屋にもぐりこんだ。乳製品が詰めてある段ボール一個一個に、黒いペンで「イズミ」と書きこんだ。すでにイズミが買い取ったと示せば、他社が手を出しにくくなる。姑息と言えば姑息な手段であった。しかし、そこまでしても、乳製品を仕入れるために必死だった。

平成十九年（二〇〇七）一月七日放映のテレビ番組『発掘！あるある大事典Ⅱ』で納豆を取りあげるや、火が点いた「納豆ブーム」の際には、メーカーを相手に交渉をつづけた。メーカーは原料のある限り、生産しつづける。そのできたうちの何割をイズミにまわしてもらえるのか、ひとつでも多く納豆を仕入れようと、ときには脅し、ときにはすかして交渉したこともあった。

工場の人数不足のために、正月のお節料理の生産が間に合わなかったこともあった。遅くとも元旦には届けなければならない。靖二も従業員たちと一緒になって必死で詰めた。すべてをつくり終えたのは正月元日の夕方。あわてて予約されたお客に届けに行ったこともあった。

お節料理に関していえば、配送し忘れて、配送センターに残っていたこともあった。

バイヤー全員を集めて、その残っていたお節料理を、「誰々は岡山県に行け」、「誰々は、高松に行け」と割り振り、それぞれが自家用車で配ったこともあった。

このようなバイヤーとしての経験は、ダイソー入社後に活かされることになる。

たとえば、数多くある商品の回転を速くするために、食品のノウハウを採り入れてもいいと思っている。食品関係の回転日数はおよそ五日。それに対して、ダイソーの商品は六十日。つまり、ほぼ二ヵ月は商品の改定がおこなわれない。もっと回転を速くできれば、新商品を入れやすくなり、売上げもかならず伸びる。

靖二は、平成十九年十二月、イズミの商品部の課長となった。それまでの練り製品などの日配製品に加えて、牛乳、ヨーグルト、アイスといった乳製品、冷凍食品にも携わった。

課長としての課題は、いかにコストを下げて商品を仕入れ、利益率を上げられるか。

たとえば、豆腐。豆腐の消費期限は、せいぜい三日ほどでしかない。

しかし、コストを下げるために大量発注した場合、たった三日ではすべてをさばききれない。さばく日数を稼ぐには、消費期限を延ばすほかにない。

商品開発に携わる者にとっては、そこは、痛し痒しの選択を迫られる。消費期限を延ばすには、豆腐に熱加工をせざるをえなくなる。それは裏を返せば、豆腐から、豆腐そのものが持つ、うまみや食感といった品質を落とさざるをえないからである。

しかし、それをするには設備投資が必要であった。豆腐の製造をしているイズミの子会社では、そこまでの設備投資ができない。そのままの体制で進めていけばコストダウンもできないうえに、技術が遅れる。

そこで、靖二は山西義政《やまにしよしまさ》会長に談判した。

「子会社は、もうやめましょう」

提案したのは、別会社への発注であった。別会社に発注すれば、どれだけコストが削減できるかを示してみせた。

山西会長の判断は、あっという間だった。

「おお、それなら、やめなさい」

靖二は、消費期限と品質保持のバランスを保った豆腐の開発を、発注先の豆腐メーカーとともにおこなった。ただ、豆腐だけに限らず、麺、かまぼこなどの、流通業界では「和日配」と呼ぶ商品メーカーのほとんどは、資本の大きくない中小企業だった。

経営が不安定で倒産を余儀なくされるところも多かった。本業から外れたゴルフ場経営に手を出して失敗する会社もあった。本業に徹していながらも、商品の低廉化という時代の流れのために原価がかつての半額にまで下がってしまった。売上げが伸びず夜逃げ同然で経営者が姿をくらましてしまう会社もあった。

「おまえがちゃんと面倒を見ないから、こんなことになるんだ」

上司からは冗談混じりで言われたりもしたが、さすがにせつない思いをした。

平成二十一年（二〇〇九）、靖二は、ＰＢ（プライベートブランド）開発課という新たに設置された課へと異動となった。じつは、商品部の課長としては、数字が上げられなかった。イズミは売上成績をシビアに見る会社で、二年ほどのあいだに実績が上げられず、飛ばされた形であった。

ＰＢは、いいものができれば売れることもあったが、ほとんどの場合、売れなかった。ＰＢはそもそも流通業者のエゴである。専門メーカーが、一年中、三六五日、コーヒーならコーヒー、豆腐なら豆腐とそれぞれの商品のことを考えて開発をつづけているのに、流通を専門としている業者が、メーカーまがいなことをしても到底かなわないのが道理である。セブン＆アイ・ホールディングス、イオンなどの大手ならば資本力もあり、人材もいる。売上げにもつながるだろう。しかし、イズミほどの流通業者ではそこまでの力はない。仕入れた方が安くもなる。

ＰＢ開発をはじめておよそ一年半。靖二は、転職を考えるようになった。自分がこのままイズミにいれば、バイヤーたちが商品開発ができなくなる。ただの商品のセレクターになってお
り人材が育たない。そう考えたからである。

転職先は、ライフコーポレーション創業者である清水信次が中心となって設立した、流通業者の共同出資会社「日本流通産業」を考えた。イズミに入社してから十六年間、月に一度開かれる会議に、靖二は出席しつづけていた。

## 新たなるダイソー

靖二は、転職を前に、父親の博丈に会った。転職したい意向をあらかじめ伝えようと思って

いたのである。イズミに入社してから、父親と接するのは、毎年七月の土用の丑の日のうなぎの予約、十二月のクリスマスケーキの予約をビジネスで頼むときくらいだった。

靖二は、盆暮れはかき入れどきで忙しく、父親もいつも忙しくしていたからである。仕事の話は、ほぼしたことがなかった。仕事にかかわる話をしたのは、このときが初めてだった。

父親は、直接「ダイソーに入れ」とは言わなかった。しかし、靖二は、父親から、ダイソーに入ってほしいといった雰囲気が伝わってくるのを感じていた。

ダイソーに入社した靖二が感じた、ダイソーとイズミとの大きなちがいは、なんといっても社長との距離が、イズミとくらべてダイソーの方が近いことだ。

社長が社員を食事に連れて行くということは、イズミではありえない。イズミでは、せいぜい役員クラスが食事をともにするくらいだろう。靖二も、勤続中に社長の山西泰明《やまにしやすあき》と食事をともにしたのは、たった二回だけだった。

さらに、商品の価格設定である。イズミでは一つひとつの商品に対して、それぞれに適正価格があり、それを軸に売価設定をする。そこには、その商品を売る部署での売上目標、店舗の売上げ、はたまたイズミ全体での売上げなど、様々な要因がからまる。それが、ときには売る側の「甘え」に通じてしまうこともあった。それに対し、ダイソーのほとんどの商品は一〇〇円と設定されていて動かすことはできない。甘えが許されぬシビアな価格設定の中で、どうやって少しでも利益を上げるか。そこが考えどころでもあり、面白い部分でもある。

今後は、まだ出店店舗数の少ない都心部にむけて進出していきたい。

ダイソーでは、毎年一五〇店舗を出店してはいる。令和四年（二〇二二）には、国内で四〇四二店舗に達した。しかし、出店の余地はいくらでもある。狙いは都市部。さらに、海外にも「価格均一商品」を広めていきたい。ただし、そのためには、社内のスリム化、合理化を進めなければならない。つまり、これまでは、創業社長の指示のもと、数字にはそれほどこだわらずに経営してきた。数字に対する意識が浸透していて、成績が上げられなければその部署から外されるイズミのそれに慣れた靖二には信じられないほど、数字に対する意識が個々の社員には薄い。その部署部署で数字が上がらなくても、責任をとるところがなかった。

そのダイソーの体質を象徴するかのように、オフィスや店舗で数字を管理しているコンピューターは十五年前の製品で、とてもいまの時代のスピード感には乗ることができない。どの商品がいったいどれくらい在庫になっているかなどもリアルタイムではわからない。在庫数はふくれ上がるばかり。これは、父親の攻めの姿勢をあらわすものではあるが、裏返して言えば、何をどのように売って、どれだけの売上げを伸ばすかといった計画性が欠けてしまっている。これまでは、それでよかったのかもしれない。

しかし、これだけの企業規模となったいま、そういうわけにはいかない。管理部門の強化が必要になるだろう。「一〇〇円均一」という基本路線を守りつづけながら、都市部に進出するには、ダイソーそのものをスリム化する必要がある。

さらに、プラスハートを買収した。様々な雑貨を扱う流通企業で、ここでは、「一〇〇円均一」という縛りを解き放ち、「三〇〇円均一」「五〇〇円均一」「七〇〇円均一」という商品を扱う。流通拠点も、中国に移したい。そうすることで、中長期的にかならずはたしたいさらなる海外進出も視野に見えてくる。

幸いなことに、ダイソーの第一線で活躍する社員の平均年齢は四十歳前後。イズミよりもおよそ五歳ほど若い。まだまだ若い会社だ。発展できる。

靖二は、父親が創りあげたダイソーを新たなダイソーにつくりあげるために日々構想を練りつづけている。

石川政史によると、ユーモアのセンスは、矢野の息子である副社長の靖二にも引き継がれている。副社長は顔も性格も社長そっくりだから、スタッフからも好かれている。矢野社長は手品好きだが、副社長も手品が好きだ。遺伝子という小さな組織の中に、ここまで似た情報が詰まっているのかと思うと、石川は感心してしまう。

今後も長く、矢野社長には元気でいてもらいたい。しかし、副社長はずっと同じく小売業界のスーパーイズミにいて、しかもバイヤーをしていたから心強い。仕事内容に共通するところと異なる部分があるので、改善をしつつ、会社を伸ばしていってもらいたい。

ダイソーは、一所懸命に仕事をするということが重視される社風だが、イズミは数字で結果を出すことを評価基準としているようだ。

靖二副社長は、ずっと数字を追いかけるような会社にいたから、努力と結果というふたつの要素をうまく融合して持っている。矢野社長は、じつの息子を会社に入れることに、気をつかった部分もあるようだが、やはり本当にリスクを取れるのは実子しかいないということで採用したようだ。

靖二副社長はコミュニケーションが上手で、いろいろなところに広い人脈をもっている。ちょうどいい時期に、ダイソーに戻ってきてくれたと、石川は思っている。

石川が入社したころと比較し、ダイソーは、ずいぶん大きくなり、いろいろな面が変化した。しかし、一所懸命やるという部分は残しながら会社を存続させてほしいと願っている。

栗森健二によると、靖二副社長は、もともと流通業界のスーパー「イズミ」で仕事をしてきたことに加えて、若さゆえのスピード感もある。商品についても、指導兼命令の檄が飛ぶ。

副社長の性格や雰囲気は矢野社長にそっくりで、にこやかで柔らかい。副社長は、学生時代からダイソーでアルバイトなどをしていたこともあって、社員にとっても親しみやすい存在だ。

ダイソーの矢野社長の存在感はすさまじい。渡辺有和は、この社長がいるからこそのダイソーだと思うようになった。

他社の関係者や全国のデベロッパーも、矢野社長との個人的なつながりで成立している関係もある。

〈健康にだけは留意して、いつまでも社長として辣腕《らつわん》をふるってほしい〉

渡辺はそう願っている。

栗森健二にとって、今後のダイソーとしての夢は、やはり上場することである。昔、上場するという話が社内であったのだが、矢野社長が「ダイソーは、お金もあるし、上場している企業以上の知名度があるのだから、わざわざ上場しなくていい」と言い、結局上場は取りやめとなった。これから、ダイソーがステップアップしていくためには、上場は避けて通れないように感じる。過去に一度、具体的に上場を検討していたのは、十年ほど前になる。

店頭公開直前までいったが、矢野が上場後について試算をしてみると、得られる利益は十五億円ほどしかなかった。そのくらいだったら手つづきの方が面倒くさそうだったので、矢野は「やめた」と言って、幹事社の証券会社にキャンセルを伝えた。

ダイソーは未上場で、矢野自身、いつか潰れる会社だからと、銀行から融資の話があるたびに上限額めいっぱい借りるようにしていた。「貸してやる」と言われると、とにかく全部借りていたのだ。それには、矢野なりの考えがあった。

かつて、銀行出身の経理部長が矢野に言ってきたことがあった。

「社長、もう資金繰りはわたしに任せてください。これだけ預金があればやっていけますから、これ以上借りなくてもいいです」

だが、矢野はそれを戒めた。

「それはダメじゃ。事故や事件は、想定していないときに、ドカンとくる。そのときに、あと十億円があれば対応できたのに、資金を調達していないために潰れたということになったら死んでも死にきれん。その十億円を借りる力がなくて潰れるなら仕方がないが、借りられる力があるのに潰れるのは嫌だ。貸してやると言われたら、全部借りてくれ」

そう言って、経理部長にも資金調達の機会があれば、なるべく応じるように指示した。

結果的に矢野が危惧していたような大きなトラブルや損失に遭遇する機会もなく、ここまで順調に経営することができた。だが、それもいざというときに備える意識を常に持ちつづけていたからだったかもしれない。

今後の人生について考えた場合、矢野は、人にどう貢献できるのか、ということをよく考える。やはり、二十一世紀の企業は徳がなければ生きられない。

昔は、力と金と土地がある企業が競争を制した。だが、いまは「縮む世紀」だ。徳のない企業は倒産することを余儀なくされる。

流通業界も、多くの企業が沈んでいった。

ダイエー、長崎屋、ニチイ……。

やはり成功している企業は、徳がある。流通業界でいえば、イオンや、セブン&アイ・ホールディングスなどがそうだ。だからこそ、社員たちには口を酸っぱくして言っている。

「幸運に巡り合えないと、どうしてもうまくいかない。国でも会社でも、歯車が空回りするばかりで、何かいい幸運と巡り合えない企業は生き残れない。それは、善、徳を積むしかない」

矢野は、これからの企業は、社会貢献をしなければいけないと強く考えている。

〈これからの企業の生きる道は、それしかない〉

## 次男靖二と社長をバトンタッチ

平成三十年（二〇一八）三月一日、創業者である矢野博丈社長が社長を退任し、代表権のない会長に就任した。後任には博丈の次男で、それまで副社長を務めていた矢野靖二が就任した。

靖二社長の就任は既定路線とはいえ、大創産業にとっては、博丈が昭和四十七年（一九七二）に前身となる矢野商店を創業して以来の四十六年の歴史において、初めてとなる経営トップの交代であった。

経営トップの交代だけではない。大創産業が運営する一〇〇円ショップのダイソーも、国内外における店舗数と総売上高の両面で二年の間に著しい成長をつづけている。

平成三十一年（二〇一九）三月時点で、世界二十七の国と地域に進出。国内で三三六七、海外で二一七五もの店舗を展開している。二年前と比較すれば五九二店舗の増加となる。

平成三十一年三月期の総売上高は、約四七五七億円。こちらも二年前の総売上高と比較すると五五七億円増。業界に占めるシェアは、約五六パーセントと圧倒的なものになっている。

総売上高から一日の平均を算出すると、一日当たり約十二億円。一日の営業時間を十二時間とすれば、一時間当たり約一億二〇〇〇万円もの売上げで、一時間当たりに一〇〇円の商品を一二〇〇万個販売しているという数字だ。さらに年間の来客数は、約十億人。一日当たり約二三〇〇万人がダイソーを訪れているということになる。

筆者は、靖二社長の副社長時代にもインタビューをおこなっているが、再び靖二社長に社長就任以来の大創産業の変化について語ってもらった。

就任以来、靖二社長がもっとも力を入れて取り組んできたことは何か。

筆者のその問いに、靖二社長は力強く答えた。

「最優先事項として力を入れているのは、商品の品質管理です。品質管理部を立ち上げて、人材を集めて、そのための体制を整えてきました。これまでも『少しでもよりよい商品をお客様に届けよう』という大方針のもとでやっていましたが、世界へのさらなる進出も考えて、国ごとに事情のことなる規制にも対応できるような世界基準での品質管理の体制づくりを進めています」

ダイソーは、令和四年（二〇二二）十二月現在、世界二十六の国と地域に進出している。それぞれの国によって、宗教や文化的な背景が異なるのと同じように、商品による規制も異なっている。

たとえば、オーストラリアでは、子供用のおもちゃに対する規制が非常に厳格だ。ボタン電池一つとっても、子供がまちがって口に入れることを防ぐために、ネジで本体部分に確実に固定することが要求される。

ダイソーでは、店舗を展開している国それぞれの事情を踏まえながら、最良の商品を店舗に並べるための努力を日夜つづけている。

海外での流通拠点の整備も推進している。

ダイソーでは、平成三十一年の春からマレーシアのクアラルンプールに流通拠点となる倉庫を借り、主に中東や東南アジアに向けて、商品を発送している。これまでは中国の倉庫が担っていた役割の一部の機能をマレーシアへと移管したかたちだ。

まだ運用を開始して日も浅いこともあり、課題は多い。だが、迅速な流通をよりいっそう進めるためには必要なことだった。

流通業界の競争は非常に激しい。

靖二社長は、海外の競合他社の動きを見るたびに、彼らのスピードの速さに舌を巻くという。また、今後は、ヨーロッパやアフリカ、インドなどこれまで進出していない国にも店舗を展開していきたいと意欲を見せる。

二年前のインタビュー時、靖二社長が意欲を見せていた都市部への出店についても、ダイソーでは現在、精力的に取り組んでいるという。

将来的な人口減を考えると、郊外の店舗に比べて、都市部の店舗の位置づけはさらに高くなってくる。さらに都市部の店舗は、ダイソーの知名度向上にも効果がある。

ダイソーでは、今後も都市部での積極的な店舗展開をすすめていくという。

また「一〇〇円均一」とは異なる業態となる三〇〇円の商品を中心に展開する「スリーピー」の店舗展開も著しい。

靖二社長は、就任以来、最新のコンピューターによる商品管理の体制づくりも進めている。これまでオフィスや店舗で数字を管理しているコンピューターは、古いものが多かった。だが、来期（令和二年度）を目標に新システムでの稼働を進めているという。

ここ数年、日本列島には大規模な自然災害が発生している。災害時には、多くの店舗を有するダイソーも、被害を受けることが多い。

と同時に、被災地にとっては、電池や簡易型の食器を安価で手に入れられる一〇〇円ショップの意義は非常に高くなっている。

ダイソーでは災害時の迅速な店舗の再開にも力を入れているという。

靖二社長が語る。

「災害があると、うちの店舗も被害を受けて一時的に閉じることもあります。ですがそのときには迅速にお店をオープンをさせることを心がけています。他のコンビニは商品が揃わなくても、ダイソーはいち早く開店します。ダイソーには、生活必需品の在庫がたくさんありますから。被災地に運びこむのは大変ですが、そこはいっそう努力しています。物流が復活し、他のコンビニの商品が揃うようになると、ダイソーは店を閉じて店の修理をはじめるんです。店舗スタッフには苦労をかけますが、被災者にとっては、物流が復活するまで、うちの店舗がライフラインとしての役割をはたすんです」

最後に筆者は、靖二社長にとって父の博丈はどのような存在なのか、そして、今後の会社の将来について質問した。

靖二社長は答えた。

「父と自分を比較したことはありません。一代の叩き上げで、会社をここまで大きくした父と自分を比較すること自体、おこがましいです。父は、今後も自分にとっては越えられないはてしない壁になるでしょう。流通業界の競争は激しく、十年後の見通しも難しい。ですが、父の時代のＤＮＡも継承しながら、時代に合わせた変化を遂げて、いかに成長させるかがポイントになると思っています。今後は、品質管理の向上による商品リスクの低減化や、物流の最適化をスピード感を持って達成していかなければいけません」

いまや日本人の生活にとって欠かせない存在となっている一〇〇円ショップ。

その業界のトップリーダーである大創産業が今後どのような発展を遂げていくのか、常に楽しみにしながら、注目していきたい。

## 矢野博丈との別れ「ワシなど、不幸の連続だったから、いまがある」

矢野さんとは、この二年間三度対談をおこなっている。対談といっても、矢野さんはひとりでしゃべるより、わたしが質問してそれに答える方がリズムに乗れるらしく、「大下さん、今回も頼むよ」と二人コンビの形式がつづいていた。

一回は時事通信社のインターネット用の全国配信での対談で、あとの二回は経営者を集めての対談であった。

そのあとは、元関脇の貴闘力《たかとうりき》が経営する焼肉屋などに行き、楽しく飲んだ。

最後の回は、今年令和六年（二〇二四）一月十八日で、目黒区下目黒の雅叙園《がじょえん》で開かれた岸野一夫《きしのかずお》主催の「未来塾」であった。矢野さんはいつもより気分がよく、対談がはじまって二十分くらいのところで、主催者に頼んだ。

「酒を飲みながらしゃべっていいですか」

主催者も矢野さんが乗っているのが嬉しいらしく、すぐに日本酒を用意させ壇上に運んだ。

わたしはワインだったら一緒に口をつけたかもしれないが、日本酒だったので飲むのは止めた。

矢野さんは日本酒をおいしそうに飲むや、いっそう調子を上げた。

会場に向けて聞いた。

「この中に、二代目経営者はいるか？」

六人くらいが手を挙げた。

すると、矢野さんは声を張り上げた。

「あんたたち、かわいそうだが、企業を潰しかねんど」

一瞬、会場はシーンとした。

矢野さんは、日本酒の入った勢いもあって、なんとも手厳しかった。

「いいか、これからの日本は、人口はどんどん減っていくばかりだぞ。客はまちがいなく減るんだぞ。こういう状況の中で、ヌクヌク育った二代目は人一倍苦しむぞ」

矢野さんは、持論を展開した。

「『幸せの不幸』というもんじゃ。逆に『不幸せの幸福』という言葉がある。ワシなど、不幸の連続だったから、いまがある」

その夜の元気さから、まさか一ヵ月も経たぬ二月十二日に心不全で突然亡くなるとは思いもしなかった。

わたしにとっては、矢野さんはいつも笑顔で、人を喜ばせるのが楽しみで、センス抜群の嘘か真かわからぬシャレを連発している姿しか思い浮かばない。

わたしは矢野さんの一〇〇円革命の語り部として伝えつづけていくことが、矢野さんへの感謝と思っている。

# あとがき

「安売り」といえば、やはりダイエーの中内㓛あってのことだろう。中内の「どこよりも安く」という執念はすさまじいものであった。

特に牛肉を手掛けたときの話となると、熱が入った。

「牛肉は、これからの国民にとって、生活必需品や。牛肉を売らずして、これからのスーパーに客を寄せることはでけへんという強い思いやった」

しかし、あまりの売れ行きに、はじめのうちは「素人のダイエーに、牛肉が売れるもんか」そう高をくくっていた神戸市内の精肉商たちが脅威を感じはじめ、ダイエーと取引していた枝肉店に圧力がかかった。ダイエーへの納入はわずか一ヵ月でストップしてしまった。

中内はそれからの戦いについて目を爛々として語るのだが、その内容の凄まじさに比べて、口調が心もとない。じつは、昭和十九年（一九四四）夏にフィリピンのルソン島のジャングルの中で守備にあたっていたときに、食べる物がなく、靴の皮に水を含ませて、ガムのように噛みつづけたせいですべて義歯になったせいである。

枝肉商ウエテル商会の上田照雄と運命的な出会いをし、彼と組み、三ノ宮店に牛肉を並べるや、連日客が殺到した。あまりの人気のため、押しかけた客の圧力でショーケースの分厚いガラスが三ヵ月に一度は割れたほどだ。牛肉はダイエー発展の起爆剤になった。

中内は、冒頭に書いたように、「価格破壊」で消費者がより安価で商品が購入できることを目指し、松下幸之助率いる松下電器の商品を当時のメーカー小売希望価格からの値引きの許容範囲を一五パーセントを上回る二〇パーセント引きでの販売に出る。

さらにPB「BUBU」名の十三型カラーテレビを、破格の五万九八〇〇円の価格で販売し、人気を集める。

「安売り哲学」に賭けた中内の出現により、消費者がどれだけ助かったことか。

そこに、さらなる流通業界の旗手があらわれる。ダイソーの矢野博丈は、まったく偶然としかいえぬドラマから一〇〇円ショップを作り出す。

矢野は、二トントラックに商品を詰め込み、ベニヤ板に商品を並べて商売をしていた。その日、前の日に配っていたチラシの時間に遅れて露店現場に到着した。そのため、商品に値札をつける準備ができていない。集まっていた客が勝手に段ボール箱を開け、目当ての商品を探し出して、聞く。

「これ、なんぼ?」

扱う商品の数は、何百にもなる。客を待たせるわけにはいかない。

「えーい、一〇〇円でええ」

それを聞いたほかの客も、矢野に聞いてくる。

「これ、なんぼ？」

「それも、一〇〇円でええ」

なんと、その日すべて一〇〇円にしてしまった。すると、かってないほど売れてしまった。矢野が思わず口にした「一〇〇円」が、矢野の人生の運命を変えることになった……。

あるとき、母親と娘らしい客が来て、娘がたくさん買うと、母親が止めた。

「安もの買いの銭失いじゃろう。やめときんさい」

矢野はカッとなった。

〈よーし、こんないい物が一〇〇円とは、と喜ぶような高級品を並べてみせたる〉

やがて「一〇〇円ショップ」の独立店ができ、なんと、いまや国内で四〇四二店舗、世界で二二九六店舗にまで拡大したのである。

かって高校時代ボクサーを夢見てリングの上で戦っていたことのある矢野は、口癖のように言う。

「仕入れは格闘じゃけん。客が飽きるか、ワシらが客を飽きさせんか。勝負じゃけん」

なんと、客を飽きさせないために毎月一二〇〇アイテムの新商品を揃えている。

ダイソーは、ある意味、ダイエーの拡大したスーパーや、百貨店を食ってしまったといえよう。

かつては入学シーズンなど、百貨店で身の回りの物を買っていた。

ところが、いまやダイソーでほとんどの商品を揃えることができる。

さらに、新婚夫婦も鍋をはじめ、かなりの物をダイソーで揃えることができる。私など、急に友人の通夜に行くことになったとき、ダイソーに飛び込み、黒ネクタイを買うこともある。

ダイエー中内㓛とダイソー矢野博丈の二大流通巨頭は、日本人の消費文化を確実に変えたといえよう。

令和六年七月三十日　大下英治

# 中内㓛（ダイエー）と矢野博文（ダイソー）関連年譜

| 和暦／西暦（年） | 中内㓛とダイエー | 矢野博文とダイソー | 世相 |
|---|---|---|---|
| 大正十一<br>一九二二 | ・中内㓛、大阪市西成郡（現西成区）で生まれる | | ・三月、全国水平社創立 |
| 大正十五<br>／昭和元<br>一九二六 | ・神戸市兵庫区東出町に引越。父、秀雄が「サカエ薬局」を開業 | | ・十二月二十五日、大正天皇崩御、摂政皇太子の裕仁親王が即位。昭和に改元 |
| 昭和三<br>一九二八 | ・四月、入江尋常小学校に入学 | | ・六月四日、張作霖爆殺事件 |
| 昭和四<br>一九二九 | | | ・十月二十四日、世界恐慌 |
| 昭和六<br>一九三一 | | | ・九月十八日、満州事変 |

| | | | |
|---|---|---|---|
| 昭和九<br>一九三四 | ・四月、兵庫県立第三神戸中学校（現兵庫県立長田高校）に入学 | | ・三月一日、満州国にて帝政実施、溥儀が皇帝となる |
| 昭和十四<br>一九三九 | ・四月、神戸高等商業学校（現兵庫県立大学）に入学 | | ・九月、ドイツ軍がポーランドに進撃し、第二次世界大戦が勃発 |
| 昭和十六<br>一九四一 | ・十二月、神戸高等商業学校を繰り上げ卒業 | | ・十二月八日に真珠湾攻撃。太平洋戦争がはじまる |
| 昭和十七<br>一九四二 | ・三月、神戸商業大学（現神戸大学）を受験し不合格<br>・四月、日本棉花（現ニチメン）に入社<br>・十二月、召集令状 | | ・六月五日、ミッドウェー海戦 |
| 昭和十八<br>一九四三 | ・一月七日、陸軍の初年兵として広島に入営、野戦重砲兵第四大隊に配属、ソ連と満州国の国境守備隊 | ・矢野博文、四月十九日、北京にて生まれる。当時は「栗原五郎」 | ・六月一日、東京都政公布（七月一日施行） |
| 昭和十九<br>一九四四 | ・七月、山下奉文率いる第十四方面の第二十三師団、独立混成第五十八旅団に配属、フィリピンのルソン島へ | | ・三月八日、インパール作戦<br>・十月二十日、レイテ島の戦い |

| 和暦／西暦（年） | 中内切とダイエー | 矢野博文とダイソー | 世相 |
|---|---|---|---|
| 昭和二十<br>一九四五 | ・一月、米軍がルソン島上陸<br>・六月六日、斬り込み隊長としてオーストラリア軍に夜襲をかけ、敵の手榴弾を浴び全身負傷<br>・ルソン島で敗戦を迎える<br>・十一月一日、マニラで引き揚げ船「夏月」に乗船、鹿児島県の加治木港に到着 | | ・三月十日、東京大空襲<br>・八月六日、アメリカ軍が広島に原子爆弾投下（九日に長崎に投下）<br>・八月十五日、日本がポツダム宣言の受諾を表明<br>・九月二日、休戦協定に調印<br>・十月二十四日、国際連合が発足 |
| 昭和二十一<br>一九四六 | ・三ノ宮の闇市でブローカー商売 | ・四月十五日、栗原一家、山口県の仙崎港に引き揚げ<br>・栗原家、農地改革により大地主から五反百姓に転落 | ・十一月三日、日本国憲法公布（施行は一九四七年五月五日）<br>・十二月二十九日、ＧＨＱ指揮のもとに農地改革 |
| 昭和二十三<br>一九四八 | ・父、秀雄が神戸元町のガード下に「友愛薬局」を設立。経営に参加 | | ・薬事法改正 |
| 昭和二十五<br>一九五〇 | | | ・六月二十五日、朝鮮戦争勃発 |

| | | | |
|---|---|---|---|
| 昭和二十六<br>一九五一 | ・三月、大阪市東区平野町に薬品の現金問屋「サカエ薬品」を父秀雄と次男の博が設立。一店員として参画 | | ・九月八日、サンフランシスコ平和条約・日米安全保障条約調印 |
| 昭和三十二<br>一九五七 | ・大栄薬品工業株式会社を設立<br>・九月二十三日、大阪市旭区千林三丁目、京阪電車千林駅前にダイエー一号店をオープン | | |
| 昭和三十三<br>一九五八 | ・商号を「株式会社主婦の店」に変更<br>・十二月、ダイエー三ノ宮店をオープン | | ・十二月二十三日、東京タワー竣工 |
| 昭和三十七<br>一九六二 | ・商号を「株式会社主婦の店ダイエー」に変更 | | ・十月、キューバ危機 |
| 昭和三十九<br>一九六四 | ・松下電器産業、値引き販売をしていたダイエーの出荷停止 | | ・十月十日、東京五輪 |
| 昭和四十二<br>一九六七 | ・八月、日本チェーンストア協会の初代会長に就任<br>・九月、松下電器産業を独禁法違反の疑いで提訴 | ・三月、中央大学理工学部二部を卒業<br>・尾道の妻の実家の「魚光」で専務として養殖業を営む | ・七月二十一日、公正取引委員会が松下電器産業にヤミ再販の停止を勧告<br>・十月八日、第一次羽田事件<br>・十一月十二日、第二次羽田事件 |

| 和暦／西暦（年） | 中内㓛とダイエー | 矢野博文とダイソー | 世相 |
|---|---|---|---|
| 昭和四十三 一九六八 | ・十二月二十五日、社長争いをしていた末弟・力と和解 | | ・全共闘運動 |
| 昭和四十四 一九六九 | ・ダイエーと西友ストアーが赤羽決戦 | | ・七月二十日、アポロ十一号が有人月面着陸 |
| 昭和四十五 一九七〇 | ・二月二十七日、サンコーと提携<br>・三月、父、秀雄（ダイエー会長）が死去<br>・プライベートブランド「BUBU」名の十三型カラーテレビを投じてしては破格の五万九八〇〇円で販売<br>・商号を「株式会社ダイエー」に変更<br>・消費者団体が二重価格の撤廃を求めて松下製品の不買運動<br>・公正取引委員会が二重価格問題に対してメーカー（松下）側に不当表示の疑いありと結論<br>・ハンバーガーショップ「ドムドム」一号店オープン | ・年末、夜逃げのように妻の実家を飛び出し、東京へ | ・三月十五日、大阪で日本万国博覧会<br>・三月三十一日、日本航空機よど号ハイジャック事件<br>・六月二十三日、日米安全保障条約自動延長 |
| 昭和四十六 一九七一 | ・三月、ダイエー、大阪証券取引所第二部に上場 | ・四月五日、次男の靖二（現社長）生まれる | ・八月十五日、ニクソン・ショック |

| | | | |
|---|---|---|---|
| 昭和四十七<br>一九七二 | ・売上げで百貨店の三越を抜き、小売業売上日本一<br>・東京証券取引所第一部に上場<br>・大阪証券取引所第一部に指定替え | ・三月、矢野商店創業。家庭用品を移動販売 | ・二月十九日、あさま山荘事件<br>・五月十五日、沖縄返還<br>・九月二十九日、日中国交正常化 |
| 昭和四十八<br>一九七三 | ・小売業初の年商三〇〇〇億円突破 | | ・二月十四日、円が変動相場制へ移行<br>・十月、第一次石油危機<br>・十月、大規模小売店舗法が公布（施行は翌年三月一日） |
| 昭和四十九<br>一九七四 | ・六月、イトーヨーカ堂と藤沢戦争 | | |
| 昭和五十<br>一九七五 | ・ローソン一号店オープン | | ・四月三十日、ベトナム戦争終結 |
| 昭和五十一<br>一九七六 | ・十字屋との提携に失敗 | | ・二月六日、ロッキード事件 |

| 和暦／西暦（年） | 中内㓛とダイエー | 矢野博丈とダイソー | 世相 |
|---|---|---|---|
| 昭和五十二<br>一九七七 | | ・十二月、株式会社大創産業へ法人成り | |
| 昭和五十三<br>一九七八 | ・十月、イトーヨーカ堂と津田沼戦争 | | ・八月十二日、日中平和友好条約<br>・十月、第二次石油危機 |
| 昭和五十四<br>一九七九 | ・ビッグエー一号店の宮原店をオープン | | ・二月、イラン革命 |
| 昭和五十五<br>一九八〇 | ・二月十六日、売上一兆円を達成<br>・昭和六十年売上四兆円構想を発表<br>・五月、パリのオ・プランタンと提携<br>・髙島屋との提携を目指して株を買い集める | ・十一月、東京営業所を開設 | ・九月二十二日、イラン・イラク戦争 |
| 昭和五十六<br>一九八一 | ・所有する髙島屋の株を髙島屋に売却<br>・三月、プランタンデパート三ノ宮が一号店としてオープン<br>・十一月二十六日、西武グループ本拠地の所沢にダイエー所沢店をオープン | ・十月、九州営業所を開設 | |

| | | | |
|---|---|---|---|
| 昭和五十七<br>一九八二 | ・札幌の百貨店・五番館と西武百貨店が提携。ダイエーは提携争いに敗れる<br>・五月、代表取締役会長兼社長に就任 | | ・四月二日、フォークランド紛争 |
| 昭和五十八<br>一九八三 | ・二月期、連結決算で初めて六十五億円を超す赤字に転落 | ・七月、東京営業所が造反 | ・四月十五日、東京ディズニーランドが開園<br>・七月十五日、ファミリーコンピューターが発売 |
| 昭和五十九<br>一九八四 | ・一月十二日、オ・プランタン難波店をオープン<br>・四月二十七日、オ・プランタン銀座店をオープン | | |
| 昭和六十<br>一九八五 | | | ・八月十二日、日本航空一二三便墜落事故<br>・九月二十二日、プラザ合意 |
| 昭和六十一<br>一九八六 | | ・一月、大阪営業所を開設 | ・四月二十五日、チェルノブイリ原子力発電所事故 |

| 和暦／西暦（年） | 中内㓛とダイエー | 矢野博丈とダイソー | 世相 |
|---|---|---|---|
| 昭和六十二<br>一九八七 | | ・七月、新社屋を移転、新倉庫も建設<br>・十二月、札幌営業所を開設<br>・「一〇〇円SHOPダイソー」を展開 | ・二月二十二日、ルーブル合意<br>・十二月八日、レーガン米国大統領とゴルバチョフソ連共産党書記長がINF全廃条約に調印 |
| 昭和六十三<br>一九八八 | ・四月、神戸・学園都市に流通科学大学を開学、理事長に就任<br>・九月、新神戸駅前にホテル、劇場、専門店街が一体となった商業施設、新神戸オリエンタルシティを開業<br>・九月、南海電気鉄道から南海ホークスの経営権を買収、十一月に福岡ダイエーホークス発足 | | ・一月一日、ソ連でペレストロイカ開始<br>・六月、リクルート事件 |
| 昭和六十四<br>／平成元<br>一九八九 | | | ・一月七日、昭和天皇が崩御、皇太子明仁親王が即位。平成に改元 |

| | | | |
|---|---|---|---|
| 平成二 一九九〇 | ・十二月、秀和と基本協定を調印<br>・消費者志向優良企業として通産大臣表彰 | ・八月、名古屋営業所を開設 | ・八月二日、湾岸戦争<br>・十月三日、東西ドイツが統一 |
| 平成三 一九九一 | ・経団連の副会長に就任<br>・四月十日、マルエツをＴＯＢ | ・四月、直営店第一号を高松市に出店 | ・バブル崩壊<br>・十二月二十六日、ソ連崩壊 |
| 平成四 一九九二 | ・二月二十八日、忠実屋をＴＯＢ<br>・江副浩正氏の保有するリクルートの株式をダイエーが譲り受け、中内切がリクルートの会長に就任 | | ・四月二十七日、ユーゴスラビア社会主義連邦共和国解体<br>・六月十九日、ＰＫＯ協力法が成立（八月十日施行） |
| 平成五 一九九三 | ・五月、日本チェーンストア協会会長就任<br>・十一月、勲一等瑞宝章受賞<br>・神戸らんぷ亭の一号店を恵比寿に開店<br>・福岡ドーム竣工 | | ・八月九日、細川連立内閣が誕生。自民党が下野し五十五年体制が崩壊<br>・一九九三年米騒動 |
| 平成六 一九九四 | ・地球環境大賞環境庁長官賞を受賞<br>・ダイエーと松下電器、和解<br>・十月、王貞治が福岡ダイエーホークスの監督に就任 | ・十一月、ニュービジネス大賞「優秀賞」を受賞 | ・六月二十七日、松本サリン事件 |

| 和暦／西暦（年） | 中内㓛とダイエー | 矢野博丈とダイソー | 世相 |
|---|---|---|---|
| 平成七<br>一九九五 | ・一月十七日、阪神淡路大震災により、ダイエーの関係者一一九人が犠牲となる<br>・五月、経団連の顧問・推薦会員に就任<br>・上場以来初の赤字決算 | | ・一月一日、世界貿易機関（WTO）発足<br>・一月十七日、阪神淡路大震災<br>・三月二十日、地下鉄サリン事件<br>・八月、Windows95（英語版）が発売 |
| 平成九<br>一九九七 | | ・三月、妻の勝代が専務取締役を退任。国内五〇〇店舗、年商三〇〇億円達成<br>・十一月、通産大臣賞「貿易貢献企業賞」を受賞 | ・七月一日、香港返還<br>・七月二日、アジア通貨危機<br>・十二月十一日、京都議定書を採択、二〇〇五年二月に発行 |
| 平成十<br>一九九八 | | | ・二月、長野オリンピック<br>・二月、コソボ紛争<br>・六月三日、大規模小売店舗立地法<br>・十月八日、日韓共同宣言が採択 |

| | | | |
|---|---|---|---|
| 平成十一<br>一九九九 | ・一月二十日、社長を退任し会長へ<br>・九月二十五日、福岡ダイエーホークスがリーグ初優勝、日本シリーズ優勝 | ・直営店、代理店含め国内一〇〇〇店舗突破 | ・一月一日、EUに加盟する十一ヵ国でユーロが導入 |
| 平成十二<br>二〇〇〇 | | ・一月、'99ベンチャー・オブ・ザ・イヤー（株式未公開部門）を受賞 | |
| 平成十三<br>二〇〇一 | ・一月三十日、代表取締役会長を退任 | ・八月、台湾に出店<br>・九月、韓国に出店<br>・国内二〇〇〇店舗達成 | ・一月六日、日本の中央省庁再編<br>・九月十一日、アメリカ同時多発テロ<br>・十月七日、米軍によるアフガニスタン侵攻 |
| 平成十四<br>二〇〇二 | ・プランタン銀座の最高顧問職、リクルートの名誉会長を辞職。実業家としての活動を終える<br>・三月十九日、産業活力再生特別措置法の適用を申請 | ・三月、シンガポールに出店<br>・平成十四年度財界経営者賞受賞 | ・五月、サッカーW杯日韓大会<br>・九月十七日、日朝平壌宣言、拉致被害者五名が帰国 |
| 平成十五<br>二〇〇三 | | ・六月、タイに出店<br>・十二月、カナダに出店 | ・中国で新型肺炎SARSが流行<br>・十二月、BSE対策により米国産牛肉の月齢による輸入規制 |

| 和暦／西暦（年） | 中内㓛とダイエー | 矢野博文とダイソー | 世相 |
|---|---|---|---|
| 平成十六<br>二〇〇四 | ・産業再生機構による経営支援が本格化<br>・新神戸オリエンタルシティを売却<br>・十二月、中内家の資産管理会社三社の特別清算 | ・三月、UAEに出店<br>・七月、クウェートに出店<br>・十二月、カタールとインドネシアに出店 | ・十月二十三日、中越地震<br>・十二月二十六日、スマトラ島沖地震 |
| 平成十七<br>二〇〇五 | ・一月、ソフトバンクに福岡ダイエーホークスの経営権を売却<br>・九月十九日、神戸市立中央市民病院で死去、享年八十三<br>・十二月五日、ホテルニューオータニでお別れ会 | ・八月、マカオへ出店<br>・十月、アメリカのシアトルへ出店<br>・十二月、オマーンとニューカレドニア出店 | ・三月、日本国際博覧会（愛知万博）「愛・地球博」 |
| 平成十八<br>二〇〇六 | | ・三月、ニュージーランドへ出店<br>・十二月、アメリカのサンフランシスコへ出店 | ・九月十九日、タイで軍事クーデター |
| 平成十九<br>二〇〇七 | ・創業五十周年 | ・十一月、ルーマニアへ出店<br>・十二月、モーリシャスへ出店 | ・七月十六日、中越沖地震 |
| 平成二十<br>二〇〇八 | | ・三月、サウジアラビアへ出店<br>・五月、ベトナムへ出店<br>・六月、マレーシアへ出店<br>・十二月、レバノンへ出店 | ・五月十二日、四川大地震<br>・九月十五日、リーマン・ショック<br>・十月一日、松下電器産業が社名をパナソニックに変更 |

| | | | |
|---|---|---|---|
| 平成二十一<br>二〇〇九 | | ・一月、ヨルダンへ出店<br>・四月、フィリピンへ出店 | ・九月十六日、自民党下野、民主党による鳩山内閣発足 |
| 平成二十二<br>二〇一〇 | | ・五月、オーストラリアに出店<br>・国内・海外合わせて三〇〇〇店舗突破 | ・九月七日、尖閣諸島中国漁船衝突<br>・十二月十八日、チュニジアでジャスミン革命（アラブの春） |
| 平成二十三<br>二〇一一 | | ・九月、メキシコへ出店 | ・一月二十五日、エジプト革命<br>・三月十一日、東日本大震災 |
| 平成二十四<br>二〇一二 | | ・三月、ミャンマーへ出店<br>・六月、中国の広州へ出店<br>・十二月、ブラジルへ出店 | ・二月二十九日、東京スカイツリー竣工<br>・九月十日、尖閣諸島を国有化することを閣議決定<br>・九月十五日、中国で反日デモ<br>・十二月二十六日、自公連立による第二次安倍内閣発足 |

| 和暦／西暦（年） | 中内切とダイエー | 矢野博文とダイソー | 世相 |
|---|---|---|---|
| 平成二十五 二〇一三 | ・イオン株式会社の子会社化 | | |
| 平成二十六 二〇一四 | ・イオンがダイエーをTOB、ダイエーは上場廃止しイオングループ傘下に | ・六月、カンボジアへ出店 | ・三月二十一日、ロシアによるクリミア編入<br>・九月二十八日、香港で雨傘革命 |
| 平成二十八 二〇一六 | | ・十二月、モンゴルへ出店 | ・二月六日、台湾南部地震<br>・四月十四日、熊本地震 |
| 平成三十 二〇一八 | | ・三月一日、社長を退任し代表権のない会長に就任。次男・矢野靖二が社長に就任 | ・六月二十八日、西日本豪雨<br>・九月六日、北海道胆振東部地震 |
| 令和四 二〇二二 | | ・三月、創業五十周年 | ・二月二十四日、ロシアによるウクライナ侵攻<br>・四月一日、改正民法施行、成人年齢が十八歳に引き下げ |

| | | | |
|---|---|---|---|
| 令和六<br>二〇二四 | | ・二月十二日、心不全で死去 | ・一月一日、能登半島地震 |

本書は、一九九三年三月『中内㓛のダイエー王国』（現代思想社）と二〇二〇年二月『百円の男 ダイソー矢野博丈』（祥伝社）、二〇一六年十月『逆襲弁護士河合弘之』（祥伝社）の一部を再録し、加筆・構成したものである。

昭和平成二大怪物伝
ダイエー中内㓛とダイソー矢野博丈　流通革命の旗手

二〇二四年十月十六日　初版第一刷発行

著者　大下英治
発行者　鏡渕敬
発行所　株式会社 東峰書房
〒一六〇-〇〇二二　東京都新宿区新宿四-二-二〇
電話　〇三-三二六一-三一三六　ＦＡＸ 〇三-六六八二-五九七九
https://tohoshobo.info/

装丁　佐々木正見
本文デザイン　塩飽晴海
印刷・製本　株式会社 シナノパブリッシングプレス


ISBN 978-4-88592-238-1
Printed in Japan